全国高等职业教育物流专业课程改革规划教材

运输与包装管理

主　编　姜　君　于志清
副主编　王心俣　单庆新

中国物资出版社

图书在版编目（CIP）数据

运输与包装管理/姜君，于志清主编．—北京：中国物资出版社，2010.12
全国高等职业教育物流专业课程改革规划教材
ISBN 978 - 7 - 5047 - 3620 - 8

Ⅰ.①运…　Ⅱ.①姜…②于…　Ⅲ.①物流—货物运输—管理—高等学校：技术
学校—教材②物流—包装技术—管理—高等学校：技术学校—教材
Ⅳ.①F252②TB48

中国版本图书馆 CIP 数据核字（2010）第 231764 号

策划编辑　马　军
责任编辑　司昌静
责任印制　方朋远
责任校对　孙会香　杨小静

中国物资出版社出版发行

网址：http://www.clph.cn

社址：北京市西城区月坛北街 25 号

电话：(010) 68589540　邮政编码：100834

全国新华书店经销

中国农业出版社印刷厂印刷

开本：787mm×1092mm　1/16　印张：15.25　字数：337 千字
2010 年 12 月第 1 版　2010 年 12 月第 1 次印刷
书号：ISBN 978 - 7 - 5047 - 3620 - 8/F・1441
印数：0001—3000 册

定价：28.00 元

（图书出现印装质量问题，本社负责调换）

序　言

　　《全国高等职业教育物流专业课程改革规划教材》是在《物流业调整和振兴规划》大力实施，以及全国高等职业教育课程改革逐步推进的背景下，由中国物资出版社教材中心与高等职业教育专家及众多一线教师在广泛研究和讨论的基础上，所开发的一套适合全国高等职业院校物流专业教学的教材。

　　2009 年物流产业被国务院列为十大振兴产业之一，《物流业调整和振兴规划》提出要加快物流人才的培养，发展多层次教育体系和在职人员培训体系。为此，要求出版社和学校充分利用社会资源，与企业、科研机构大力合作，编写精品教材。

　　教育部 2006 年 16 号文件《关于全面提高高等职业教育教学质量的若干意见》提出了我国高等职业教育人才培养的教学模式：工学结合、任务驱动、项目导向、顶岗实习。大力提倡高等职业院校与行业企业合作开发课程，根据技术领域和职业岗位（群）的任职要求，参照相关的职业资格标准，改革课程体系和教学内容，建立突出职业能力培养的课程标准，规范课程教学的基本要求。为此，国家将启动 1000 门工学结合的精品课程建设。改革教学方法和手段，融"教、学、做"为一体，强化学生能力的培养。加强教材建设，重点建设好 3000 种左右国家规划教材，与行业企业共同开发紧密结合生产实际的实训教材。

　　为了加强高等职业院校学生实践能力和职业技能的培养，配合高等职业院校大力推行工学结合、校企合作的培养模式。中国物资出版社在对物流企业进行大量实地调研的基础上，组织编写了这套基于工作过程教学模式的教材。教师在教学中使用本套教材，可以很好地引导学生提高学习主动性和实践操作能力。

　　本套教材是高等职业教育物流专业基础课程和有针对性的专业课程的配套教材，包括：《现代物流基础》、《物流客户服务》、《物流企业管理实务》、《企业物流管理》、《第三方物流管理》、《商品养护技术》、《商品学》、《物流法律法规》、《物流企业会计核算与报表分析》、《仓储管理实务》、《运输管理实务》、《配送管理实务》、《采购与库存管理实务》、《供应链管理》、《物流信息管理》、《物流成本管理》、《国际物流管理》、《国际货运代理》、《物流企业营销实务》、《物流技术与设备运用》、《物流单证与结算》、《运输与包装管理》。

　　本套教材的编写人员主要是在教学实践第一线任教的教师，他们熟练掌握物流基础知识，了解学生需求，具有丰富的教学实践经验，通过参加中国物资出版社组织的"基于工学整合的教材研讨会"，他们已掌握了基于工作过程教学模式的教材编写的基本思想。此外，本套教材还邀请了具有丰富的物流相关岗位实践操作经验的企业人员参与编写和审稿，从而使本套教材更加贴近物流工作的实际，这就为培养具有较强实操能力的物流专业学生提供了教学保障。

　　本套教材不仅可以作为高等职业教育物流专业学生的教材，也可以作为对初级物流从业人员进行培训的教材，还可以作为刚刚踏入物流行业的从业人员的实际操作指南。

编委会

2010 年 2 月

前 言

进入 21 世纪，随着世界经济和科学技术的迅猛发展，现代物流作为一种先进的组织方式和管理方式，受到各国政府和学术界的高度重视，并在各类企业中得到广泛应用，在提高经济运行质量、经济效益和社会效益等方面发挥了重要作用。在我国，很多人都知道物流是第三利润源泉，然而究竟该怎样挖掘第三利润源泉，才是物流的关键。一切物流过程均离不开运输，它是物流活动的重要组成部分。充分发挥我国铁路、公路、水运、航空和管道运输方式的特性和综合运输的优势，推行合理运输，才能实现社会物流过程的合理化。包装是用来盛装、储运、交换物质和商品的有效工具。包装随着人类社会的进步、生产的发展和科学技术水平的提高经历了古代的原始包装、近代的传统包装和现代包装三个历史发展阶段。一个国家如果没有高度发达的物流运输与包装，就不可能有经济的繁荣和国防的巩固。物流运输的发达程度已经成为衡量一个国家综合国力和经济发展水平的重要标志。但是，我国目前从业人员中具有深厚的理论功底和实务运作的人才极为匮乏，严重制约我国物流运输与包装的发展，鉴于此，我们编写了这本《运输与包装管理》。

《运输与包装管理》课程是高职高专物流管理专业的专业课程之一。本教材是为了满足高职高专院校物流管理专业的教学需要，培养物流管理实用技能型人才所编写的，也可供广大物流管理爱好者自学参考。

本教材的主要特点是依据高职物流教育的培养目标，紧紧围绕运输与包装管理岗位的要求，以培养学生运输与包装管理能力为主线，本着以就业为指导，以课题为引领，以任务为导向，体现运输与包装管理岗位技能要求，注重学生操作能力的培养；在内容上坚持必需和够用原则，注重理论联系实际，突出职业能力和职业素养的培养和提高，兼顾知识性，努力提高教材的实用性和可操作性。作为物流管理专业的一门专业核心课程，进行运输与包装运营基本技能训练，满足物流企业对物流运输与包装运营管理人才在运输组织与管理业务岗位上任职的知识、能力与素质等要求，使学生能够掌握运输与包装运营基础知识、熟悉不同物流运输方式的实操业务、进行物流运输组织与管理及物流运输经营管理；能运用运输相关法律法规进行运输风险的分析与防范；养成安全意识和团队协作能力、应用工具书和学会学习的能力、分析问题和解决问题的能力，为高职教育物流管理专业学生的顺利就业打下坚实的基础。与相应职业资格相结合，尽可能实现运输与包装管理教学与学生应职岗位零距离，使学生在做中学，在学中做，从而体现课程的实用性、职业性、前瞻性。

本教材由辽宁农业职业技术学院姜君和于志清担任主编，王心俣、单庆新担任副主编。姜君编写项目一、项目二，于志清编写项目三、项目四，王心侯编写项目五、项目六，单庆新编写项目七、项目八。

　　本教材在编写过程中得到了营口口岸物流协会和物流企业人员的大力支持，参考了大量文献资料及网上资料，借鉴了众多专家学者的研究成果，恕不一一列出，从而使本教材内容更贴近实际应用，在此表示感谢。同时，由于编者水平有限，书中不当之处，敬请各位专家和广大读者批评指正。

作　者

2010 年 10 月

目　录

项目一　认知物流运输

项目导读 ▶▶▶

主要介绍物流运输的基本概念、原理、功能、地位和作用，按照不同标准对物流运输方式分类，现代物流运输系统的结构和构成要素；物流运输市场的需求规律和供给规律；物流运输市场的竞争结构和分类；运输合理化的概念和有效措施；运输与物流在概念和功能上的区分。

知识目标

- 运输在物流系统中的地位
- 物流系统中运输的功能和作用
- 几种不同运输方式的特点
- 运输需求及运输供给的特征和主要影响因素
- 运输市场的特征和竞争特点

能力目标

- 从不同角度区分不同的运输方式
- 根据运输的需求弹性系数和供给系数选择运输服务和价格策略
- 从不同角度区分运输市场的类别

任务一　领会物流运输

任务描述

随着物流行业的发展，世界对运输有了更深层次的认识，什么是运输、运输与物流的关系如何是很多人关心的问题。

小讨论：什么是运输？运输有哪些功能？

知识点

一、运输的概念

中华人民共和国国家标准《物流术语》（GB/T 18354—2006）对运输的定义是："专用运输设备将物品从一个地点向另一个地点运送。其中包括集货、分配、搬运、中转、装入、卸下、分散等一系列操作。"简单概括来说，运输就是人和物的载运及输送。

广义的运输经营活动还包括货物集散、装卸搬运、中转仓储、干线运输、配送等一系列操作。

本书所讲的运输，着重于流通领域的运输。运输是一种服务，而不是可以触摸到的有形产品，是对购买者和使用者的一种服务，购买这种服务和购买有形产品有相似之处，也有独特之处。

运输的移动特性包括速度、可靠性和频率，货物运输设备影响运输的准备、运输货物的批量和装卸成本。

二、运输的地位

运输是物流的主要功能要素之一；运输是社会物质生产的必要条件之一。

运输作为社会物质生产的必要条件，表现在以下两个方面：

（1）生产过程中，运输是生产的直接组成部分，没有运输，生产内部的各环节就无法对接。

（2）在社会上，运输是生产过程的继续，这一活动联结生产与再生产、生产与消费的环节，联结国民经济各部门、各企业，联结着城乡，联结着不同国家和地区。

三、运输的功能

在物流管理过程中，运输主要提供两大功能：物品移动和短时储存（如图 1-1 所示）。

图 1-1　运输的物品移动和短时储存功能

物品移动：运输的主要目的就是以最短的时间、最低的成本将物品转移到指定地点。

短时储存：运输的另一大功能就是对物品在运输期间进行短时储存，也就是说将运输工具（车辆、船舶、飞机、管道等）作为临时的储存设施。

四、运输原理

指导运输管理和运营的两条基本原理是批量经济和距离经济。

批量经济：运输批量经济的特点是，随装运批量的增长，单位重量的运输成本降低。

距离经济：运输距离经济是指每单位距离的运输成本随距离的增加而减少。

在评估各种运输决策方案或营运业务时，这些原理是重点考虑的因素。其目的是要使装运的批量和距离最大化，同时满足客户的服务期望。批量经济与距离经济的比较如表1-1所示。

表1-1 批量经济与距离经济的比较

经济形式	存在原因	举 例
批量经济	1. 固定费用可以按整票货物量分摊 2. 享受运价折扣	1. 整车运输的每单位成本低于零担运输 2. 能力较大的运输工具每单位运输成本要低于能力较小的运输工具
距离经济	1. 分摊到每单位距离的装卸随距离的增加而减少 2. 费率随距离的增加而减少	800千米的一次装卸成本要低于400千米的二次装卸

五、运输与物流的关系

物流是物品从供应地向接收地的实体流动过程，根据实际需要，将运输、储存、搬运、包装、流通加工、配送和信息处理等基本功能实施有机结合。

1. 运输与物流的联系

（1）运输是物流系统的基础功能之一。物流系统是通过运输来完成对客户所需的原材料、半成品和制成品的地理定位。

（2）运输合理化是物流系统合理化的关键。

2. 物流与运输的区别

（1）物流是超出运输范畴的系统化管理。

（2）物流不同于运输只注重实物的流动，它还同时关注着信息流和增值流的同步联动。信息流不仅通过电子或纸质媒介反映产品的运送、收取，更重要的是反映市场作出的物流质量的评价。增值流是指物流所创造的形态效用（通过生产、制造或组装过程实现商品的增值）、地点效用（原材料、半成品或成品从供方到需方的位置转移）和时间效用（商品或服务在客户需要的时间准确地送到）。

（3）物流的出发点是以生产和流通企业的利益为中心，运输只是物流管理控制的必要环节，处于从属地位。有物流必然有运输，而再完善的运输也远不是物流。

（4）物流的管理观念比运输更先进。现代物流对用户追求高质量无极限的服务，即在服务过程中，凡是用户不满意的地方都进行改进完善，凡是用户嫌麻烦的事情都尽量去做，一切以满足用户的需要为服务目标，主动开展物流市场调查、市场预测，并积极做好推销、宣传工作，而且在不断改进服务质量的附加工作中，寻求与发现新的服务项目或服务产品，为企业带来更多的商机和更高的回报。因此，从服务理念上来说，物流也突破了运输的服务理念，再高质量的运输也不可能具备服务的延伸性，因而获取的附加值也远大于运输的回报。

（5）物流比运输更重视先进技术的应用。现代物流追求的是服务质量的不断提高，物流系统综合功能的不断完善，总成本的不断降低和服务的网络化、规模化。因此，建立全球卫星定位系统（GPS）对物流的全过程进行适时监控、适时货物跟踪和适时调度是很必要的。为了与用户，特别是与长期合作的主要用户保持密切联系，建立电子数据交换（EDI）联系系统也是现代物流向专业化方向发展的必备条件。而自动装卸机械、自动化立体仓库、自动堆垛机和先进适用的信息系统更是现代物流朝着专业化、一体化、规模化、网络化发展的必然趋势，这些是无论怎样完善的运输都无法相比的。

知识拓展

运输的发展阶段

1. 以水路运输为主的时期（18 世纪中叶至 19 世纪初）

1807 年，美国人富尔顿制造了世界上第一艘轮船"克莱门"号；1838 年，英国轮船"南啊斯"和"大西洋"号横渡大西洋。

目前，已知的世界上最早的运河是在公元前 4000 年由西亚美索不达米亚人开挖的运河。中国广西灵渠凿成于公元前 214 年，是世界最古老的运河之一，京杭大运河在元朝时已从大都（北京）通到南方的杭州，全长 2400 千米。1869 年，苏伊士运河修建技术发展到新阶段。巴拿马运河于 1881 年在雷赛主持下开始修建，他破产后，由美国人在 1914 年完成，巴拿马运河沟通了太平洋和大西洋。

2. 以铁路运输为主的时期（19 世纪 30 年代至 20 世纪 30 年代）

1814 年，斯蒂芬孙发明了机车；1825 年，世界第一条铁路在英国的斯托克顿至达林顿通车。

我国最早的铁路是 19 世纪 60 年代初，在北京宣武门外由英国人杜兰德建造的约 1

华里长的窄轨铁路,清代末年由詹天佑主持修建的京张铁路,是我国第一条自己建造的铁路。

3. 管道、公路、航空运输大发展的时期（20 世纪 30 年代至 50 年代）

1886 年,世界第一辆汽车在德国诞生,由戴姆勒（奔驰的创始人）发明;1903 年 12 月 17 日,莱特兄弟制造的世界第一架飞机在美国飞上天。

中国是世界上最早使用管道运输流体的国家,大约在公元前 200 多年,用打通的竹管连接起来的管道运送卤水。

4. 建立综合运输体系的时期（20 世纪 50 年代以来）

人们开始认识到在交通运输业的发展过程中,水运、铁路、公路、航空和管道五种运输方式是相互制约相互影响的,许多国家开始有计划地进行综合运输,协调各种运输方式之间的关系,其重点是进行水路、铁路、公路、航空和管道运输之间的分工,发挥各种运输方式的优势,各显其能,开展联运,构建海陆空立体交通的综合运输体系。

任务二　物流运输方式的选择

任务描述

不同运输方式有其自身的特点,但是也有相同之处,要想能选择正确合理的运输方式,必须掌握各种运输方式的经济特征及选择运输方式时应该考虑的因素。

小讨论:运输方式的选择应该考虑哪些因素?

知识点

一、运输的基本特征

（1）运输可以通过多种运输方式来实现,不同的运输方式与其技术特性相适应,决定了各自不同的运输服务成本和运输服务质量。货物运输方式主要有公路、铁路、航空、船舶以及管道。各种运输方式因为各自的技术特性,有不同的运输单位、运输时间和运输成本,所以产生了各运输方式不同的服务质量。运输服务的利用者可以根据货物的性质、大小、所要求的运输时间、所能支付的运输成本等条件来选择相适应的运输方式,合理运用多种运输方式,实行联合运输,以达到整体运输费用最小。

（2）运输服务分成自用型和营业型两种形态。自用型运输是指企业自己拥有运输工具，并且自己承担运输责任，从事货物的输送活动。自用型运输多限于载货汽车运输，水路运输中也有部分这种状况，但数量很少。而航空、铁路这种需要巨大投资的运输方式，自用型运输基本无法开展。营业型运输以输送服务作为经营对象，为他人提供运输服务，营业型运输在公路、铁路、水路、航空等运输业者中广泛开展。对于一般企业来讲，可以在自用型和营业型运输中进行选择，基本趋向是企业逐渐从自用型向营业型运输方向转变。

（3）运输业者不仅在各自的行业内开展竞争，而且还与运输方式相异的其他运输行业企业开展竞争。各种运输方式都存在着一些与其特性相适应的不同的运输对象，也存在着很多各种运输方式都适合承运的货物，围绕这类货物的运输就形成了不同的运输手段、不同运输业者相互的竞争关系。这种不同运输方式、运输业者间竞争关系的形成为企业对运输服务和运输业者的自由选择奠定了基础。

（4）在运输业中存在着实际运输和利用运输两种形式。实际运输是指实际利用运输手段进行输送，完成商品在空间的移动；利用运输是自己不直接从事商品运输，而是把运输服务委托给实际运输商进行，这种利用运输业的代表就是代理型物流业者。他们从事广泛的物流活动，通过协调、结合多种不同的运输机构来提供运输服务，充分发挥各种运输手段的优点，并实现整体最优运输。

二、各种运输方式的技术经济特点

运输的方式很多，根据使用的运输工具的不同，可以分成几种运输方式。

对于各种运输方式的技术经济特点可以主要从以下几方面考察。

1. 运输速度

运输速度是指单位时间内的运输距离。决定各种运输方式运输速度的一个主要因素是各种运输载体能达到的最高技术速度。

2. 运输成本

运输成本是由多个项目构成的，而不同运输方式的构成比例又不同。

3. 运输能力

由于技术及经济的原因，各种运输方式的运载工具都有其适当的容量范围，从而决定了运输线路的运输能力。

4. 运输灵活性

运输灵活性是指一种运输方式在任意给定两点间的服务能力。

5. 经济性

经济性是指单位运输距离所支付费用的多少。

知识拓展

影响运输方式选择的因素

1. 商品性能特征

这是影响企业选择运输工具的重要因素。一般来讲，粮食、煤炭等大宗货物适宜选择水路运输；水果、蔬菜、鲜花等鲜活商品，电子产品，宝石以及节令性商品等宜选择航空运输；石油、天然气、碎煤浆等适宜选择管道运输。

2. 运输速度和路程

运输速度的快慢、运输路程的远近决定了货物运送时间的长短。而在途运输货物犹如企业的库存商品，会形成资金占用。一般来讲，批量大、价值低、运距长的商品适宜选择水路或铁路运输；而批量小、价值高、运距长的商品适宜选择航空运输；批量小、距离近的适宜选择公路运输。

3. 运输的可得性

不同运输方式的运输可得性差异也很大，公路运输最可得，其次是铁路，水路运输与航空运输只有在港口城市与航空港所在地才可得。

4. 运输的一致性

运输的一致性是指在若干次装运中履行某一特定的运次所需的时间与原定时间或与前 n 次运输所需时间的一致性。它是运输可靠性的反映。近年来，托运方已把一致性看做是高质量运输的最重要的特征。如果给定的一项运输服务第一次花费 2 天、第二次花费了 6 天，这种意想不到的变化就会给生产企业带来严重的物流作业问题。厂商一般首先要寻求实现运输的一致性，然后再提高交付速度。如果运输缺乏一致性，就需要安全储备存货，以防预料不到的服务故障。运输一致性还会影响买卖双方承担的存货义务和有关风险。

5. 运输的可靠性

运输的可靠性涉及运输服务的质量属性。对质量来说，关键是要精确地衡量运输可得性和一致性，这样才有可能确定总的运输服务质量是否达到所期望的服务目标。运输企业如要持续不断地满足顾客的期望，最基本的是承诺不断地改善。运输质量来之不易，它是经仔细计划，并得到培训、全面衡量和不断改善支持的产物。在顾客期望和顾客需求方面，基本的运输服务水平应该现实一点。必须意识到顾客是不同的，所提供的服务必须与之相匹配。对于没有能力始终如一地满足不现实的过高的服务目标必须取缔，因为对不现实的全方位服务轻易地做出承诺，会极大地损害企业的信誉。

6. 运输费用

企业开展商品运输工作，必然要支出一定的财力、物力和人力，各种运输工具的运用都要企业支出一定的费用。因此，企业进行运输决策时，要受其经济实力以及运输费用的制约。例如，企业经济实力弱，就不可能使用运费高的运输工具，如航空运输，也不能自设一套运输机构来进行商品运输工作。

7. 市场需求的缓急程度

在某些情况下，市场需求的缓急程度也决定着企业应当选择何种运输工具。如市场急需的商品需选择速度快的运输工具，如航空或汽车直达运输，以免贻误时机；反之则可选择成本较低而速度较慢的运输工具。

任务三　运输合理化措施

任务描述

企业在从事运输过程中企业获得运输成本最低化，应首先明确什么样的运输过程是不合理的运输过程，通过各种方法来降低不合理运输的比例，这样可以控制运输成本，提高企业的利润。

小讨论：不合理运输的表现形式有哪些？

知识点

一、运输合理化的概念

物流合理化是指在一定的条件下以最少的物流运作成本获得最大的效率和效益。

二、运输合理化的影响因素

运输合理化的影响因素中起决定性作用的有五个方面，称作合理运输的"五要素"。

1. 运输距离

在运输时，运输的时间、运输货损、运费、车辆或船舶周转等运输的若干经济指标都与运输距离有一定比例关系，运输距离长短是运输是否合理的一个最基本因素。

2. 运输环节

每增加一次运输，不但会增加起运的运费和总运费，而且必然要增加运输的附属活动，如装卸、包装等，各项技术经济指标也会因此下降。所以，减少运输环节，尤其是同类运输工具的环节，对合理运输有促进作用。

3. 运输工具

各种运输工具都有其使用的优势领域，对运输工具进行优化选择，按运输工具特点进行装卸运输作业，最大限度地发挥所有运输工具的作用，是运输合理化的重要一环。

4. 运输时间

运输是物流过程中需要花费较多时间的环节，尤其是远程运输。在全部物流时间中，运输时间占绝大部分，所以运输时间的缩短对整个流通环节的缩短有决定性作用。此外，运输时间短，有利于运输工具的加速周转，充分发挥运力的作用；有利于货主资金的周转；有利于运输线路通过能力的提高，对运输合理化有很大的贡献。

5. 运输费用

运输在全部物流费用中占有很大比例，运费高低在很大程度上决定整个物流系统的竞争能力。实际上，运输费用的降低，无论对货主企业来讲，还是对物流经营企业来讲，都是运输合理化的一个重要目标。

三、不合理运输

目前我国存在的主要不合理运输形式有：

（1）远程或起程空驶。空车或无货载行驶，可以说是不合理运输的最严重形式。在实际运输组织中，有时候必须调运空车，从管理上不能将其看成不合理运输。但是，由于调运不当，货源计划不周，不采用运输社会化而形成的空驶，是不合理运输的表现。

（2）对流。对流运输又称为"相向运输"、"交叉运输"，指同一品种、同一规格或可以互相代替的物资，在同一线路或两条平行运输线路上的相向运输。对流运输有两种类型：一种是明显的对流运输，即在同一路线上的对流运输；另一种是隐蔽的对流运输，即同一种货物在违反近产近销的情况下，沿着两条平行的路线朝相对方向的运输。由于它不易被发现，故称为隐蔽的对流运输。

（3）迂回。不经由最短径路的绕道运输。一般是由于自然灾害或其他事故的阻碍、线路或航道通过能力的限制、交通法令的限制或货物性质的特殊要求等原因造成的。如果是运输部门计划、组织工作不当或物资部门选择运输径路不合理所引起的迂回运输，则是一种不合理运输。尽管有些迂回运输有其必要，但终究会引起运输能力的浪费、运输费用的增加和货物在途时间的延长，故应尽量避免。

（4）重复。重复运输是指一种货物本可直达目的地，但由于批发机构或商业仓库设置不当或计划不周而在中途停卸，重复装运的不合理运输现象。重复运输，一般虽未延长里程，但增加中间装卸环节，延长货物在途时间，增加装卸搬运费用，而且降低车船使用效率，影响其他货物运输。

（5）过远。过远运输是指舍近求远的货物运输现象。即消费地完全有可能由距离较近的供应地购进所需要的相同质量的物美价廉的货物，却超出货物合理流向的范围，从远距离的地区运进来；或两个生产地生产同一种货物，它们不是就近供应邻近的消费地，却调给较远的其他消费地。

（6）倒流。倒流运输是指货物从销地或中转地向产地或起运地回流的一种不合理运输现象。这种现象也常常表现为对流运输或迂回运输。其不合理程度要大于对流运输，其原因在于，往返两程的运输都是不必要的，形成了双程的浪费。倒流运输也可以看成是隐蔽对流的一种特殊形式。

（7）运力选择不当。未选择各种运输工具优势，而不正确地利用运输工具造成的不合理现象，常见的有若干种形式。

（8）托运方式选择不当。对货主而言，可以选择最好托运方式而未选择，造成运力浪费及费用支出加大的一种不合理运输。例如，应选择整车反而采取零担托运、应当直达而选择了中转运输、应当中转运输而选择了直达运输等都属于这一类型的不合理运输。

上述各种不合理运输形式都是在特定条件下表现出来的，在进行判断时必须注意其不合理的前提条件，否则就容易出现判断的失误。例如，如果同一种产品，商标不同、价格不同，所发生的对流不能绝对看成不合理，因为其中存在着市场机制引导的竞争、优胜劣汰，如果强调因为表面的对流而不允许运输，就会起到保护落后、阻碍竞争，甚至助长地区封锁的作用。类似的例子在各种不合理运输形式中都可以举出一些。

以上对不合理运输的描述，主要就形式本身而言，是主要从微观观察得出的结论。在实践中，必须将其放在物流系统中做综合判断，在不做系统分析和综合判断时，很可能出现"效益背反"现象。单从一种情况来看，避免了不合理，做到了合理，但它的合理却使其他部分出现不合理。只有从系统角度，综合进行判断才能有效避免"效益背反"现象，从而优化全系统。

四、运输合理化的有效措施

1. 提高运输工具实载率

实载率有两个含义：一是单车实际载重与运距之乘积和标定载重的行驶里程之乘积的比率，这在安排单车、单船运输时，是作为判断装载合理与否的重要指标；二是车船的统计指标，即一定时期内车船实际完成购货物用转量（吨公里）占车船载重（吨）与行驶距离之乘积的百分比。

2. 选择最佳的运输线路

最佳运输线路的选择是缩短运输里程、提高运输效率、降低运输成本的有效途径。

3. 采取减少动力投入，增加运输能力的有效措施求得合理化

这种合理化的要点是，少投入、多产出，走高效益之路。运输的投入主要是能耗和基础设施的建设，在设施建设已定型和完成的情况下，尽量减少能源投入是少投入的核心。做到了这一点就能大大节约运费，降低单位货物的运输成本，达到合理化的目的。

4. 尽量发展直达运输

直达运输是追求运输合理化的重要形式，其对合理化的追求要点是通过减少中转过载换载，从而提高运输速度，省却装卸费用，降低中转货损。直达的优势，尤其是在一次运输批量和用户一次需求量达到了一整车时，表现最为突出。

5. 配载运输

配载运输是充分利用运输工具的载重量和容积，合理安排装载的货物及载运方法，以求得合理化的一种运输方式。配载运输也是提高运输工具实载率的一种有效形式。配载运输往往是轻重商品的混合配载，在以重质货物运输的为主的情况下，同时运载一些轻泡货物，如海运矿石、黄沙等重质货物，在舱面装运木材、毛竹；铁路运矿石、钢材等重物上面搭运轻泡农副产品等，在基本不增加运力投入、不减少重质货物运输的情况下，解决了轻泡货物的搭运，因而效果显著。

6. 发展特殊运输技术和运输工具

依靠科技进步是运输合理化的重要途径。例如，专用散装及罐车，解决了粉状、液状物运输损耗大、安全性差等问题；袋鼠式车皮，大型半挂车的采用解决了大型设备整体运输问题；滚装船解决了车载货的运输问题；集装箱船比一般舱能容纳更多的箱体，集装箱高速直达车、船加快了运输速度；等等。上述方法都是通过采用先进的科学技术实现了运输合理化。

7. 通过流通加工使运输合理化

有不少产品，由于产品本身形态及特性问题，很难实现运输的合理化，如果进行适当加工，就能够有效解决合理运输问题。

知识拓展

韩国三星公司合理化运输

一、企业物流进行的根本目标

就是通过在采购、销售过程中有效地掌握物流、信息流以满足客户的需求，也就是在最合适的时间、最合适的地点提供客户所需要的产品。

今天的商业环境正在发生显著的变化，市场竞争愈加激烈，客户的期望值正在日益提高。为适应这种变化，企业的物流工作必须进行革新，创建出一种适合企业发展、让客户满意的物流运输合理化系统。

二、企业物流中合理运输的主要形式

合理运输的主要形式有：分区产销平衡合理运输、直达运输、"四就"直拨运输、合装整车运输、提高技术装载量。

1. 分区产销平衡合理运输

这种方式是指在物流活动中，对某种货物由其一定的生产区固定于一定的消费区。

在产销平衡的基础上，按着近产近销的原则，使货物走最少的里程，组织运输活动。

（1）分区产销平衡合理运输方式的优缺点。这种方式加强了产、供、运、销的计划性，消除过远、迂回、对流等不合理运输，降低了物流费用，节约运输成本及运输耗费。

（2）适用范围及情况。在实际工作中，这种方式适用于品种单一、规格简单、生产集中、消费分散或生产分散、消费集中且调动量大的货物，如煤炭、木材、水泥、粮食、建材。

2. 直达运输

这种方式是指越过商业仓库环节或铁路交通中转环节，把货物从产地或起运地直接运到销地或客户，减少中间环节的一种运输方式。

（1）直达运输的优缺点。这种方式的好处是减少了中间环节，节省了运输时间与费用，灵活度较大。但相对而言对企业各部门分工协作程度的要求较高，企业内部计划、财会、业务、仓库等各个机构应加强联系，建立相应的联系制度来满足其需求。

（2）适用范围及情况。直达方式通常适用于某些体积大、笨重的生产资料运输，如矿石等。对于出口货物也多采用直达运输方式。一些消费品可依靠货物具体情况的不同，越过不同的中间环节运到批发商或零售商的手中。

3. "四就"直拨运输

这种方式是指物流经理在组织货物调运的过程中，以当地生产或外地到达的货物不运进批发站仓库，运用直拨的办法，把货物直接分拨给基层批发、零售中间环节。这种方式可以减少一道中间环节，在时间与其他方面收到双重的经济效益。

在实际的物流工作中，物流经理可以根据不同的情况，采取就厂直拨、就车站直拨、就仓库直拨、就车船过载等具体运作方式。具体内容如表1-2所示。

表 1-2　　　　　　　　"四就"直拨运输的含义及具体方式

"四就"直拨的主要形式	含　义	具体方式
就厂直拨	物流部门从工厂收购产品，在经厂验收后，不经过中间仓库和不必要的转运环节，直接调拨给销售部门或直接送到车站码头运往目的地的方式	1. 厂际直拨 2. 厂店直拨 3. 厂批直拨 4. 用工厂专用线 5. 码头直接发运
就车站直拨	物流部门对外地到达车站的货物，在交通运输部门允许占用货位的时间内，经交接验收后，直接分拨或运给各销售部门	1. 直接运往市内各销售部门 2. 直接运往外埠要货单位

续 表

"四就"直拨的主要形式	含 义	具体方式
就仓库直拨	在货物发货时越过逐级的层层调拨,省略不必要的中间环节,直接从仓库拨给销售部门	1. 对需要储存保管的货物就仓库直拨 2. 对需要更新库存地货物就仓库直拨 3. 对常年生产、常年销售货物就仓库直拨 4. 对季节生产、常年销售货物就仓库直拨
就车船过载	对外地用车、船运入的货物,经交接验收后,不在车站或码头停放,不入库保管,随即通过换装至其他运输工具直接运至销售部门	1. 就火车直装汽车 2. 就船直装火车或汽车 3. 就大船过驳小船

4. 整合装车运输方式

这种方式是指在组织铁路货运过程中,同一发货人的不同品种发往同一到站、统一收货人的零担托运货物,由物流部门组配,放在一个车内,以整车运输的方式托运到目的地;或把同一方向、不同到站的零担货物,集中组配在一个车内,运到一个适当的车站再中转分运。采用整合装车运输的方式,可以减少一部分运输费用,节约劳动力。

这种方式主要适用于商业、供销部门的杂货运输。根据实际情况,可采取四种方法:主要零担货物拼整车直达运输;零担货物拼整车直达或中转分运;整车分卸(二三站分卸);整装零担。

5. 提高技术装载的运输方式

这种方式充分利用车船载重吨位和装载容积,对不同的货物进行搭配运输或组装运输,使同一运输工具能装载尽可能多的货物。这种方式一方面最大限度地利用了船的载重吨位,另一方面充分使用车船的装载容积,提高了运输工具的使用效率。

这种方式的主要做法有以下三种:将重货物和轻货物组装在一起;对一些体大笨重、容易致损的货物解体运输,分别包装,使之易于装卸和搬运;根据不同货物的包装形状,采取各种有效的堆码方法。

三、三星公司的做法

三星公司从 1989 年到 1993 年实施了物流运输工作合理化革新的第一个五年计划。这期间,为了减少成本和提高配送效率进行了"节约成本 200 亿元"、"全面提高物流劳动生产率劳动"等活动,最终降低了成本,缩短了前置时间,减少了 40% 的存货量,并使三星公司获得首届韩国物流大奖。

三星公司从 1994 年到 1998 年实施物流运输工作合理化革新的第二个五年计划,重点是将销售、配送、生产和采购有机结合起来,实现公司的目标,即将客户的满意程度提高到 100%，同时将库存量再减少 50%。为了这一目标，三星公司将进一步扩展和强化物流网络，同时建立了一个全球性的物流链使产品的供应路线最优化，并设立全球物流网络上的集成订货交货系统，从原材料采购到交货给最终客户的整个路径上实现物流和信息流一体化，这样客户就能以最低的价格得到高质量的服务，从而对企业更加满意。基于这种思想，三星公司物流工作合理化革新小组在配送选址、实物运输、现场作业和信息系统四个方面进行了物流革新。

另外，随着客户环保意识的增强，物流工作对环境保护负有更多的责任，三星公司不仅对客户许下了保护环境的承诺，还建立了一个全天开放的由回收车组成的回收系统，并由回收中心来重新利用那些废品，以此来提升自己企业在客户心目中的形象，从而更加有利于企业的经营。

1. 配送选址新措施提高配送中心的效率和质量

三星公司将其配送中心划分为产地配送中心和销地配送中心。前者用于原材料的补充，后者用于存货的调整。这样对每个职能部门都确定了最优工序，配送中心的数量被减少、规模得以最优化，便于向客户提供最佳的服务。

2. 实物运输革新措施能及时地交货给零售商

配送中心在考虑货物数量和运输所需时间的基础上确定出合理的运输路线。同时，一个高效的调拨系统也被开发出来，这方面的革新加强了支持销售的能力。

3. 现场作业革新措施使进出工厂的货物更方便快捷地流动

为此公司建立了一个交货点查询管理系统，可以查询货物的进出库频率，高效地配置资源。

4. 信息系统新措施将生产配送和销售一体化

三星公司在局域网环境下建立了一个通信网络，并开发了一个客户服务器系统，公司集成系统（SAPR）的 1/3 将投入物流中使用。由于将生产配送和销售一体化，整个系统中不同的职能部门将能达到信息共享。客户如有涉及物流的问题，都可以通过订单跟踪系统得到回答。

三星公司物流工作合理化革新小组在这四个方面进行物流革新，提升了自己企业在客户心目中的形象，从而更加有利于企业的经营。

提高技术装载的运输方式充分利用车船载重吨位和装载容积，对不同的货物进行搭配运输或组装运输，使同一运输工具能装载尽可能多的货物。这种方式一方面最大限度地利用了船的载重吨位，另一方面充分使用车船的装载容积，提高了运输工具的使用效率。

三星公司将进一步扩展和强化物流网络，同时建立了一个全球性的物流链使产品的供应路线最优化，并设立全球物流网络上的集成订货交货系统，从原材料采购到交货给最终客户的整个路径上实现物流和信息流一体化，这样客户就能以最低的价格得到高质量的服务，从而对企业更加满意。

任务四　熟知物流运输市场

任务描述

企业在从事运输过程中力求获得运输成本最低化，必须要熟知物流运输市场的供给和需求情况，这样才可以有效地控制运输成本，提高企业的利润。

小讨论：影响运输市场供给和需求的因素有哪些？

知识点

运输市场是运输生产者和运输需求者之间进行运输服务产品交易的场所和机制，是运输活动的客观反映。狭义的运输市场指的是运输承运人提供运输工具和运输服务来满足旅客或货主对运输需要的交易活动场所，即进行运输服务买卖的场所。广义的运输市场，是指一定地区对运输需求和供给的协调与组织，包括一定的交易场所、较大范围的营业区域和各种显性或隐性的业务活动。

一、运输需求

（一）运输需求的特征

1. 运输需求的派生性

市场需求有本源需求与派生需求，本源需求就是消费者对最终产品的需求，而派生需求则是由于对某一最终产品的需求而引起的对生产它的某一生产要素的需求。运输活动是产品生产过程在流通领域的继续，它与产品的调配和交易活动紧密相连，因此运输业是工农业生产活动中派生出来的需求。

2. 个别需求的异质性

就整个市场而言，对运输总体的需求是由性质不同、要求各异的个别需求构成的，这些个别需求在运输过程中必须采取相应的措施，才能适应这些个别需求的各种要求。它们在经济方面的要求也各不相同，有的要求运价低廉，有的要求送达速度快，因此，掌握和研究这些需求的异质性，是搞好运输市场经营的重要条件。

3. 总体需求的规律性

虽然不同货物的运输要求千差万别，但总体来说还是有一定的规律性，如需求与经济的相关性、货流的规律性等。

4. 不平衡性

运输的不平衡性体现在时间、空间和方向上。

（二）影响运输需求的主要因素

影响运输需求的主要因素包括：工农业生产的发展、国际国内贸易的增加、国家的经济政策、自然因素、经济地理因素、市场价格因素。

（三）运输需求的规律

运输市场需求是以拥有一定货运量的全体需求者为对象，并表示在不同的运价与全体需求者间对运输工具需求量的关系，只要在每一运价条件下，求出各需求者需求量的总和即得市场总需求量。现列出需求表1-3，并给出需求函数。

表1-3　　　　　　　　　　　　　　　市场需求量

运价（P）	甲需求量（$q_甲$）	乙需求量（$q_乙$）	丙需求量（$q_丙$）	总需求量（q_d）
50	2	1	3	6
40	4	2	5	11
30	6	3	7	16
20	8	6	10	24
10	10	10	12	32

已知 $q_d = f(p)$，用反函数表示：$P = \varphi(q_d)$。其中，P 为运价；q_d 为需求量。

在其他条件不变的情况下，若运输市场运价下跌，则需求者对运输服务的需求量将会增加，反之则减少，我们把这种现象称为运输需求规律，如图1-2所示。

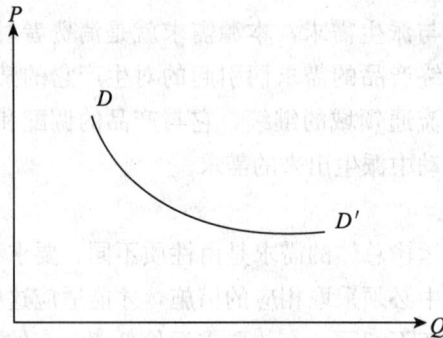

图1-2　运输要求规律

需求的变动是指，运价以外其他条件发生变动而导致整条需求曲线的位移，即由非价格因素发生变化而引起的运输需求曲线的位移，如图1-3所示。

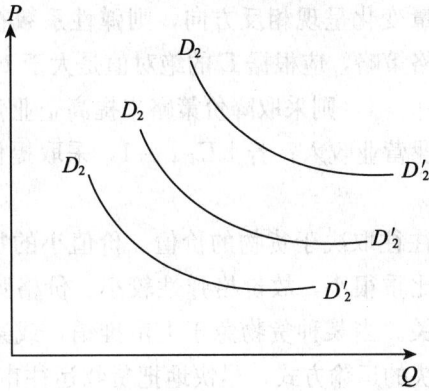

图 1-3 需求的变动

运输需求量的变动是指，需求者对于运输的需要量因运价涨落而发生的变化，其变动是沿一条既定的需求曲线从某一点移至另一点，如图 1-4 所示。

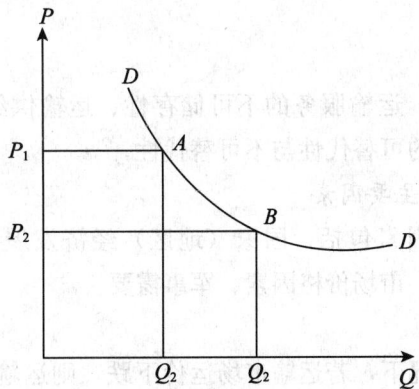

图 1-4 需求量的变动

（四）运输需求的价格弹性

运输需求受多种因素影响，而且不同影响因素的变化对运输需求的影响程度也不同。一般运输需求的价格弹性系数可以较好地反映因运价变动而引起需求量变化的程度。用公式表示如下：

$$E_d = \frac{\Delta Q/Q}{\Delta P/P}$$

其中：E_d——运输需求弹性；

Q——运输需求量；

P——影响运输需求的价格因素；

ΔQ——运输需求量的变化值；

ΔP——价格因素的变化值。

如果运价变化同需求量变化呈现相反方向，则弹性系数符号为负号，为了正确确定提高企业经济效益的价格策略，应根据 E 的绝对值是大于 1、小于 1 或等于 1 来采取不同的价格策略。若 $|E_d|>1$，则采取降价策略来提高企业营业收入；若 $|E_d|<1$，则采取提价策略来提高企业营业收入；若 $|E_d|=1$，采取提价与降价的方法都不影响企业的经济效益。

货运需求的价格弹性往往取决于货物的价值。价值小的货物，价格弹性较大；价值大的货物，因运价所占比重很小，故价格弹性较小。价格弹性的大小还同货物的季节性以及市场供求状况有关。当某种货物急于上市推销，或某种货物不能久存时，货主情愿选择运价高但速度快的运输方式，尽快地把货物运往市场，而不去选择运价低、速度慢的运输方式，以免错失市场机会。

二、运输供给

运输供给是指运输市场上运输服务的供给者在不同的运输条件下所提供的运输服务的数量。运输供给包含四个方面的内容：运输供给量、运输方式、运输布局和运输行业管理体制。

（一）运输供给的特征

运输供给的特征包括：运输服务的不可储存性、运输供给的不平衡性、运输供给的成本转移性、运输供给的可替代性与不可替代性。

（二）影响运输供给的主要因素

影响运输供给的主要因素包括：国家（地区）经济发展状况、政策的倾斜方向、运输工具造价与科技发展、市场价格因素、军事需要。

（三）运输供给的规律

在其他条件不变的情况下，若运输市场运价下跌，则运输服务的供给量将会减少，反之则增加，我们称为运输供给规律，如图 1-5 所示。

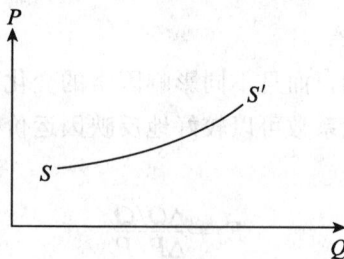

图 1-5　运输供给规律

运输供给的表示方法与运输需求相同，也可用供给表、供给曲线及供给函数来表示。

运输供给曲线是一条由左下方向右上方延伸的平滑曲线，在线上任何一点表示一定运价与一定运力供给量的关系。在一般条件下，运价上涨，运力供给量增加；运价下跌，运力供给量减少。

运输供给的变动是因运价以外的其他条件所发生的变化，使整条供给曲线向右或向左移动，如图1-6所示。

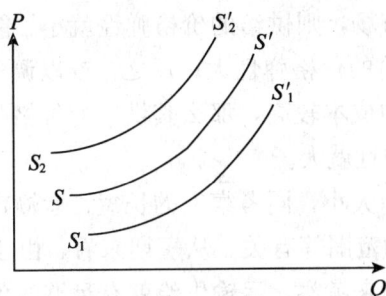

图1-6 运输供给变化

运输供给量的变动是由于运价的变化所引起的供给量的增加或减少。这种增减是在同一供给曲线上某一点的移动。如图1-7所示，SS'为供给曲线，由A点移至B点，其供给量由Q_1增至Q_2，是因为价格由P_1提高到P_2。

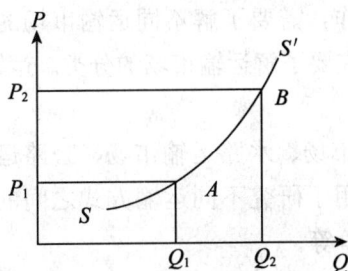

图1-7 运输供给量变动

（四）运输供给的价格弹性

运输供给的价格弹性是指在其他条件不变的情况下，运价变动所引起的供给量变动的灵敏程度。用公式表示为：

$$E_S = \frac{\Delta Q/Q}{\Delta P/P}$$

其中：E_S——运输供给的价格弹性；

Q——运输需求量；

P——影响运输供给的价格因素；

ΔQ——运输需求量的变化值；

ΔP——价格因素的变化值。

由于运价同运输供给量同方向变动，所以供给弹性为正值。这样，供给量对运价变化的反应可以用供给弹性的大小来衡量。$E_S>1$，供给量富有弹性；$E_S<1$，供给量缺乏弹性；$E_S=1$，供给量是单位弹性。

一般来说，如果运输生产要素适应运输需求的范围大，在运输市场上便于灵活配置，则供给的价格弹性就大；如果运输生产要素适应运输需求的范围小，专用性强，较难转移到其他货物运输市场，则供给的价格弹性就小。能够根据价格的变动灵活调整运力的运输产业，其供给的价格弹性大；反之，难以调整的，其价格弹性就小。如果一种运输服务增加供给的成本较高，那么其供给的价格弹性就小；反之，如果增加的成本不大，供给的价格弹性就大。

运输供给的价格弹性的大小，同考察期的长短、运输市场上供需的相对状况、运价波动的方向、运输市场的范围等有关。从短期来看，由于不易做到调整运力，供给的价格弹性就小。但从长期来考察，运输供给就有足够的价格弹性。当运输需求量较低时，运输市场供给过剩，则具有较大的供给价格弹性；当需求量较大时，通常运输市场供给紧张，即使价格上涨，也无大量供给投入，因此供给的价格弹性较小。运价上涨时，刺激供给增加，运输供给的价格弹性较大；运价下跌时，供给商不情愿退出市场，只有无法维持时，才被迫退出市场，所以供给的价格弹性较小。

三、物流运输市场的分类

为了做好运输的管理工作，需要了解不同运输市场的经济特征，并有针对性地进行市场调查与分析研究，首先要了解运输市场的分类。运输市场有以下几种分类方法：

(1) 按行业

按行业可分为铁路运输市场、水路运输市场、公路运输市场、航空运输市场、管道运输市场。这种分类可以用于研究不同运输方式之间的竞争，如综合运输、运价体系和各种运输方式之间的竞争等。

(2) 按运输对象

按运输对象可分为货运市场、客运市场、装卸搬运市场。货运市场对国民经济形态较为敏感，对安全质量和经济性等要求较高，而客运市场则与人民生活水平和国际交往有关，对运输的安全性、快速性、舒适性和方便性等要求较高。

(3) 按运输范围

按运输范围可分为国内运输市场（如铁路运输市场、江河运输市场、沿海运输市场、公路运输市场）和国际运输市场（如国际航运市场、国际航空运输市场等）。

(4) 按供求关系

按供求关系可分为买方运输市场和卖方运输市场。在供不应求时，货主和旅客的需要常常得不到满足，买票难，出门难，以运定产的现象经常发生，迫切需要扩大运输生产能力。而供过于求时，又会有大量的运力闲置而得不到充分利用。买方与卖方市场的经营环境不同，运输企业所采取的经营管理策略也不同。

（5）按运输需求的弹性

按运输需求的弹性可分为富有弹性的运输市场和缺乏弹性的运输市场。在富有弹性的运输市场中，运价的变动对运输量的影响较大，运价是调整运输市场平衡的有力工具。

四、运输市场的特征

运输市场是整个市场体系中的重要市场，它是运输生产者与需求者进行商品交换的场所和领域。运输市场具有第三产业服务性市场的特征，这些特征表现为：运输市场是一个典型的劳务市场、运输市场是一个劳动密集型市场、劳务市场与商品市场成比例发展、运输市场的区域性较强、运输市场波动性较强、运输市场受到企业自给自足运输力量的潜在威胁。

知识拓展

运输市场的竞争

一、运输市场竞争结构

1. 铁路运输市场竞争结构

铁路运输具有较高的固定成本，铁路运输的可变成本主要由燃料动力费用、人工开支和税收组成。这决定了铁路运输企业具有较高的规模经济效益。

2. 公路运输市场竞争结构

汽车运输业的成本结构包括较高的可变成本和较低的固定成本。

汽车运输相对低固定成本的特点，使得进入汽车运输业不会受到太高的资金限制，因而汽车运输从业者众多，从而导致汽车运输业的内部竞争十分激烈。

3. 水路运输市场竞争结构

航运企业的基本成本结构是高可变成本和低固定成本。

4. 航空运输市场竞争结构

航空运输的成本结构也是由高可变成本和低固定成本构成。这是因为政府投资并经营机场和航线，而航空公司不必直接支付这些固定设施的建设及管理费用。

二、运输市场中运输企业所面临的竞争

运输价格：价格因素的合理调节和运用是运输企业提升其竞争优势、把握市场竞争力的关键。

服务质量：服务质量的不断改进和提高是运输企业提升其竞争优势、提高竞争力的核心内容。

三、运输市场的规范与发展

（1）国家要进一步加大对运输市场的宏观调控力度，通过建立和健全规范运输市场竞争的法制，使运输市场公正、有序的竞争具有法律环境的支持。

（2）严格运输市场的准入制度，加强对运营过程中各项规章制度的检查、监督与落实。

（3）要通过制定合理的运输发展政策，科学规划各种运输方式的交通基础设施建设发展的战略布局，引导各种交通运输方式有序竞争、协调发展。

（4）要支持和鼓励各种运输方式通过运输协作来充分发挥各自的供给优势，取长补短，在竞争中综合协调地发展。

任务五　熟知运输成本及运价

任务描述

企业在经营的过程中最大的目标之一是提高企业的利润，其中一种方式是降低企业的成本，对于物流企业这也是适用的，降低运输成本必须要清楚地知道影响运输成本的因素，对其进行控制后即可达到企业的目标。

小讨论：影响运输成本的因素有哪些？

知识点

一、影响运输成本的因素

1. 距离

距离是影响运输成本的主要因素，因为它直接对劳动、燃料和维修保养等变动成本发生作用。图1-8显示了距离和成本的一般关系，并说明了以下两个特点：第一，成本曲线不是从原点开始的，因为它与距离无关但与货物的提取和交付活动所产生的固定费用有关；第二，成本曲线的增长幅度是随距离增长而减少的一个函数，这种特征被称作递减原则（Tapering Principle），即运输距离越长，城市间每千米单位费用相对较低。但市内配送是个例外，因为市内配送通常会频繁地停车，会增加额外的装卸成本。

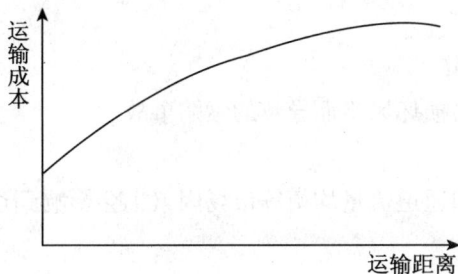

图 1-8 运距与运输成本之间的一般关系

2. 装载量

装载量之所以会影响运输成本，是因为与其他许多物流活动一样存在着规模经济，每单位重量的运输成本随装载量的增加而减少，如图 1-9 所示。

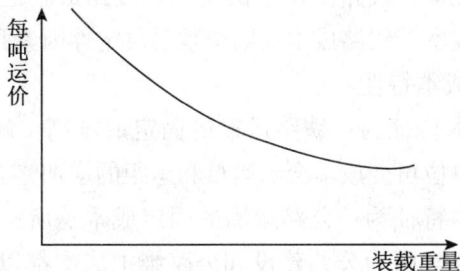

图 1-9 重量与运输成本之间的一般关系

3. 产品密度

密度因素是把重量和空间方面的因素结合起来考虑，如图 1-10 所示。

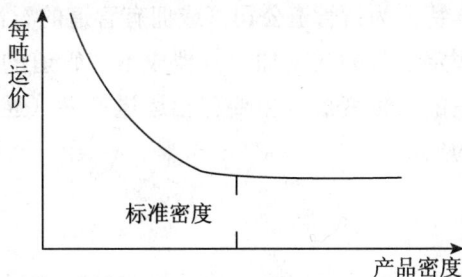

图 1-10 产品密度与运输成本之间的一般关系

4. 配积载能力

配积载能力这一因素是指产品的具体尺寸及它对运输工具（铁路车、拖车或集装箱）的空间利用程度的影响。

5. 装卸搬运

6. 责任

责任主要关系到货物损坏风险而导致的索赔事故。

7. 市场因素

诸如运输通道流量和通道流量均衡等市场因素也会影响到运输成本。

二、运输成本

1. 成本结构

运输成本构成包括：固定成本、可变成本、联合成本、公共成本。

2. 端点成本与线路成本

（1）端点成本是指在运输过程的起点与终点产生的费用，包括固定成本和与运量有关的装卸、收货、存货和发货成本。

（2）线路成本是指在运输线路上产生的费用。线路成本通常包括工资、燃油、润滑油和运输工具的维护成本。线路成本的两个重要决定性因素是运距和运量。

3. 不同运输方式的成本特性

（1）铁路运输的成本特征为：铁路运输的固定成本高，端点的可变成本也很高，线路成本相对较低，且单位可变成本会随运量和运距的增加略有下降。

（2）公路运输的成本特征为：公路运输的固定成本是所有运输方式中最低的，而卡车运输的可变成本很高，因为公路建设和公路维护成本都以燃油税、养路费、公路收费、吨公里税的方式征收。

（3）水路运输的成本特征为：水路运输的固定成本主要投放在运输设备和端点设施上。水运中常见的高端点成本在很大程度上被很低的线路费用所抵消。

（4）航空运输的成本特征为：昂贵的固定成本和可变成本合在一起使航空运输成为最贵的运输方式，短途运输尤其如此。

（5）管道运输的成本特征为：管道公司（或拥有管道的石油公司）拥有运输管道、泵站和气泵设备。这些固定装备的成本加上其他成本使管道的固定成本与总成本的比例是所有运输方式中最高的。可变成本主要包括运送产品（通常为原油和成品油）的动力和与泵站经营相关的成本。

三、运输费率

运输费率（Rate）是指在两地间运输某种具体产品时的每单位运输里程或每单位运输重量的运价。运输费率一般由承运人制定并罗列于费率本（Tariffs）中。

运输费率的基本形式有：

（1）基于重量的费率：这种费率随着运输货物的重量变化，而不是随距离变化。

（2）基于距离的费率：这种费率随距离和重量变化而变化，对一给定的重量以线性或非线性形式变化，如整车运输费率。

（3）和需求相关的费率：这种费率既不取决于重量，也不取决于距离，只是和外部市场需求有关。

（4）契约费率：这种费率是在货主和承运商之间进行协商的费率。

（5）等级费率：等级费率是根据运输距离、商品类型而定。

（6）其他特殊费率：其他特殊费率是指一定的时期，对某些特殊地区或商品实行的费率，它可能比正常费率高或低。

四、运输定价

1. 计算行程费用

在运输定价中计算行程费用非常关键，行程费用一般由三种费用组成，每种都有不同的特征，第一种是基于载重量的费用；第二种是时间费用；第三种是距离费用。

$$行程费用＝每次装载费用＋每小时功能费用×运行时间＋$$
$$每千米功能费用×千米数$$

每次装载费用使用历史费用数据和载货数据进行估计，每小时的功能费用用驾驶员工资、利息、折旧及租金、设施费用之和除以人员、设备花费的总时间计算，每千米功能费用用燃油费用、设备维修费用之和除以载货和空载运输的总里程计算。

2. 特殊费用

（1）行程空载费用。行程中空载费用的分配及体积或密度系数的调整是特殊运输费用问题中两个重要方面。空程费用的分配可按下述三种方法折算：

①把后面的空程距离加到本次载货运输距离上。

②把前面的空程距离加到本次载货运输距离上。

③前后两次空程距离的 50% 分别加到本次载货运输距离上。

（2）混合发载费用。对于车辆的混合发载（如货物的一部分是重货，另一部分是泡货）问题，要对不同的货物进行不同的费用分配。可以按照下面的步骤安排这种情况：

①首先计算标准密度（车的容积除以载货汽车有效载重量）。

②其次将产品体积通过标准密度转化为重量。

③最后用标准密度下的重量和实际重量相比较，选其中最大的作为收费依据。

3. 运输定价

对为客户提供的运输服务的定价，可以应用以下三种定价方法：

（1）基于成本的运价定价。基于成本的运输定价方法，又包括了下面三种方式：

①向客户收取发生运输服务的实际成本费用。这种情况大都发生在使用公司内部自己的运输部门提供运输服务。客户支付运输的实际费用，结果往往造成运输部门把无效的运营费用和不合理的运输费用也全部转加给了客户。

②按标准费用收取，在这种情况下，无效的运营费用不会转加给客户。

③收取边际费用，在这种情况下，固定费用作为日常开支不考虑，只收取变动费

用。当运能很大时，这种方法比较有效。

（2）基于市场的运输定价。基于市场的这一定价一般可用以下两种方式执行：

①按市场上互相竞争的承运人相似服务的费用收取，市场价格可能比实际价格高，也可能比实际价格低，如市场中过剩的运输能力可能会降低运输价格，这就需要经常进行检测。

②按调整后的市场价格（市场价格－费用节约）进行收费，如果运输组织效率高，调整后的市场价格就会低，反之就高。

（3）二者相结合的运输定价。这种定价方式包括以下两种执行方法：

①在运输组织和客户之间先签署一个协议价格，为了使协议更有效，必须有一个可以比较的市场价格，客户也有选择其他承运人的灵活性。

②根据运输组织的目标利润定价，在这种方法中，价格等于实际或标准费用加上部门的目标利润。

知识拓展

物流运输成本及控制

运输功能是现代物流七大基本功能之一，占有很重要的地位，运输成本在整个物流成本系统中所占的比重也很大，运输成本的有效控制对物流总成本的节约具有举足轻重的作用。影响物流运输成本居高不下的因素很多，其中有人为的因素，如专业人员缺乏，战略成本意识和全员成本意识的不足等；有技术层面的因素，如运输技术装备的落后、先进的管理技术手段和管理信息系统不够普及、运输规划不科学等；有制度方面的原因，如成本的核算、考核制度的不健全等；也有政策层面的原因，如运输资源的重复投资、重复建设，造成资源的无谓浪费，综合运输规划不合理等。

强化运输成本的核算和考核，就要树立现代物流理念，引进先进的物流运输管理和优化方法，结合企业自身实际，寻找改善运输管理、降低运输成本的最佳途径。健全物流管理体制，建立物流运输管理专职部门，实现物流管理的专门化。应用物流作业成本法把反映物流运输成本的数据从财务会计的数据中准确剥离出来，统一企业成本计算的口径。在提高物流服务水平的同时，加强预算管理，强化成本管理意识，实行定额管理和目标成本管理，进行成本控制目标分解，明确责任，实现责、权、利结合，加强成本核算和考核。

（1）增强全员的物流成本意识。运输成本占物流总成本和销售额比例较大，凸显了运输成本管理的重要性。对运输成本的控制并不是哪一个或几个部门、哪几个工作人员或哪几个工作岗位就能完成的，而是需要以物流管理部门为主导，物流运输乃至整个物流功能环节及所涉及的各个部门、所有人员的共同配合，科学规划和协调，做到人人关心成本管理，全员参与成本控制，共同降低物流运输成本和物流总成本。

（2）提高企业物流运输管理水平。运用系统观点不断优化运输资源配置，提高管理技术和手段的运用，提高企业运输管理水平，树立物流战略成本管理的理念，追求整个供应链、整个流通过程的物流运输成本最小化，不断发掘运输成本降低潜力，持续降低物流运输成本水平。

（3）消除运输中不合理现象。物流运输不是一个孤立的环节，在组织运输时，要对运输活动及涉及的其他环节进行科学规划，统筹安排，尽量压缩不必要的环节，减少个别环节所占用的成本。对有条件直运的，应尽可能采取直达运输，减少二次运输。同时，更要消除对流及隐含运输、迂回运输、重复运输、过远运输等不合理现象。

（4）合理选择运输方式，提高运输效率。在目前多种运输工具并存的情况下，必须注意根据不同货物的特点及对物流时效的要求，对运输工具所具有的特征进行综合评价，以便作出合理选择运输工具的策略，并尽可能选择廉价运输工具。

合理选择运输方式，合理组织多式联运。采用零担凑整、集装箱、捎脚回空运输等方法，扩大每次运输批量，减少运输次数。采用合装整车运输、分区产销平衡合理运输、直达运输、"四就"直拨运输等运输形式，有效降低运输成本。

提高运输工具技术装载量。改进商品包装，改善车辆的装载技术和装载方法，对不同货物进行搭配运输或组装运输，可以使同一运输工具装载尽可能多的货物，最大限度利用运输工具的装载吨位，充分使用装载容积，提高运输工具的使用效率。对有条件的货物，采用托盘运输。

（5）科学设计运输网络，实现优化运输。在运费、运距及生产能力和消费量都已确定的情况下，可充分运用运筹学、管理数学中的线性和非线性规划技术、网络技术等解决运输的组织问题，制定科学合理的运输计划和方案；运用"送奶线路"、定制化运输等方法和手段，合理设计运输网络；运用 GPS、GIS 等先进技术，对运输活动及过程进行跟踪、监控和调度，实现对车辆和线路的最优化、节点配送的优化等功能，也可进一步提高运输效率，提高安全性，减少损失，降低成本。

配送是运输在功能上的延伸，主要服务于支线运输。通过效率化的配送，提高物流规模效益，实现共同配送也可以降低物流运输成本。选择最佳配送手段，实现车辆运行的高效化，从而降低配送成本。同时也提高了供应保障程度，降低了库存成本，进而降低物流总成本。

（1）运用现代化的物流信息系统控制和降低物流运输成本。现代物流的开展离不开现代化的物流信息系统。信息技术的关键在于提高信息的收集、处理、传播的速度以及信息的准确性，实现信息的共享，有效减少冗余信息传递。通过运输管理系统（TMS）和其他管理信息系统实现有效对接，可使运输环节作业或业务处理准确、迅速；也有利于建立起物流经营统一战略系统，通过信息系统的数据汇总，进行预测分析，控制和降低物流成本；同时可以做到与用户需求信息资源的共享，应对可能发生的各种需求，及时调整运输计划，避免无效作业，减少作业环节，消除操作延迟，从而在整体上控制物流运输无效成本发生的可能性。

（2）通过整合运力促进资源优化配置，降低运输成本。消除由于企业内部各部门间壁垒、企业之间壁垒、区域壁垒造成的物流运输资源浪费现象和对效率的影响。企业内部实现信息化管理，企业间尝试通过综合信息平台的建立，加强横向沟通和信息共享，改变以往相对的封闭状态和"各自为政"、"小而全"的运作方式，共享资源，实行物流外包。这样可以减少企业间的重复建设所造成的资源浪费、效率低下等现象，优化社会和企业资源配置，减少企业投资，降低运输成本。

（3）通过提高物流运输服务质量降低运输成本。加强物流运输服务质量管理，是降低物流运输成本的有效途径。不断提高物流质量，可以减少和消灭各种差错事故，降低各种不必要的费用支出，降低物流运输过程的消耗；可以保持良好的信誉，吸引更多的客户，形成规模化、集约化经营，提高效率，从根本上降低物流运输成本。

（4）加强物流运输管理和操作人才的培养。人才是企业最重要、最有活力、最宝贵、最能给组织带来效益的资源，人才将决定其他资源功能的发挥，是一种潜在效益。物流企业要发展，实现现代化物流，就必须重视物流人才队伍的建立。通过内部培养和外部引进的方式，培养人才、使用人才、留住人才。通过他们所掌握的先进知识、理念和技术以及努力工作，实现物流运输活动的优化、效率的提高和成本的降低。

案例导读

我国几种运输方式的发展与现状

（一）公路运输

自20世纪80年代初期以来，中国汽车货物的增长幅度远大于铁路和水路的增长幅度。1996年的汽车货物运输周转量是1980年的6.56倍，而同期铁路货物运输的增长幅度为2.27倍，水上货物运输的增长幅度为3.54倍。汽车货物运输得到快速增长的原因，除了汽车运输的特殊优势之外，同运输市场改革、加强道路基础设施建设也紧密相关。改革开放以后，在运输领域，道路运输市场率先开始改革，长期由交通运输部门所属企业垄断运输市场的局面逐渐发生变化，个体、集体、股份制等多种所有制形式的运输企业和运输个体户大量出现，加大了运输市场的供给能力。同时，作为汽车运输基础设施的道路建设，在近几十年发展迅速，中央和地方财政都加大了对道路建设的投资力度，并形成了多元化的投资体制。高等级公路的比重逐步提高，特别是高速公路的建设在20世纪90年代以后有了突飞猛进的发展。1990年年底，高速公路的通车里程只有522千米；到2000年年底，高速公路的里程已达到1.5万千米。公路运输的基础性作用日益显现，在2000年的货物总周转量中，公路的比重占15%。

从需求的角度看，随着产业结构、产品结构以及企业经营方式的变化，新型商业业态的出现以及国民生活水平的提高，对汽车货物运输服务的需求量也在不断增加，对运输服务的质量、服务的品种要求越来越高。

从汽车货物运输市场的现状来看，在数量上已经可以满足要求，甚至总量上出现供大于求的局面。但是，在服务质量、服务品种等方面离货主企业的需求还有相当大的差距。服务内容单一，企业规模过小，运输网络化、信息化程度低等问题是制约汽车货物运输发展的关键问题。汽车货物运输业今后所面临的任务是：提高服务质量，开发新型的运输服务产品，扩大企业规模，用信息化武装运输业，形成网络化经营，逐步从传统的运输服务向现代物流服务转变，以满足货主对运输服务的高度需求，同时提高运输服务的价值含量，促进企业经济效益的提高。

在运输手段和运输技术方面，目前，中国的车辆种类还比较单一，大型化、专业化程度不高，拖车、箱体货车、冷藏货车以及其他专用车的比重偏低，需要提高运输手段的现代化程度。随着信息网络建设和运输中介服务业的发展，实现运输供需的有效衔接，提高运输活动的组织化程度也是汽车货物运输未来发展的重要课题。此外，在卡车中转站、道路运输枢纽等物流节点设施配置方面也是一个薄弱环节，需要从运输合理化、效率以及现代物流需求的角度强化节电设施建设，将线路功能与节点功能有机结合起来。

在企业物流运输方面，自有车辆运输的比重偏高，运输的社会化程度有待提高。据调查资料显示，国内自有车辆运输的比重接近60％。这是造成货物空载率高、运输效率低的一个重要原因。货主企业需要树立现代物流意识，改变传统的物流运作方式，通过物流业务外包，提高物流社会化程度，从而提高物流效率，降低物流成本。

（二）铁路运输

铁路运输是中国现代化物流的主要载体，在国民经济发展中具有举足轻重的地位。从运输完成量来看，1999年铁路完成货物周转量达到12578亿吨公里，占全社会周转量的54％。在中国这样一个地域辽阔、地形复杂的国家，铁路运输具有不可替代的优势，作为现代物流的主要载体，必将继续发挥更大的作用。

中国铁路网已初具规模。到1999年年底，中国大陆铁路营业里程已长达6.74万千米，位居亚洲第一，世界第四。目前，已初步架构了以"八纵八横"铁路运输通道为主骨架的铁路运输网络。特别是近几年，铁路建设加大投入，几条重要的干线、复线铁路的修建，正在逐步完善西部路网结构。

近年来，中国铁路实施"科教兴路"和可持续发展战略，努力适应经济社会发展的需要，经过三次大规模提速，客、货车的运行速度得到很大的提高；推出了五定班列、集装箱专列、快速直达和大宗直达列车等运输方式，并积极发展国际标准箱，开展多式联运和大陆桥运输，逐步实现包装和成件运输集装化，提高铁路货车服务质量。中国铁路还积极采用了现代化信息技术，开发应用了客票发售和预订系统（PMIS），实现全国联网运行；加快了铁路管理信息系统（TMIS）和调度指挥管理信息系统（KMIS）的建设步伐；以光缆传输为主，卫星、数字微波通信为辅的铁路通信系统，初步形成了宽带化、智能化、综合化的网络。随着计算机技术的应用，铁路运输组织和服务水平将不断提高，以适应现代物流和电子商务的发展需求。

（三）内河运输

中国分布有长江、黄河、珠江、淮河、海河、辽河、黑龙江七大水系，还有贯通海河、黄河、淮河、长江、钱塘江五大水径流的南北向大运河。全国河流总长 43 万千米，内河通航里程 10.4 万千米。尽管内河运输资源丰富，但是，由于长期以来对内河运输重视不够，导致内河运输发展缓慢，水运设施建设落后，水运的优势没有充分发挥出来。

长江水系是内河运输的主体，长江轮船运输总公司是长江航运的骨干力量，是国内最大的内河运输企业。长江航运企业在我国综合交通运输体系中是一个特定部分。由于国内地理条件和水资源因素，现代工业的相当一部分分布在长江流域。特别是一些高能耗和大宗原材料企业，如电力、钢铁、石油、建材、化工等企业都是沿江布局，充分利用了长江航运价格低廉和长距离大运量的优势。但是，长江航运企业目前还处在传统交通运输企业这个水平上，存在着运输速度慢、受自然因素影响大、运输生产不均衡、对沿岸建有专用码头以外企业的服务难以做到门对门运输等固有的弊端。长江干线上的主力运输船舶还是以大马力拖轮和万吨以上的航队为主，在适应企业现代化物流需求方面显得有些不大适应，需要开发适应小批量、准时服务需要的新型运输船舶。

此外，长江 2000 千米的航道仍然是天然航道，滩多漕多，受自然因素影响大，船舶运输难以保证做到准点运行，难以达到现代物流对长江航运提出的要求。随着长江三峡工程的建设和完工，再辅之长江中下游航道的疏竣，长江干线航道实现渠化和分道分边航将成为可能。

（四）管道运输

中国管道建设是与石油和天然气工业的发展紧密联系的。1958 年，新疆建成克拉玛依油田后，修建了第一条由油田至独山子炼油厂的原油管道，全长 147 千米。1963 年将四川南部的天然气输送到重庆，建设了第一条穿越长江的长距离天然气管道，全长 54.7 千米。随着大庆油田的开发，开始了大规模的管道建设。

分组讨论

杭州大华汽车配件公司的产品畅销全国，为满足客户需要、保持市场占有率，大华公司在杭州、上海、南京、北京、西安、重庆、广州等城市设有销售仓库，其产品先运往这些销售仓库，由销售仓库向周边区域供应汽车配件，如果请你为该公司选择生产地向各仓库运送产品的运输方式，你会怎样考虑？

复习思考

1. 什么是物流运输？简述运输在物流中的作用。
2. 不合理运输的表现有哪些？

3. 几种主要运输方式的优缺点各是什么？

实践项目

1. 观察与调查：到车站、港口进行实地的观察与调查，时间不少于2小时。观察和调查内容包括车站、港口的设施设备、经营的业务等。

2. 小组讨论：3~5人一组进行讨论，谈谈现代信息技术的发展对物流运输产生什么影响。

3. 请学生根据表1-4所列的具体情况，选择合适的运输方式组织运输。

表1-4

具体情况描述	运输方式
某公司有一批钢材（10000吨）要从济南市郊运到大连	
要将一批名贵手表（20箱）从北京运送到广州	
要从青岛将一批活海鲜运到郑州	
将10000立方米天然气从新疆运达北京	
海尔要将10000台冰箱运往欧洲	

项目二　公路货物运输实务

项目导读 ▶▶▶

公路运输概况；公路运输的地位、特点、功能和发展趋势；公路运输的成本构成与市场竞争特点；车辆选择应考虑的因素；车辆获取的几种方式及其各自的优缺点；车辆更换的影响因素；公路货物运输组织方法与技术；车辆折旧的两种方法及车辆更换战略；货运方式选择的影响因素。

知识目标

- 公路货物运输的概念及其类型
- 公路货物运输的技术装备与设施
- 公路运输的成本构成与市场竞争特点
- 汽车运输的经营特点与功能
- 车辆选择应考虑的因素
- 车辆获取的几种方式及其各自的优缺点
- 车辆更换的影响因素
- 车辆折旧的两种方法及车辆更换战略
- 公路货物运输组织方法与技术
- 零担货运的作业程序
- 公路货运作业流程
- 货运方式选择的影响因素

能力目标

- 能结合实际情况采用较好的方式来获取车辆
- 能利用维修的历史记录进行车辆更换的战略决策
- 能采用一定的方法进行运输路线和时间进度的安排
- 能写出零担货运的作业程序

任务一 领会公路运输

任务描述

通过对运输有了深层次的认识后，我们要对不同运输方式进行学习，而与我们生活密切相关的一种运输方式是公路运输，公路运输的灵活性是它最大的特点，它能够实现"门到门"服务。

> **小讨论：公路运输有哪些优点和缺点？**

知识点

公路运输（Road Transportation）从广义来说，是指利用一定载运工具（汽车、拖拉机、畜力车、人力车等）沿公路实现旅客或货物空间位移的过程。从狭义来说，就是指汽车运输。

一、公路运输的功能

1. 主要担负中、短途运输

短途运输，通常运距为 50 千米以内；中途运输运距为 50～200 千米。

2. 衔接其他运输方式的运输

即由其他运输方式（如铁路、水路或般空）担任主要（长途）运输时，由汽车运输担任其起、终点处的客货集散运输。

3. 独立担负长途运输

即当汽车运输的经济运距超过 200 千米以上时，或者其经济运距虽短，但基于国家或地区的政治与经济建设等方面需要，也常由汽车担负长途运输，如对边远地区或少数民族地区的长途运输，或因救灾工作的紧急需要而组织的长途运输，以及公路超限货物的"门到门"长途直达运输等。

二、公路运输的优缺点

1. 优点

（1）机动灵活，适应性强。由于公路运输网一般比铁路、水路网的密度要大十几倍，分布面也广，因此公路运输车辆可以"无处不到、无时不有"。公路运输在时间方面的机动性也比较大,车辆可随时调度、装运,各环节之间的衔接时间较短。尤其是公路运输对客、货运量的多少具有很强的适应性,汽车的载重吨位有小(0.25~1吨)有大(200~300吨),既可以单个车辆独立运输,也可以由若干车辆组成车队同时运输,这一点对抢险、救灾工作和军事运输具有特别重要的意义。

(2)可实现"门到门"直达运输。由于汽车体积较小,中途一般也不需要换装,除了可沿分布较广的路网运行外,还可离开路网深入到工厂企业、农村田间地头、城市居民住宅等地,即可以把旅客和货物从始发地门口直接运送到目的地门口,实现"门到门"直达运输。这是其他运输方式无法与公路运输比拟的特点之一。

(3)在中、短途运输中,运送速度较快。在中、短途运输中,由于公路运输可以实现"门到门"直达运输,中途不需要倒运、转乘就可以直接将客货运达目的地,因此,与其他运输方式相比,其客、货在途时间较短,运送速度较快。

(4)原始投资少,资金周转快。公路运输与铁路、水路、航空运输方式相比,所需固定设施简单,车辆购置费用一般也比较低,因此,投资兴办容易,投资回收期短。据有关资料表明,在正常经营情况下,公路运输的投资每年可周转1~3次,而铁路运输则需要3~4年才能周转一次。

(5)掌握车辆驾驶技术较容易。与火车司机或飞机驾驶员的培训要求来说,汽车驾驶技术比较容易掌握,对驾驶员的各方面素质要求相对也比较低。

2. 缺点

(1)运量较小,运输成本较高。目前,世界上最大的汽车是美国通用汽车公司生产的矿用自卸车,长20多米,自重610吨,载重350吨左右,但载重量仍比火车、轮船少得多;由于汽车载重量小,行驶阻力比铁路大9~14倍,所消耗的燃料又是价格较高的液体汽油或柴油,因此,除了航空运输,就是汽车运输成本最高了。

(2)运行持续性较差。据有关统计资料表明,在各种现代运输方式中,公路的平均运距是最短的,运行持续性较差。如我国1998年公路平均运距客运为55千米,货运为57千米;铁路客运为395千米,货运为764千米。

(3)安全性较低,污染环境较大。据历史记载,自汽车诞生以来,已经吞噬掉3000多万人的生命,特别是20世纪90年代开始,死于汽车交通事故的人数急剧增加,平均每年达50多万人。这个数字超过了艾滋病、战争和结核病人每年的死亡人数。汽车所排出的尾气和所引起的噪声也严重地威胁着人类的健康,是大城市环境污染的最大污染源之一。

三、运载工具

载货汽车是指专门用于公路货物运送的汽车,又称载重汽车。

载货汽车按其载重量的不同分为微型、轻型、中型、重型四种。轻型载货汽车服务于规模不大、批量很小的货物运输,通常用于城市运输。重型载货汽车多用于经常性的大批量货物运输,如大型建筑工地、矿山等地区的货物运输。中型载货汽车适用于范围比较广泛，既可在城市承担短途运输任务也可承担中、长途运输。目前在我国，中型载货汽车是主要车型，数量较多。

从车头型式来看有平头式和长头式两种；就车厢结构而言，有厢式、敞车和平板式；就整体结构而言，有单车（整体式）、拖挂车和汽车列车（铰接式）之分。

小型厢式货车一般用于运距较短、货物批量较小、对运达时间要求较高的货物运输。封闭式上车厢可使货物免受风吹、日晒、雨淋，提高货物安全性，而且一般兼有滑动式侧门和后开车门，因此货物装卸作业非常方便。小型厢式车多用于运送贵重货物、邮件及商业领域的配送。

厢式载货汽车是近年来国际货车市场上的一支主力军。其特点是载货容积大，货箱密封性能好，尤其是近年来轻质合金及增强合成材料的使用，为减轻车厢自重、提高有效载重量创造了良好的条件。

敞车，是指挂车顶部敞开，是载货汽车车身的主要形式，可以装载各种高低不等的货物；平板，是指挂车无顶也无侧厢板，主要用于运输钢材和集装箱货物；罐式挂车，用于运输流体类货物；冷藏车，用于运输需控制温度的货物；自卸汽车可以自动卸货，适用于运送散装货物，如煤炭、矿石、沙子等。

牵引车也称拖车，一般不设载客或载货车厢，它是专门用于拖挂或牵引挂车的汽车。牵引车分为全挂式和半挂式两种。半挂式牵引车与半挂车一起使用，半挂车的部分重量由牵引车的底盘承载。全挂式牵引车则与全挂车一起使用，其车架较短。除专门的牵引车以外，一般的载货汽车也可作为全挂式牵引车使用。

挂车本身无动力装置，由牵引车或其他车辆牵引。挂车的车身通常也做成不同的车厢的形式以装运不同的货物，挂车必须与牵引车组合在一起，才能作为一个完整的运输工具。挂车有全挂车、半挂车、厢式挂车以及重载挂车等类型。全挂车由牵引车或作为牵引车使用的汽车牵引。半挂车则与半挂式牵引车一起使用。重载挂车是大载重量的挂车，它可以是全挂车，也可以是半挂车，专门用于运送沉重的货物，其载重量通常可达 200～300 吨。由于挂车结构简单，保养方便，而且自重较小，因此在汽车运输中应用很广。

四、货运站场

货运站是专门办理货物运输业务的汽车站，一般设在公路货物集散点。货运站可分为集运站（或集送站）、分装站和中继站等几类。集运（送）站是集结货物或分类货物的场站；分装站是将货物按某种要求分开，并进行配装的场站；中继站是提供长途货运驾驶员及随车人员中途休整的场所。

1. 货运站的任务与职能

货运站的主要工作是组织货源、受理托运、理货、编制货车运行作业计划，以及车辆的调度、检查、加油、维修等。

汽车货运站的职能，包括下列几个方面：

(1) 调查并组织货源，签订有关运输合同。

(2) 组织日常的货运业务工作。

(3) 做好运行管理工作。运行管理的核心是做好货运车辆的管理，保证各线路车辆正常运行。

2. 汽车货运站的分类

(1) 整车货运站。整车货运站主要经办大批量货物运输，也有的站兼营小批量货物运输。它是调查并组织货源，办理货运商务作业的场所。商务作业包括托运、承运、受理业务、结算运费等项工作。

(2) 零担货运站。专门办理零担货物运输业务，进行零担货物作业、中转换装、仓储保管的营业场所。货物一般由托运人自行运至货运站，也可以由车站人员上门办理托运手续，站务作业工作量大而复杂，其作业的内容及其程序是：受理托运、检货过磅、验收入库、开票收费、装车与卸车、货物交接、货物中转、到达与交付等。

(3) 集装箱货运站。集装箱货运站主要承担集装箱的中转运输任务，所以又称集装箱中转站。其主要业务是：集装箱门到门运输与中转运输；集装箱适箱货物的拆箱、装箱、仓储和接取送达；集装箱的装卸、堆放和检查、清洗、消毒、维修；车辆设备的检查、清洗、维修和存放；为货主代办报关、报检等货运代理业务。

3. 汽车货运站的分级

(1) 零担站的站级划分。根据零担站年货物吞吐量，将零担站划分为一级、二级、三级。年货物吞吐量在6万吨以上者为一级站；2万吨及以上，但不足6万吨者为二级站；2万吨以下者为三级站。

(2) 集装箱货运站的站级划分。根据年运输量、地理位置和交通条件不同，集装箱货运站可分为四级。年运输量是指计划年度内通过货运站运输的集装箱量总称。一级站年运输量为3万标准箱以上；二级站年运输量为1.6万～3万标准箱；三级站年运输量为0.8～1.6万标准箱；四级站年运输量为0.4万～0.8万标准箱的集装箱中转站。

五、公路运输货物

公路运输的货物一般可按其物理属性、装卸要求、运输条件、托运批量等因素进行分类。

1. 按货物的物理属性分类

按货物的物理属性，可以将货物划分为固体、液体、气体三种不同性质的货物。

在不同地理，经济区域、产业发展的不同阶段，三种不同物理属性的货物量构成是不同的。就我国现阶段的货物物理属性构成中以固体货物的运输量为最大，而其中又以块状货物，如煤炭、矿石等和粉末状货物，如水泥、化肥等居多。

在同一类货物中其比重也是一项重要的物理性质，比重不同的货物对车辆载重量，容积的利用，以及装载与运输过程的安全性和服务质量都会有较大的影响。

2. 按货物的装卸方法分类

按货物的装卸方法可以将货物分为件装货物和散装货物。

件装货物是可以用件计数的货物，每件货物都有一定的质量、形状和体积。带运输包装的件装货物，按包装物的形状可分为桶装、箱装和袋装货物；按其包装物的性质，又可分为硬质包装、软质包装、玻璃瓶装和专门包装等多个种类。集装单元可以视作成件货物的一种特殊形式，托盘、集装箱以及用特种包装物可以固定在普通货物上等。

散装货物是指可以用堆积或灌注等方法进行装卸搬运的货物。散装货物采用大批量运输或专门运输，对车辆性能、装卸设施、承载工具等有一定的要求。

3. 按货物的运输条件分类

按货物的运输条件可以将货物分为普通货物和特种货物。

普通货物是指货物在运输、配送、保管及装卸作业过程中，没有特殊要求，无须采用特殊措施和方法的货物。

特种货物是指货物在运输、配送、保管及装卸作业过程中，需要采用特殊措施和方法的货物。特种货物又可分为危险货物、大件（长大笨重）货物、鲜活货物和贵重货物。

4. 按一批货物托运量的大小分类

按一批货物托运量的大小可分为整车货物和零担货物。

凡一次托运批量货物的质量在 3 吨（含 3 吨）以上或虽不足 3 吨，但其性质、体积、形状需要一辆 3 吨以上汽车运输的，称为整车货物。反之，称为零担货物。特殊单件货物不作为零担货物受理，如各类危险货物、易破损、易污染和鲜活等货物一般也不作为零担货物。

货物分类方法并非绝对的，有时为了适应企业管理或其他方面的要求，还可根据其他不同因素对货物进行分类。

知识拓展

制约我国公路运输业发展因素分析

一、公路网发展现状存在的问题

虽然到 2004 年年底，我国公路里程已达到 185 万千米，但对于一个有 960 万平方千米和 13 亿人口的大国来说远远不足，与发达国家相比相差很远。

1. 道路数量不足

目前我国公路将省会、大中城市、主要港口、经济基地连通起来，但是干线公路还未完全连通。县乡公路数量还不足，仍有近 205 个的村庄仍未通公路，而且很多村与村之间需要绕行。

2. 道路质量较差

道路质量差反映在公路技术等级偏低，路面质量差和路网中桥梁标准低，中、低级路面占 2/3。另外，公路网中的危桥数量也很大，公路渡口有 400 多座。这些因素大大影响了公路运行的顺畅。

3. 路网的通过能力严重不足

20 世纪 90 年代以来，交通量的增长速度更快，相当多的区段实际交通流量已远远超过了道路的设计能力。与此对应的道路拥挤度较为严重，公路网平均交通拥挤度达 1.15，其中国道平均拥挤度为 1.04，省道为 1.14，县道为 1.41，乡道和专用公路平均为 1.00，全国主要干线公路平均拥挤度大于 1 的路段里程约占 53.5%。

二、汽车拥有量发展现状存在的问题

汽车作为公路运输的主导工具，虽然随着汽车工业的发展，增长速度很快，但是仍然满足不了日益增长的运输需求。主要问题有：

①数量偏少。目前我国汽车拥有量已超过 2000 万辆，但人均数量依然有限。从经济发展和人民生活水准角度考虑，数量偏少。

②结构比例不合理。结构比例不合理主要体现在：一是载货汽车重、中、轻比重不合理，缺重少轻，中型车比重过高。二是汽油车比重大，柴油车比重小。经验表明：在卡车和在客车上使用柴油发动机比汽油发动机较为经济实用，世界上大多数国家的大中型货运汽车都是柴油车，尤其在工业发达国家。三是老型号车比重仍很大。

三、公路运输管理发展现状及存在的问题

我国道路运输行业经过 20 多年的发展，运输市场秩序逐步好转。基本解决了"乘车难、运货难"的问题，并逐步向"人便于行、货畅其流"的方向发展。但是在道路运输业大发展的过程中，也带来一些新的问题与矛盾，大量小企业和个体运输户从事道路运输，规模小、实力弱，经营不规范，不正当竞争现象普遍存在，缺少全国或区域性的大型名牌企业主导市场，随着我国经济体制改革的逐步深入和社会经济的发展，这些新的问题与矛盾也在逐步显现，成为制约行业发展的主要因素。主要表现在：一是道路运输业结构性矛盾十分突出。在经营主体上，专业运输企业实力不强，运输和经营上的合理分工无法实施，市场秩序比较混乱；在运输装备上，从总体上讲，营运车辆性能差、结构不合理。在组织方式上，组织化程度低，分散经营（表面上是运输公司，实质上挂靠经营），客货营运车辆的大多数以单车承包和挂靠经营的形式从事运输生产，导致空驶和超载现象并存而且相当严重，运输效能低下。二是运输服务品种少，热线上运力过剩，冷线上运力不足，现代物流、快速货运等高水平满足社会需求的运输组织方式发展缓慢；农村客运发展缺乏经济推动力，大多数农村货运基本由农用三轮车、拖拉机、畜力车完成。三是货运价格和价值严重背离。高档客车、高效低耗的重型货车、拖挂车和各类特种专用车数量少、比重低，老旧车辆较多。货运超限超载，"小马拉大车"的现象突出，安全隐患多。低效率运输大量存在，有效管理措施又没有及时跟上的情况下，竞相压价就成为唯一的竞争手段。20 世纪 70 年代中期，公

路货运运价就是每吨公里 0.2 元，到 2002 年年底，运价还是每吨公里 0.2 元，价格和价值严重背离。

运输市场管理的总体思路是"严格市场准入，强化市场监督，公平分配资源，实现市场退出"。按照"政府规范市场、市场引导企业、企业自律发展"要求，加大改革力度，减少行政审批，强化以间接管理为主的行业管理，建立精简高效、职责一致、运转协调、执行规范的新型行业管理体制。旅客运输管理思路客运管理的总体思路是"抓两头，带中间"，即以抓高速客运，农村客运带动城乡客运。以客运线路年限制为"牛鼻子"，以客运线路招投标为"缰绳"，以企业质量信誉考核为"鞭子"，引导道路旅客运输向干线客运高速化、农村客运公交化、城乡客运一体化、运输主体规模化方向发展，真正实现"人便于行"。货物运输管理的总体思路是"放开普通货运，抓好特种运输"（危险品、集装箱、大型物件等），组织应急运输，发展快件运输。

切实治理公路货运超限超载，近年来我国道路货运车辆超限超载现象极为普遍，对交通安全、运输市场造成了极大危害。一是诱发了大量道路交通安全事故。二是严重损坏了公路基础设施，给国家财产造成了巨额损失。三是造成车辆"大吨小标"泛滥，影响了汽车工业的健康发展。四是导致了道路运输市场的恶性竞争，造成道路运输市场扭曲，诚信水准下降，严重损害了统一开放、竞争有序的市场秩序，阻碍了现代道路运输市场体系的建立和完善，破坏了正常的社会经济秩序。通过近段时间集中治理，治超工作已取得了初步成效，也给道路货运业带来难得的发展机遇，加强运政队伍建设要统一机构名称，明确职责，建立起权责一致、管理顺畅、工作协调、行为规范、办事高效的道路运政管理体系。建立和健全运政执法监督机制和运政人员管理机制，加快道路运输信息系统建设，逐步建立和完善道路运政管理信息系统、道路运输业务信息系统，推广使用电子道路运输证，尽快建立全国运政稽查网，以便建立运输企业服务质量信誉考核制度。

可见公路交通管理在运输业发展中起着很大作用。政府在加强宏观调控的同时，也应放权给企业，增强企业经营单位的市场行为能力。另外，急需适应当前公路运输业发展的法律法规出台，以避免不规范、不合理的运政管理行为发生。

四、公路交通管理法规发展存在的问题

纵观我国道路交通管理法规发展历史，可以看出，虽然新中国成立以后我国的道路交通管理法规有了很大发展，但至今还沿用着 1960 年的《机动车管理办法》、1988年的《道路交通管理条例》，并且在道路交通管理法规的体系中占很大部分是公安部制定的部门规章，效力等级相对较低。这些都与近年来我国道路交通条件和机动车的发展不相适应，因而制定《交通法》，并确立以《交通法》为统领的道路交通管理法规体系已迫在眉睫。根据我国的实际情况，各地经济、交通发展的状况极端不平衡，因而在制定和完善我国的道路交通管理法规体系时一定要适应我国的发展现状。从长远的发展来看，我国的道路交通管理法规应当形成如下层次的体系结构：

①以国家法律的形式通过全国性的《道路交通法》，即由全国人大制定，这是公路

交通管理法规体系中的"宪法"。

②以国务院制定的有关道路交通法实施的具体办法和关于道路交通管理的各个方面的行政法规为主体。

③我国的道路交通管理法规体系应以地方性道路交通管理法规和公安部制定的部门规章为必要的补充。

五、结论

总之，公路交通管理法规建设应该以道路交通法为母法，以国务院制定的公路交通管理法规为公路交通管理法规体系中的主干部分，以地方性公路交通管理法规和部门规章为有益和必须的补充，并在维持我国的公路交通管理法规体系基本稳定的情况下，及时根据实际公路交通条件的变化随时修改。通过对我国公路运输业的调查分析，得出结论如下：

①客运高速化。21世纪的公路运输，速度更快，效率更高。人民生活水平的提高和消费观念的改变，使客运需求结构发生变化。在生产性旅行需求增加的同时，消费性旅行将不断增加。旅客对运输需求已不再是数量上的满足，对改善旅行条件、缩短旅行时间和提高服务水平等质量方面的需求与日俱增。以高速化为重点，安全、舒适便捷以及服务质量等可望在未来的一段时间内得以全面革新。

②货运物流化。21世纪是信息化时代。信息产业空前的发展，使货运业在现代经济社会中的基础性作用发生变化，货运业将融入物流系统之中。最突出的特点就是综合性。它把生产、经营、销售与流通等环节综合起来，进行全面的系统管理，其目的就是注重货物运输的总体效率和效益。因此，未来货运业的发展，总量增长有限，但货运质量、效率、服务质量将全面提高。

③当前我国公路运输是交通、公安、城建、旅游、经贸等部门多家管理的体制，很不适应公路运输发展的要求，必须改革这种多头管理的体制，建立多家办运输，统一于一家管运输的体制。应当由交通部统观全国公路运输，确立其权威性，对公路运输实行全行业管理。公路运输行业管理的基本职能，总体上就是对公路运输全行业的经济活动实行规划、协调、监督和服务。

④增强企业活力是行业管理工作的中心，而企业的活力关键在于企业经营自主化，所以体制改革必须从根本上解决政企分开，还给企业经营自主权。政府主管部门的主要任务就在于：明确行政管理工作是对行业的行为和市场的行为，它的管理职能是以达到整个社会运输需求的有效满足，整个运输市场的供求平衡，整个运输行业的最佳效益，而不是直接参与企业经营管理活动；行政管理工作主要是综合运用经济、法律、行政等管理手段，使运输市场行为规范化、有序化；行政管理要根据公路运输行业发展规划，制定并采取有效的管理措施，确保公路运输行业发展目标的实现；政府对企业的作用就是指导、监督和服务。

（摘自：《科技信息》，作者：王志虹、黄江涛）

任务二　整车货物运输组织

任务描述

公路运输中当运输货物量很大时可采用整车来进行运输，这在运输过程中占据很重要的地位，通过对公路运输的认知，掌握整车货物运输的优缺点及组织形式。

小讨论：整车货物运输的优缺点有哪些？

知识点

一、整车货物运输的概念

托运人一次托运的货物在3吨（含3吨）以上，或虽不足3吨，但其性质、体积、形状需要一辆3吨以上车辆进行公路运输的，称为整车货物运输。为明确运输责任，整车货物运输通常是一辆车、一单货票、一个发货人。

二、整车货物运输生产过程

1. 运输准备过程

运输准备过程又称运输生产技术准备过程，是货物进行运输之前所做的各项技术准备性工作。包括车型选择、线路选择、装卸设备配置、运输过程的装卸工艺设计等都属于运输准备过程。

2. 基本运输过程

基本运输过程是运输生产过程的主体，是指直接组织货物，从起运地至到达地实现其空间位移的生产活动，包括起运站装货、车辆运行、终点站卸货等作业过程。

3. 辅助运输过程

辅助运输过程是指为保证基本运输过程正常进行所必需的各种辅助性生产活动。辅助生产过程本身不直接构成货物位移的运输活动，它主要包括车辆、装卸设备、承载器具、专用设施的维护与修理作业，以及各种商务事故、行车事故的预防和处理工作，营业收入结算工作等。

4. 运输服务过程

运输服务过程是指服务于基本运输过程和辅助运输过程中的各种服务工作和活动。

例如，各种行车材料、配件的供应，代办货物储存、包装、保险业务，均属于运输服务过程。

三、整车货物运输的站务工作

整车货物运输站务工作可分为发送、途中和到达三个阶段的站务工作，内容包括：货物的托运与承运，货物装卸、起票、发车，货物运送与到达交付、运杂费结算，商务处理等。

（一）整车货物运输的发送站务工作

1. 受理托运

受理货物托运必须做好货物包装，确定重量和办理单据等作业。

2. 组织装车

3. 核算制票

发货人办理货物托运时，应按规定向车站缴纳运杂费，并领取承运凭证——货票。始发站在货物托运单和货票上加盖承运日期之时起即算承运，承运标志着企业对发货人托运的货物开始承担运送义务和责任。

（二）整车货物运输的途中站务工作

货物在途中发生的各项货运作业，统称为途中站务工作。途中站务工作主要包括途中货物交接，货物整理或换装等内容。

（三）整车货物运输的到达站站务工作

货物在到达站发生的各项货运作业统称为到达站站务工作。到达站站务工作主要包括货运票据的交接，货物卸车、保管和交付等内容。

四、货物装卸

装卸作业是指在同一地域范围进行的、以改变物品的存放状态和空间位置为主要内容和目的的活动。

（一）装卸作业的条件和基本方法

1. 货车装卸一般条件

（1）零担货物装卸：较多地使用人力和手推车。台车和输送机等作业工具，零担货物装卸也可使用笼式托盘、箱式托盘，以提高货车装卸、分拣及配货等作业的效率。

（2）整车货物装卸：较多采用托盘系列及叉车进行装卸作业。

（3）专用货车装卸：往往需要适合不同货物的固定设施、装卸设备，以满足装卸时需要的特殊技术要求。

2. 装卸作业的基本方法

（1）单件作业法。

（2）集装作业法。

（3）散装作业法。

（二）装卸作业组织工作

1. 车辆装卸作业的时间构成

（1）车辆到达作业地点后，等待货物装卸作业的时间。

（2）车辆在装卸货物前后，完成调车、摘挂作业的时间。

（3）直接装卸货物的作业时间。

（4）与运输有关商务活动等的作业时间。

2. 装卸组织工作

（1）制定科学合理的装卸工艺方案。

（2）加强装卸作业调度指挥工作。

（3）加强改善装卸劳动管理。

（4）加强现代通信系统的应用水平。

（5）提高装卸机械化水平。

（6）应用数学方法改善装卸劳动力的组织工作。

知识拓展

货物中哪些必须按整车运输办理

一批货物的重量、体积或形状需要以一辆以上货车运输的，应按整车托运。需要冷藏、保温或加温运输的货物；规定限按整车办理的危险货物；易于污染其他货物的污秽品（例如，未经过消毒处理或未使用密封不漏包装的牲骨、湿毛皮、粪便、炭黑等）；蜜蜂；不易计算件数的货物；未装容器的活动物（铁路局规定的管内可按零担运输的除外）；到站无起重能力，而一件货物重量超过2吨，体积超过3立方米或长度超过9米的货物都必须按整车办理。

任务三　零担货物运输组织

任务描述

通过对整车货物的运输，引导学生们考虑当货物不能凑成一整车时应如何解决，引出零担货物运输的组织过程。

小讨论：零担货物运输的优缺点有哪些？

知识点

一、公路零担货物运输的概念

我国汽车运输管理部门制定的《公路汽车货物运输规则》规定：托运人一次托运的货物，其重量不足 3 吨者为零担货物。按件托运的零担货物，单件体积一般不得小于 0.01 立方米（单件重量超过 10 千克的除外）不得大于 1.5 立方米；单件重量不得超过 200 千克；货物长度、宽度、高度分别不得超过 3.5 米、1.5 米和 1.3 米。不符合这些要求的，不能按零担货物托运、承运。

各类危险货物，易破损、易污染和鲜活等货物，一般不能作为零担货物办理托运。

二、零担货物运输组织形式

零担货物运输由于集零为整，站点、线路较为复杂，业务烦琐，因而开展零担货运业务，必须采用合理的车辆运行组织形式。这些形式通常有以下几种：

（一）固定式

固定式也称汽车零担货运班车，即所谓的"四定运输"，是指车辆运行采取定线路、定班期、定车辆、定时间的一种组织形式。

零担货运班车主要有以下几种运行方式：

1. 直达式

直达式指在起运站，将各发货人托运到同一到达站，而且性质适合配装的零担货物，同一车次装运直接送至到达站。

2. 中转式

中转式是指在起运站将各托运人发往同一去向，不同到达站，而且性质适合于配装的零担货物，同车装运到规定的中转站中，卸货后重新配装，组成新的零担班车运往各到达站的一种组织形式。

3. 沿途式

沿途式是指在起运站将各个托运人发往同一线路，不同到站，且性质适宜配装的各种零担货物，同车装运，按计划在沿途站点卸下或装上零担货物再继续前进，运往各到达站的一种组织形式。

（二）非固定式

非固定式是指按照零担货流的具体情况，根据实际需要，随时开行零担货车的一种组织形式。这种组织形式由于缺少计划性，必将给运输部门和客户带来一定不便。因此只适用于在季节性或在新辟零担货运线路上作为一项临时性的措施。

三、零担货运的组织作业程序

零担货物运输业务是根据零担货运工作的特点，按流水作业形式构成的一种作业程序，可用图2-1简单表示。

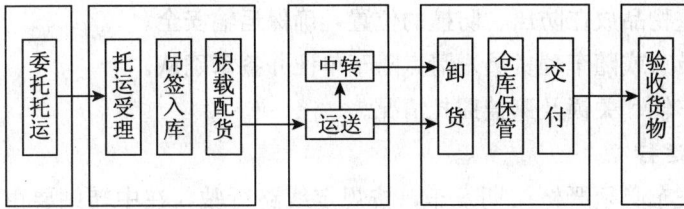

图2-1　零担货物作业流程

（一）托运受理

托运受理是指零担货物承运人根据经营范围内的线路、站点、运距、中转站及各车站的装卸能力、货物的性质及受运限制等业务规则和有关规定接受托运零担货物，办理托运手续。

托运受理的形式有：随时受理制、预先审批制、日历承运制。

（二）过磅起票

零担货物受理人员在接到托运后，应及时验货过磅，认真点数交接，做好记录。按托运单编号填写货物标签、填写零担货物运输货票，收取运杂费。

（三）仓库保管

零担货物进出仓要照单入库或出库，做到以票对票、票票不漏、货票相符。

零担货物仓库应严格划分货位，一般可分为待运货位、急运货位、到达待交货位。

零担货物仓库要具有良好的通风能力、防潮能力、防火和灯光设备、安全保卫能力。

（四）配载装车

1. 零担货物的配载原则

（1）中转先运、急件先运、先托先运、合同先运。

（2）尽量采用直达方式，必须中转的货物，则应合理安排流向。

（3）充分利用车辆载货量和容积。

（4）严格执行混装限制规定。

（5）加强对中途各站待运量的掌控，尽量使同站装卸的货物在重量和体积上相适应。

2. 装车准备工作

（1）按车辆容积、载重和货物的形状、性质进行合理配载，填制配装单和货物交接清单。填单时应按货物先远后近、先重后轻、先大后小、先方后圆的顺序进行，以便按单顺序装车，对不同到达站和中转的货物要分单填制。

（2）将整理后的各种随货单证分别附于交接清单后面。

（3）按单核对货物堆放位置，作好装车标记。

3. 装车

（1）按交接清单的顺序和要求点件装车。

（2）将贵重物品放在防压、防撞的位置，确保运输安全。

（3）驾驶员（或随车理货员）清点随车单证并签章确认。

（4）检查车辆、关锁及遮盖捆扎情况。

（五）车辆运行

零担货运班车必须严格按期发车，按规定线路行驶，在中转站要由值班人员在路单上签证。有车辆跟踪系统的要按规定执行，使基站能随时掌控在途车辆情况。

（六）货物中转

对于需要中转的货物需以中转零担班车或沿途零担班车的形式运到规定的中转站进行中转。中转作业主要是将来自各个方向的仍需继续运输的零担货物卸车后重新归结待运，继续运至终点站。

零担货物的中转作业一般有以下三种方法：

1. 全部落地中转（落地法）

将整车零担货物全部卸下交中转站入库，由中转站按货物的不同到站重新归结，另行安排零担货车分别装运，继续运到目的地。这种方法，简便易行，车辆载重量和容积利用较好，但装卸作业量大，占用的仓库和场地面积大，中转时间长。

2. 部分落地中转（坐车法）

由始发站开出的零担货车，装运有要在途中某地卸下，转至另一路线的部分货物，其余货物则由原来货车继续运送到目的地。

这种方法部分货物不用汽车，减少了作业量，加快了中转作业速度，节约了装卸劳力和货位，但对留在车上货物的装载情况和数量不易检查清点。

3. 直接换装中转（过车法）

当几辆零担车同时到站进行中转作业时，将车内部分中转零担货物由一辆车向另一辆车上直接换装，而不到仓库货位上卸货。组织过车时，既可以向空车上过，也可向仍留有货物的重车上过。

这种方法在完成卸车作业时即完成了装车作业，提高了作业效率，加快了中转速度，但对车辆的到发时间等条件要求较高，容易受意外因素干扰而影响运输计划。

零担货物的中转还涉及中转环节的理货、堆码、保管等作业，零担货物中转站必须配备相应的仓库等作业条件，确保货物安全、及时、准确地到达目的地。

知识拓展

零担货物运输的特点

零担货物运输是相对整车货物运输而言的，由于零担货物具有零散、流向不一、品类繁杂、包装各不相同、收货单位差异等特点，决定了零担货物运输组织工作比整车货物运输工作更为细致复杂。从零担货物运输的特点看，主要有以下几个方面：

1. 计划性较差

汽车运输的零担货物在货物总量中占的比例较小，但其大都是与人们的日常生产和生活活动密切的货物，不仅重要而且有稳定的市场需求，同时，由于其本身的特点使货物运输企业很难将其纳入计划管理的范围。

2. 组织工作复杂

零担货物运输从办理托运手续、验货、入库保管到组织装运等，环节多、作业程序复杂，比整车货物运输要求更为细致，这一切对零担货物运输组织工作提出了更高的要求。

3. 单位运输成本高

由于零担货物运输需要配备一定的仓库、货棚、专用车辆、装卸和搬运机具等货运设施，同时，承运、保管、组织方面占用人力、物力和财力较多，因而其单位运输成本比整车货运的高。

任务四 特殊货物运输组织

任务描述

在运输过程中有很多特殊货物，如玻璃、瓷器、海鲜、超重大型超长件等，在运输过程中应特别对待，针对不同的货物如何进行运输就显得非常重要。

小讨论：危险货物运输应注意哪些问题？

知识点

一、危险货物运输

1. 基本概念

凡具有爆炸、易燃、毒害、腐蚀、放射性等性质，在运输、装卸和储存保管过程中容易造成人身伤亡和财产损毁而需要特别防护的货物，均属危险货物。

危险货物分为八类：爆炸品；压缩和液化气体；易燃液体；易燃固体、自燃物品和通湿易燃物品；氧化剂和有机过氧化物；毒害品和感染性物品；放射性物品；腐蚀品。我国交通部《汽车危险货物运输规则》按危险货物的危险程度将其分为两个级别。一级危险货物有：爆炸品；压缩和液化气体；一级易燃液体；易燃固体、自燃物品和通湿易燃物品；氧化剂和有机过氧化物；剧毒物品、一级酸性腐蚀品；放射性物品。二级危险货物有：二级易燃液体；有毒物品；碱性腐蚀品；二级酸性腐蚀品；其他腐蚀物品。

2. 包装

危险货物运输包装不仅为保证产品质量不发生变化、数量完整而且是防止运输过程中发生燃烧、爆炸、腐蚀、毒害、放射性污染等事故的重要条件之一，是安全运输的基础。对于危险货物的包装有下列基本要求：

（1）包装的材质应与所装危险货物的性质适应，即包装及容器与所装危险货物直接接触部分，不应受其化学反应的影响。

（2）包装及容器应具有一定的强度，能经受得住运输过程中正常的冲击、震动、挤压和摩擦。

（3）包装的封口必须严密、牢靠，并与所装危险货物的性质相适应。

（4）内、外包装之间应加适当的衬垫，以防止运输过程中内、外包装之间、包装和包装之间以及包装与车辆、装卸机具之间发生冲撞、摩擦、震动而使内包装破损。同时又能防止液体货挥发和渗漏，并当其洒漏时，可起吸附作用。

（5）包装应能经受一定范围内温、湿度的变化，以适应各地气温、相对湿度的差异变化。

（6）包装的质量、规格和形式应适应运输、装卸和搬运条件如包装的质量和体积，不能过重；形式结构便于各种装卸作业方式；外形尺寸应与有关运输工具包括托盘、集装箱的容积、载质量相匹配等。

（7）应有规定的包装标志和储运指示标志，以利运输、装卸、搬运等安全作业。

3. 包装标记

一般货物运输包装标记分为识别标记和储运指示标记。危险货物运输包装除前述两种标记外还须有危险性标记，以明确显著地识别危险货物的性质。

4. 运输

(1) 托运。托运人必须向已取得道路危险货物运输经营资格的运输单位办理托运。托运单上要填写危险货物品名、规格、件重、件数、包装方法、起运日期、收发货人详细地址及运输过程中安全注意事项；对于货物性质或灭火方法相抵触的危险货物，必须分别托运；对有特殊要求或凭证运输的危险货物，必须附有相关单证并在托运单备注栏内注明；危险货物托运单必须是红色的或带有红色标志的，以引起注意；托运未列入《汽车运输危险货物品名表》的危险货物新品种必须提交《危险货物鉴定表》。凡未按以上规定办理危险货物运输托运，由此发生运输事故，由托运人承担全部责任。

(2) 承运。从事营业性道路危险货物运输的单位，必须具有十辆以上专用车辆的经营规模，五年以上从事运输经营的管理经验，配有相应的专业技术管理人员，并已建立健全安全操作规程、岗位责任制、车辆设备保养维修和安全质量教育等规章制度。

承运人受理托运时应根据托运人填写的托运单和提供的有关资料，予以查对核实，必要时应组织承托双方到货物现场和运输线路进行实地勘察。承运爆炸品、剧毒品、放射性物品及需温控的有机过氧化物、使用压力容器罐（槽）运输烈性危险品，以及危险货物月运量超过100吨均应于起运前十天，向当地道路运政管理机关报送危险货物运输计划，包括货物品名、数量、运输线路、运输日期等。营业性危险货物运输必须使用交通部统一规定的运输单证和票据，并加盖《危险货物运输专用章》。

(3) 运输和装卸。基本要求：

①车辆。车厢、底板必须平整完好，周围栏板必须牢固。铁质底板装运易燃、易爆货物时应采取衬垫防护措施，如铺垫木板、胶合板、橡胶板等，但不得使用谷草、草片等松软易燃材料；机动车辆排气管必须装有有效的隔热和熄灭火星的装置，电路系统应有切断总电源和隔离电火花的装置；凡装运危险货物的车辆，必须按国家标准《道路运输危险货物车辆标志》悬挂规定的标志和标志灯（车前悬挂有危险字样的三角旗）。根据所装运危险货物的性质，配备相应的消防器材和捆扎、防水、防散失等用具。

②装卸。装运危险货物应根据货物性质，采取相应的遮阳、控温、防爆、防火、防震、防水、防冻、防飞尘、防洒漏等措施。装运危险货物的车厢必须保持清洁干燥，车上残留物不得任意排弃，被危险货物污染过的车辆及工具必须洗刷消毒，未经彻底消毒，严禁装运食用、药用物品、饲料及活动物。危险货物装卸作业，必须严格遵守操作规程，轻装、轻卸，严禁摔碰、撞击、重压、倒置；使用的工具不得损伤货物，不准粘有与所装货物性质相抵触的污染物。货物必须堆放整齐、捆扎牢固、防止失落。操作过程中有关人员不得擅离岗位。危险货物装卸现场的道路、灯光、标志、消防设施等必须符合安全装卸的条件。灌（槽）车装卸地点的储槽口应标有明显的货物铭牌。容量和路面坡度应能适合运输车辆装卸的要求。

③运送。运输危险货物时必须严格遵守交通、消防、治安等法规。车辆行驶应控制车速，保持与前车的安全距离，严禁违章超车，确保行车安全。

④交接。货物运达后，要做到交付无误。货物交接双方，必须点收点交，签证手续齐全。收货人在收货时如发现差错、破损应协助承运人采取有效的安全措施及时处理并在运输单证上批注清楚。

二、大件货物运输

1. 基本概念

长大货物：凡整件货物，长度在 6 米以上，宽度超过 2.5 米，高度超过 2.7 米时，称为长大货物，如大型钢梁、起吊设备等。

笨重货物：货物每件重量在 4 吨以上（不含 4 吨）称为笨重货物，如锅炉、大型变压器等。

笨重货物可分为均重货物与集重货物，均重货物是指货物的重量能均匀或近乎均匀地分布于装载底板上。而集重货物是指货物的重量集中于装载车辆底板的某一部分，装载集重货物，需要铺垫一些垫木，使重量能够比较均匀地分布于底板。

2. 大件货物运输的基本技术条件

托运长大笨重货物时，一般都要采用相应的技术措施和组织措施。

（1）使用适宜的装卸机械，装车时应使货物的全部支承面均匀地、平稳地放置在车辆底板上，以免损坏车辆。

（2）用相应的大型平板车等专用车辆，严格按有关规定装载。

（3）对于集重货物，为使其重量能均匀地分布在车辆底板上，必须将货物安置在纵横垫木上或相当于起垫木作用的设备上。

（4）货物重心应尽量置于车底板纵横中心交叉点的垂直线上。严格控制横向移位和纵向移位。

（5）重车重心高度应控制在规定限制内，若重心偏高，除应认真进行装载加固以外，还采取配重措施，以降低其重心高度。

3. 运输

（1）托运。托运人在办理托运时，必须做到向已取得道路大件货物运输经营资格的运输公司或其代理人办理托运；必须在运单上如实填写大件货物的名称、规格、件数、件重、起运日期、收发货人和地址及运输过程中的注意事项。托运人还应向运输单位提交货物说明书；必要时应附有外形尺寸的三视图（以"＋"表示重心位置）和计划装载加固等具体意见及要求。凡未按上述规定办理托运或运单填写不明确，由此发生运输事故的由托运人承担全部责任。

（2）承运。主要内容包括：

①受理。承运人在受理托运时，必须做到根据托运人填写的运单和提供的有关资料，予以查对核实；承运大件货物的级别必须与批准经营的类别相符，不准受理经营类别范围以外的大件货物。凡未按以上规定受理大件货物托运并由此引发运输事故的，由承运人承担全部责任。同时，按托运人提交的有关资料对货物进行审核，掌握货物

的特性及长、宽、高，实际质量，外形特征，重心位置等以便合理选择车型，计算允许装载货物的最大质量，不得超载。并指派专人观察现场道路和交通状况，附近有无电缆、电话线、煤气管道或其他地下建筑物，车辆是否能进入现场，是否适合装卸、调车等情况；了解运行路线上桥、涵洞渡口、隧道道路的负荷能力及道路的净空高度，并研究装载和运送办法。

②装卸。大型物件运输的装卸作业应根据托运人的要求、货物的特点和装卸操作规程进行作业。货物的装卸应尽可能使用适宜的装卸机械。装车时应使货物的全部支撑面均匀地、平稳地放置在车辆底板上，以免损坏底板或大梁；对于用重货物为使其质量能均匀地分布在车辆底板上，必须将货物安置在纵横垫木上或相当于起垫木作用的设备上；货物重心应尽量置于车底板纵、横中心交叉点的垂线上，如无可能时，则对其横向位移应严格限制；纵向位移在任何情况下不得超过轴荷分配的技术数据；还应视货物质量、形状、大小、重心高度、车辆和线路、运送速度等具体情况采用不同的加固措施以保证运输质量。

③运送。按指定的路线和时间行驶，并在货物最长、最宽、最高部位悬挂明显的安全标志，白天挂红旗夜间挂红灯，以引起往来车辆的注意。特殊的货物，要有专门车辆在前引路，以便排除障碍。

三、鲜活易腐货物运输

1. 概念

鲜活易腐货物是指在运输过程中，需要采取一定措施防止货物死亡和腐坏变质，并须在规定运达期限内抵达目的地的货物。

汽车运输的鲜活易腐货物主要有：鲜鱼虾、鲜肉、瓜果、牲畜、观赏野生动物、花木秧苗、蜜蜂等。

2. 主要特点

①季节性强、货源波动性大。如水果、蔬菜、亚热带瓜果等。

②时效性强。鲜活货物极易变质，要求以最短的时间，最快的速度及时运到。

③运输过程需要特殊照顾，如牲畜、家禽、蜜蜂、花木秧苗等的运输，需配备专用车辆和设备，并有专人沿途进行饲养、浇水、降温、通风等。

3. 运输

①托运。托运鲜活货物前，应根据货物不同特性，做好相应的包装。托运时须向具备运输资格的承运方提出货物最迟的运到期限，某一种货物运输的具体温度及特殊要求，提交卫生检疫等有关证明，并在托运单上注明。

②承运。承运鲜活易腐货物时，应对托运货物的质量、包装和温度进行认真检查。要求质量新鲜、包装达到要求，温度符合规定。

③装车。鲜活货物装车前，必须认真检查车辆的状态，车辆及设备完好方能使用，车厢如果不清洁应进行清洗和消毒，适当风干后，才能装车。装车时应根据不同货物

的特点，确定其装载方法。

④运送。根据货物的种类、运送季节、运送距离和运送方向，按要求及时起运、双班运输、按时运达。炎热天气运送时，应尽量利用早晚行驶。运送牲畜、蜜蜂等货物时，应注意通风散热。

知识拓展

特殊货物运输组织管理

一、道路危险货物运输组织工作

（一）基本概念及分类

（1）危险货物是指具有爆炸、易燃、毒害、腐蚀、放射性等性质，在运输、装卸和储存保管过程中，容易造成人身伤亡和财产损毁而需要特别防护的货物。

（2）危险货物的分类。第一类：爆炸品；第二类：压缩气体和液化气体；第三类：易燃液体；第四类：易燃固体、自燃物品和遇湿易燃物品；第五类：氧化剂和有机过氧化物；第六类：毒害品和感染性物品；第七类：放射性物品；第八类：腐蚀品；第九类：其他危险物品。

（二）危险货物对运输工作的要求

1. 爆炸品货物对汽车运输工作的要求

①慎重选择运输工具。

②运输前应将货厢清扫干净，排除异物，装载量不得超过额定荷载。

③汽车长途运输爆炸品时，其运输路线应事先报请当地公安部门批准，按公安部门指定的路线行驶，不得擅自改变行驶路线，以利于加强运行安全管理，万一发生事故也可及时采取处置措施。

④汽车驾驶员必须集中精力，严格遵守交通法规和操作规程。

⑤运输及装卸工作人员，都必须遵守严格保密规定，对有关弹药储运情况不准向无关人员泄露，同时必须严格遵守有关库、场的规章制度，听从现场指挥人员或随车押运人员的指导。

2. 压缩、液化、加压溶解汽体货物对汽车运输工作的要求

①夏季运输除另有限运规定外，车上还必须置有遮阳设施，防止暴晒。

②车上严禁烟火，运输可燃有毒气体时，车上应具有相应的灭火器和防毒面具。

③运输大型气瓶时，行车途中应尽量避免紧急制动，以防止气瓶的巨大惯性冲出车厢平台而造成事故。

3. 易燃液体货物对汽车运输工作的要求

①运输易燃液体货物，车上人员不准吸烟，车辆不得接近明火及高温场所。

②装运易燃液体的车辆，严禁搭乘无关人员，途中应经常检查车上货物的装载情

况，如捆扎是否松动，包装件是否有渗漏。

③夏天高温季节，当天气预报气温在30℃以上时，应根据当地公安部门的限运规定在指定时间内进行运输，如公安部门无具体品名限制的，对一级易燃液体（即燃点低于23℃）应安排在早、晚进行运输。

④不溶于水的易燃液体货物原则上不能通过隧道，或按当地有关管理部门的规定进行运输。

⑤装卸作业必须严格遵守操作规则，轻装、轻卸、防止货物撞击，尤其是内容为易碎容器（玻璃瓶）时，严禁重压、倒置，货物堆放时应使桶口、箱盖朝上，堆垛整齐、平稳。

4. 易燃固体、自燃物品和遇湿易燃货物运输对汽车运输工作的要求

①行车时，要注意防止外来明火飞到货物中，要避开明火高温场所。

②定时停车检查货物的堆码、捆扎和包装情况，尤其要注意防止包装渗漏留有隐患。

③装卸时要轻装、轻卸，不得翻滚。

④严禁与氧化剂、强酸、强碱、爆炸性货物同车混装运输。

5. 氧化剂和有机过氧化物货物运输工作的要求

①根据所装货物的特性和道路情况，严格控制车速，防止货物剧烈震动、摩擦。

②控温货物在运输途中应定时检查制冷设备的运转情况，发现故障应及时排除。

③中途停车时，也应远离火源、火种场所，临时停靠或途中住宿过夜时，车辆应有专人看管，并注意周围环境是否安全。

④重载发生车辆故障维修时应严格控制明火作业，人不准离车，同样要注意周围环境是否安全，发现问题应及时采取措施。

6. 毒害品和感染性物品货物运输工作的要求

①防止货物丢失，这是行车过程中要注意的最重要事项。

②要平稳驾车，定时停车检查包装件的捆扎情况，谨防捆扎松动、货物丢失。

③行车要避开高温、明火场所；防止袋装、箱装毒害品淋雨受潮。

④用过的苫布，或被毒害品污染的工具及运输车辆，在未清洗消毒前不能继续使用，特别是装运过毒害品的车辆未清洗前严禁装运食品或活动物。

⑤毒害品装运配载时要注意：氧化剂不得与有机毒害品配装，毒害品有的氧化物不得与酸性腐蚀品配装，其他无毒害品与酸性腐蚀物品均应隔离配载。

7. 放射性物品货物运输工作要求

①放射性物品的配载，除特殊按排装运的货包外，不同种类的放射性货包可以混合装运、储存，但必须遵守总数和间隔距离的规定；放射性物品不能与其他各种危险品配载或混合储存，以防止危险货物发生事故，造成对放射性物品包装的破坏，从而导致辐射诱发其他危险品发生事故；不受放射影响的危险货物可以与放射性物品混合配载。

②放射性货物在运输过程中的辐射防护。

8.腐蚀品货物运输工作要求

①驾驶员要平稳驾驶车辆,特别是在载有易碎容器包装的腐蚀品的情况下,路面条件差、颠簸震动大而不能确保易碎品完好时,不得冒险通过。

②每隔一定时间要停车检查车上货物情况,发现包装破漏要及时处理或丢弃,防止漏出物损坏其他包装酿成重大事故。

③腐蚀品的配载,应注意:酸性腐蚀品和碱性腐蚀品不能配载;无机酸性腐蚀品和有机酸性腐蚀品不能配载;无机酸性腐蚀品不得与可燃品配载;有机腐蚀品不得与氧化剂配载;硫酸不得与氧化剂配载;腐蚀品不得与普通货物配载,以免对普通物品造成损害。

④装卸作业时要轻装、轻卸、防止撞击、跌落,禁止肩扛、背负、揽抱、钩拖腐蚀品。

⑤堆装时应注意指示标记,桶口、瓶口、箱盖朝上、不准横放倒置、堆码要整齐、靠紧、牢固,没有封盖的外包装不准堆码。

⑥装卸现场应视货物特性,备有清水、苏打水、稀醋酸,以备应急之需。

⑦需要丢弃时,要注意环境安全。

(三)道路危险货物运输组织管理要点

1.从事汽车危险货物运输的基本条件

①拥有与所从事危险货物运输范围相适应的停车场站、仓储设施等,并符合国家《消防条例》的规定。

②运输危险货物的车辆、装卸机械和工具等,必须符合《汽车危险货物运输规则》规定的技术条件和要求。

③从业人员必须掌握危险货物的基础知识,熟悉汽车危险货物运输技术业务和有关安全管理规章,政治思想、技术业务素质符合岗位规范要求。

④从事汽车危险货物运输的单位必须有健全的安全生产规程、岗位责任制度、车辆设备维修制度、安全管理制度和监督保障体系,并配备有能适应汽车危险货物运输生产和组织管理需要,懂业务、有技术、会管理的管理人员。

2.危险货物运输车辆管理

①车辆排气管应有隔热罩和火星熄灭装置。

②装运大型气瓶、可移动式槽罐的车辆必须装备有效的紧固装置。

③车厢底板必须平整完好,周围栏板必须牢固。

④在装运易燃易爆危险品时,一般应使用木质底板车厢,如是铁质底板,就应采取衬垫措施,例如,铺垫胶合板、橡胶板等,但不能使用稻草、麻袋等松软材料。

⑤装有易燃易爆危险品的车辆,不得使用明火修理或采用明火照明,不得用易产生火花的工具敲击。

⑥装有放射性同位素的专用车辆、设备、搬运工具、防护用具,必须定期进行放

射性污染程度的检查，当污染量超过规定允许水平时，不得继续使用。

⑦根据所装危险品的性质，车辆要配备相应的消防器材和捆扎、防散失、防水等工具、用具。

⑧装运危险品的车辆应具备有良好的避震性能的结构和装置。

⑨装运危险品的车辆必须按国家标准 GB 13392—1992 规定设置"危险品"字样的信号装置，即三角形磁吸式"危险品"字样的黄色顶灯和车尾标志牌。

⑩对运输危险货物车辆的限制（拖拉机不得装运爆炸物品、一级氧化剂、有机过氧化物、一级易燃物品；自卸车原则上不得装运各类危险货物，但沥青、散袋硫黄除外；非机动车不得装运爆炸品、压缩气体和液化气体；畜力车不能驮运起爆器材、炸药或爆炸物品）。

二、道路超限货物运输组织工作

（一）基本概念及分类

（1）道路超限货物运输，是指使用非常规的超重型汽车列车（车组）载运外型尺寸和重量超过常规车辆装载规定的大型物件道路运输。

（2）大型物件是指符合下列条件之一的货物：

①货物的外型尺寸：长度在 14 米以上；宽度在 3.5 米以上；高度在 3 米以上的货物。

②重量在 20 吨以上的单位货物或不可解体的成组（捆）货物。

（3）道路超限货物类型的分类如表 2-1 所示。

表 2-1　　　　　　　　　　道路超限货物类型的分类

大型物件级别	重量（吨）	长度（米）	宽度（米）	高度（米）
一	20～100	14～20	3.5～4.5	3～3.8
二	100～200	20～30	4.5～5.5	3.8～4.4
三	200～300	30～40	5.5～6	4.4～5
四	300 以上	40 以上	6 以上	5 以上

（二）道路超限货运组织工作的要点

①办理托运。

②理货。

③验道。

④制定运输方案。

⑤签订运输合同。

⑥线路运输工作组织。

⑦运输统计与结算。

任务五　公路货物运输费用

任务描述

企业在运营过程中最重要的目的是获取高额利润，要想获得高额利润，必须熟知公路运输过程中的运输费用，这样才能降低运输成本。

小讨论：降低物流运输成本的途径有哪些？

知识点

一、公路货物运输计价标准

（一）计费重量

1. 计量单位

（1）整批货物运输以吨为单位。

（2）零担货物运输以千克为单位。

（3）集装箱运输以箱为单位。

2. 重量确定

（1）一般货物：无论整批、零担货物，计费重量均按毛重计算。轻泡货物：指每立方米重量不足 333 千克的货物。

（2）整批货物吨以下计至 100 千克，尾数不足 100 千克的，四舍五入。装运整批轻泡货物的高度、长度、宽度，以不超过有关道路交通安全规定为限度，按车辆标记吨位计算重量。

（3）零担货物起码计费重量为 1 千克。重量在 1 千克以上，尾数不足 1 千克的，四舍五入。零担运输轻泡货物以货物包装最长、最宽、最高部位尺寸计算体积，按每立方米折合 333 千克计算重量。

3. 包车运输按车辆的标记吨位计算

4. 散装货物

如砖、瓦、砂、石、土、矿石、木材等，按体积由各省、自治区、直辖市统一规定重量换算标准计算重量。

（二）计费里程

1. 里程单位

货物运输计费里程以千米为单位，尾数不足 1 千米的，进整为 1 千米。

2. 里程确定

（1）货物运输的营运里程，按交通部和各省、自治区、直辖市交通行政主管部门核定颁发的《营运里程图》执行。《营运里程图》未核定的里程由承、托双方共同测定或经协商按车辆实际运行里程计算。

（2）出入境汽车货物运输的境内计费里程以交通主管部门核定的里程为准；境外里程按毗邻国（地区）交通主管部门或有权认定部门核定的里程为准。未核定里程的，由承、托双方协商或按车辆实际运行里程计算。

（3）货物运输的计费里程：按装货地点至卸货地点的实际载货的营运里程计算。

（4）因自然灾害造成道路中断，车辆需绕道行驶的，按实际行驶里程计算。

（5）城市市区里程按当地交通主管部门确定的市区平均营运里程计算；当地交通主管部门未确定的，由承托双方协商确定。

3. 计时包车货运计费时间

计时包车货运计费时间以小时为单位。起码计费时间为 4 小时；使用时间超过 4 小时，按实际包用时间计算。整日包车，每日按 8 小时计算；使用时间超过 8 小时，按实际使用时间计算。时间尾数不足半小时舍去，达到半小时进整为 1 小时。

4. 运价单位

（1）整批运输：元/吨公里。

（2）零担运输：元/千克千米。

（3）集装箱运输：元/箱千米。

（4）包车运输：元/吨位小时。

（5）出入境运输，涉及其他货币时，在无法按统一汇率折算的情况下，可使用其他自由货币为运价单位。

二、计价类别

1. 车辆类别

载货汽车按其用途不同，划分为普通货车、特种货车两种。特种货车包括罐车、冷藏车及其他具有特殊构造和专门用途的专用车。

2. 货物类别

货物按其性质分为普通货物和特种货物两种。普通货物分为三等；特种货物分为长大笨重货物、大型物件、危险货物、贵重货物、鲜活货物五类。

3. 集装箱类别

集装箱按箱型分为国内标准集装箱、国际标准集装箱和非标准集装箱三类，其中国内标准集装箱又分为 1 吨箱、5 吨箱、10 吨箱三种，国际标准集装箱分为 20 英尺箱、40 英尺箱两种。

集装箱按货物种类分为普通货物集装箱和特种货物集装箱。

4. 公路类别

公路按公路等级分为等级公路和非等级公路。

5. 区域类别

汽车运输区域分为国内和出入境两种。

6. 营运类别

根据道路货物运输的营运形式分为道路货物整批运输、零担运输和集装箱运输。

三、货物运价价目

(一) 基本运价

1. 整批货物基本运价

指一吨整批普通货物在等级公路上运输的每吨公里运价。

2. 零担货物基本运价

指零担普通货物在等级公路上运输的每千克千米运价。

3. 集装箱基本运价

指各类标准集装箱重箱在等级公路上运输的每箱千米运价。

(二) 吨 (箱) 次费

1. 吨次费

对整批货物运输在计算运费的同时，按货物重量加收吨次费。

2. 箱次费

对汽车集装箱运输在计算运费的同时，加收箱次费。箱次费按不同箱型分别确定。

(三) 普通货物运价

普通货物实行分等级计价，以一等货物为基础，二等货物加成 15%，三等货物加成 30%。

(四) 特种货物运价

1. 长大笨重货物运价

(1) 一级长大笨重货物在整批货物基本运价的基础上加成 40%～60%。

(2) 二级长大笨重货物在整批货物基本运价的基础上加成 60%～80%。

2. 危险货物运价

(1) 一级危险货物在整批 (零担) 货物基本运价的基础上加成 60%～80%。

(2) 二级危险货物在整批 (零担) 货物基本运价的基础上加成 40%～60%。

3. 贵重、鲜活货物运价

贵重、鲜活货物在整批 (零担) 货物基本运价的基础上加成 40%～60%。

(五) 特种车辆运价

按车辆的不同用途，在基本运价的基础上加成计算。

特种车辆运价和特种货物运价两个价目不准同时加成使用。

（六）非等级公路货运运价

非等级公路货物运价在整批（零担）货物基本运价的基础上加成 10%～20%。

（七）快速货运运价

快速货物运价按计价类别在相应运价的基础上加成计算。

（八）集装箱运价

1. 标准集装箱运价

标准集装箱重箱运价按照不同规格箱型的基本运价执行，标准集装箱空箱运价在标准集装箱重箱运价的基础上减成计算。

2. 非标准箱运价

非标准箱重箱运价按照不同规格的箱型，在标准集装箱基本运价的基础上加成计算，非标准集装箱空箱运价在非标准集装箱重箱运价的基础上减成计算。

3. 特种箱运价

特种箱运价在箱型基本运价的基础上按装载不同特种货物的加成幅度加成计算。

（九）出入境汽车货物运价

出入境汽车货物运价，按双边或多边出入境汽车运输协定，由两国或多国政府主管机关协商确定。

四、货物运输其他收费

1. 调车费

（1）应托运人要求，车辆调往外省、自治区、直辖市或调离驻地临时外出驻点参加营运，调车往返空驶者，可按全程往返空驶里程、车辆标记吨位和调出省基本运价的 50%计收调车费。在调车过程中，由托运人组织货物的运输收入，应在调车费内扣除。

（2）经承托双方共同协商，可以核减或核免调车费。

（3）经铁路、水路调车，按汽车在装卸船、装卸火车前后行驶里程计收调车费；在火车、在船期间包括车辆装卸及待装待卸时间，每天按 8 小时、车辆标记吨位和调出省计时包车运价的 40%计收调车延滞费。

2. 延滞费

（1）发生下列情况，应按计时运价的 40%核收延滞费。

①因托运人或收货人责任引起的超过装卸定额时间、装卸落空、等装待卸、途中停滞、等待检疫的时间；

②应托运人要求运输特种或专项货物需要对车辆设备改装、拆卸和清理延误的时间；因托运人或收货人造成不能及时装箱、卸箱、掏箱、拆箱、冷藏箱预冷等业务，使车辆在现场或途中停滞的时间。

延误时间从等待或停滞时间开始计算，不足 1 小时者，免收延滞费；超过 1 小时及以上，以半小时为单位递进计收，不足半小时进整为半小时。车辆改装、拆卸和清理延误的时间，从车辆进厂（场）起计算，以半小时为单位递进计算，不足半小时进整为半小时。

（2）由于托运人或收、发货人责任造成的车辆在国外停留延滞时间（夜间住宿时间除外），计收延滞费。延滞时间以小时为单位，不足1小时进整为1小时。延滞费按计时包车运价的 60%～80% 核收。

（3）执行合同运输时，因承运人责任引起货物运输期限延误，应根据合同规定，按延滞费标准，由承运人向托运人支付违约金。

3. 装货（箱）落空损失费

应托运人要求，车辆开至约定地点装货（箱）落空造成的往返空驶里程，按其运价的 50% 计收装货（箱）落空损失费。

4. 道路阻塞停运费

汽车货物运输过程中，如发生自然灾害等不可抗力造成的道路阻滞，无法完成全程运输，需要就近卸存、接运时，卸存、接运费用由托运人负担。已完成运程收取运费；未完成运程不收运费；托运人要求回运，回程运费减半；应托运人要求绕道行驶或改变到达地点时，运费按实际行驶里程核收。

5. 车辆处置费

应托运人要求，运输特种货物、非标准箱等需要对车辆改装、拆卸和清理所发生的工料费用，均由托运人负担。

6. 车辆通行费

车辆通过收费公路、渡口、桥梁、隧道等发生的收费，均由托运人负担。其费用由承运人按当地有关部门规定的标准代收代付。

7. 运输变更手续费

托运人要求取消或变更货物托运手续，应核收变更手续费。因变更运输，承运人已发生的有关费用，应由托运人负担。

五、货物运费计算

1. 整批货物运费计算

（1）整批货物运价按货物运价价目计算。

（2）整批货物运费计算公式：

$$整批货物运费 = 吨次费 \times 计费重量 + 整批货物运价 \times 计费重量 \times$$
$$计费里程 + 货物运输其他费用$$

2. 零担货物运费计算

（1）零担货物运价按货物运价价目计算。

（2）零担货物运费计算公式：

$$零担货物运费 = 计费重量 \times 计费里程 \times 零担货物运价 + 货物运输其他费用$$

3. 集装箱运费计算

(1) 集装箱运价按计价类别和货物运价费目计算。

(2) 集装箱运费计算公式：

重（空）集装箱运费＝重（空）箱运价×计费箱数×计费里程＋箱次费×

计费箱数＋货物运输其他费用

4. 计时包车运费计算

(1) 包车运价按照包用车辆的不同类别分别制定。

(2) 包车运费的计算公式：

包车运费＝包车运价×包用车辆吨位×计费时间＋货物运输其他费用

5. 运费单位

运费以元为单位。运费尾数不足一元时，四舍五入。

案例导读

中国公路通车总里程60年增长45倍

中华人民共和国走过了60多年光辉历程。半个多世纪以来，广大交通运输系统干部职工在党中央、国务院的正确领导下，在各级党委政府和广大人民群众的大力支持下，自力更生，艰苦奋斗，开拓进取，顽强拼搏，使我国公路交通发生翻天覆地的巨大变化，在促进国民经济发展、改善人民群众生活、扩大对外开放、加强民族团结、缩小地区差别、巩固国防安全等方面，发挥了重要作用。

新中国成立初期，我国公路通车里程仅为8.07万千米，公路等级都在二级以下，有路面里程只有3万千米。到1978年，全国公路通车里程达到89万千米，是新中国成立初期的11倍，但既无一级公路，更无高速公路，公路交通成为国民经济发展的"瓶颈"。

进入改革开放后，伴随着国民经济快速发展和对外开放的不断扩大，公路交通步入了快速发展的轨道。公路建设成就辉煌，令人振奋。主要表现在：

1. 公路总量快速增加

2008年年底，全国公路总里程已达373万千米，是新中国成立初期的46倍。其中，高速公路里程60302千米，一级公路54216千米，二级公路285226千米，二级及以上公路占总里程的比例为10.72％，而1978年二级及以上公路只有1.2万千米，比例只有1.4％。

路面技术等级和通达深度得到很大提高。到2008年年底，高级、次高级路面里程达199.56万千米，全国公路路面铺装率达到53.5％，而1978年为16万千米，比例只有18％。公路密度由改革开放初期的9.1千米/百平方千米，提高到现在的38.86千米/百平方千米，是改革开放初期的 4.27 倍。

2. 高速公路建设突飞猛进

高速公路是现代经济和社会发展重要的基础设施，是构筑交通现代化的重要基础。我国高速公路建设酝酿于 20 世纪 70 年代，起步于 80 年代，发展于 90 年代，腾飞于 21 世纪，起步时间较西方发达国家晚了近半个世纪，但起点高、发展速度快。1988 年，上海至嘉定高速公路的通车，标志着中国大陆高速公路零的突破。"七五"期间（1986—1990 年），建成以沈大高速公路、京津塘高速公路为代表的一批高速公路 522 千米。"八五"期间（1991—1995 年），建成高速公路 1600 多千米。"九五"期间（1996—2000 年），建成高速公路 14000 多千米。"十五"期间（2001—2005 年），建成高速公路 24000 多千米。1999 年高速公路里程突破 1 万千米，2002 年突破 2 万千米，2004 年突破 3 万千米，2005 年突破 4 万千米，2007 年突破 5 万千米，2008 年突破 6 万千米。从零起步到 1 万千米，只用了不到 12 年时间；从 1 万千米到 6 万千米，只有短短 9 年，高速公路的发展速度举世瞩目。

国家高速公路网规划里程 86601 千米。截至 2009 年 6 月底，建成 48896 千米，占规划里程的 56.5%；在建 17500 千米，占规划里程的 20.2%。另有 2245 千米高速公路路段正在实施扩容改造。

3. 农村公路发展迅速

截至 2008 年年底，全国农村公路通车里程达 312.5 万千米，比 1978 年增长了近 4 倍；全国通公路的乡镇、行政村比例，由 90.5% 和 65.8% 增加到 98.54% 和 88.15%。乡镇通沥青（水泥）路率达到 88.6%，东、中部地区建制村通沥青（水泥）路率已达到 90.1% 和 79.8%，西部地区建制村通公路率已达到 81.2%。全国农村公路路网已经延伸到从高原到山区，从少数民族地区到贫困老区的各个角落。

4. 桥梁建设进入国际先进行列

到 2008 年年底，我国共有公路桥梁 59 万座，2525 万延米，而 1978 年仅有 12.8 万座，328 万延米。先后在长江、黄河等大江大河和海湾地区，建成了一大批深水基础、大跨径、技术含量高的世界级公路桥梁，江阴长江公路大桥、润扬长江公路大桥、南京长江二桥和三桥、东海大桥、杭州湾跨海大桥、苏通长江公路大桥等一批特大型桥梁相继通车，舟山西堠门跨海大桥、泰州长江大桥、马鞍山长江大桥、嘉绍过江通道等一批在建桥梁进展顺利。目前，世界前十座主跨最大的悬索桥中，我国有 5 座（包括香港青马大桥）；世界前十座主跨最大的斜拉桥中，我国有 8 座（包括香港昂船洲大桥）；世界前十座主跨最大的拱桥中，我国有 7 座；世界前十座主跨最大的梁桥中，我国有 5 座。去年刚刚建成的杭州湾跨海大桥全长 36 千米，是世界上最长的跨海大桥；苏通长江公路大桥的主跨跨径、主塔高度、斜拉索长度和群桩基础规模创造了四项世界之最。

5. 隧道建设技术能力迅速提升

到 2008 年年底，我国共有公路隧道 5426 处，319 万延米，而 1979 年仅有 374 处，

5 万延米。相继建成了全长 5.4 千米的雁门关隧道，全长 7 千米的雪峰山隧道，全长 18 千米的秦岭终南山隧道（长度位居世界第二）。随着公路的快速发展和技术水平的不断提高，山岭长大隧道、深水海底隧道不断涌现，施工及运营管理技术不断提升，运营服务不断完善。厦门翔安隧道实现了海底隧道建设的新突破，上海越江隧道盾构直径达到了 15.43 米。四川省二郎山主隧道长 4.2 千米，洞口海拔 2200 米，是我国公路隧道中埋藏最深（埋深 830 米）、地应力最大（最大 50MPa），岩爆、大变形、暗河等不良地质情况最多，地下水富集（勘探孔中承压水头高达 115.4 米）的一条山岭公路隧道。四川华蓥山隧道全长 4.7 千米，沿线穿越煤层、岩溶地质、断层、背斜高应力核部，并伴有瓦斯、天然气、石油气、硫化氢等多种有毒、有害气体；山西雁门关隧道全长 5.4 千米，一路穿越 27 条断层。这些隧道集中体现了我国的隧道建设能力和技术水平。

公路建设的快速发展，对促进国民经济发展和社会进步发挥了重要作用。一是公路交通是通达率最广、与人民群众生产生活联系最为密切的一种运输方式，是综合运输体系的基础和骨干。公路交通的快速发展，为人们出行和货物流通提供了良好的基础设施，为经济和社会的发展奠定了良好的基础。二是改善了投资环境，促进了沿线地区土地开发和产业结构调整，促进了沿线经济产业带的形成和区域经济的繁荣。三是农村公路的建设改善了贫困地区的交通条件，促进农业发展，加快了脱贫致富步伐。四是通过公路的建设，扩大了内需，带动了建材、石化、机械、汽车、运输、旅游、商业等相关行业的发展，为国民生产总值的增长作出了贡献。五是公路建设增加了就业。近几年，公路建设的施工人数常年约 280 万人，施工高峰期约 400 万人，促进了就业，缓解了就业压力。六是公路的开通促进了信息交流，使沿线人民群众开阔了眼界，转变了观念，促进了经济发展和社会进步。

分组讨论

2005 年 3 月 29 日 18 点 50 分，鲁 H00099 槽罐车，标记吨位 15 吨，实际装载液氯 29.44 吨，加上罐体的重量约 35 吨，在山东驶往上海的京沪高速公路淮安段，左前胎突然爆胎，车体向左突破中间护栏冲至反向车道，右前胎又爆裂，并与对方车道上一辆装载着瓶装液化石油气的解放牌货车相撞。解放牌货车司机当场死亡，液化石油气瓶散落在高速公路上；槽罐车阀门破损，液氯泄漏，祸及公路旁村民。到 2005 年 3 月 30 日 17 时，中毒死亡者 27 人，送医院救治 350 多人，疏散村民近万人，受灾作物面积 20620 亩，畜禽死亡约 15000 头（只），直接经济损失 2900 多万元。

讨论：
1. 造成本案例事故的主要原因是什么？
2. 谈谈对危险货物运输的认识。

复习思考

1. 汽车运输有哪些优缺点？其主要功能是什么？

2. 在选择车辆时应该考虑哪些因素？

3. 影响运输路线和时间进度安排的因素有哪些？

4. 车辆的时间进度安排需要达到哪些目标？

5. 零担货运的作业程序包含哪些环节？

6. 某商人托运两箱毛绒玩具，每箱规格为 1.0 米×0.8 米×0.8 米、毛重 185.3 千克，该货物运费率为 RMB0.0025/kg·km，运输距离 120 千米，货主要支付多少运费？

7. 某人包用运输公司一辆 5 吨货车 5 小时 40 分钟，包车运价为 12 元/吨·小时，应包用人要求对车辆进行了改装，发生工料费 120 元，包用期间运输玻璃 3 箱、食盐 3 吨，发生通行费 70 元，行驶里程总计 136 千米，请计算包用人应支付多少运费？

实践项目

1. 到公路运输企业进行参观和现场教学，观看汽车运输组织的教学片。

2. 布置运输费用的计算案例课后进行练习，在运输管理模拟软件中进行练习。

项目三 水路货物运输实务

项目导读 ▶▶▶

主要介绍物流运输的基本概念、原理、功能、地位和作用、按照不同标准对物流运输方式的分类、现代物流运输系统的结构和构成要素、物流运输市场的需求规律和供给规律、物流运输市场的竞争结构和分类、运输合理化的概念和有效措施、运输与物流在概念和功能上的区分。

知识目标

- 掌握水路运输的概念与基本分类
- 说明水路运输技术装备和设施的构成
- 理解水路运输生产的主要经营特点
- 列举水路运输服务的优缺点
- 掌握班轮货物运输的业务程序
- 解释班轮运输使用的各种单证
- 说明班轮货物运输的单证流程
- 区分租船运输业务的不同种类
- 说明租船经纪人角色和作用
- 说明租船运输业务的流程

能力目标

- 组织和管理班轮货物运输，说明租船运输业务流程
- 填制和处理班轮运输使用的各种单证
- 组织和管理租船运输业务流程

任务一　领会水路运输

任务描述

水路运输在物流运输中起着非常重要的作用，要求学生熟知水路运输的技术经济特点。

小讨论：水路运输的特点有哪些？

知识点

水路运输是利用船舶等水运工具，在江、河、湖、海及人工运河等水道运输旅客、货物的一种运输方式。

一、水路运输的特点

（一）运输量大

随着造船技术的日益发展，船舶都朝着大型化方向发展。巨型客轮已超过 8 万吨，巨型油轮超过 60 万吨。就是一般的杂货轮也多在五六万吨以上。

（二）通过能力强

（三）运费低廉

一方面，海上运输所通过的航道均系天然形成，港口设施一般为政府修建，不像公路或铁路运输那样需大量投资用于修筑公路或铁路；另一方面，船舶运载量大，使用时间长，运输里程远，与其他运输方式相比，海运的单位运输成本较低。约为铁路运费的 1/5，公路运费的 1/10，航空运费的 1/30。

（四）速度较低

货船体积大，水流阻力高，风力影响大，因此速度较低，一般多在每小时 10～20 海里，最新的集装箱船每小时 35 海里。

（五）风险较大

船舶航行海上，进行货物运输，受自然条件和气候的影响较大，因此遇险的可能性也大。每年全世界遇险的船舶约 300 艘。

二、水路运输基本条件

水路运输的基础条件是从船、港、货、线四个方面反映出来的。

（一）水上航道

现代的水上航道已不仅是指天然航道，而且应包括人工航道、进出港航道以及保证航行安全的导标系统和现代通信导航系统在内的工程综合体。

1. 海上航道

海上航道属自然水道，其通过能力几乎不受限制。但是，随着船舶吨位的增加，有些海峡或狭窄水道会对通航船舶产生一定的限制。例如，位于新加坡、马来西亚和印度尼西亚之间的马六甲海峡，为确保航行安全、防止海域污染，三国限定通过海峡的油船吨位不超过 22 万吨，龙骨下水深必须保持 3.35 米以上。

2. 内河航道

内河航道大部分是利用天然水道加上引航的导标设施构成的。对于航运管理人员来说，应该了解有关航道的一些主要特征，例如，航道的宽度、深度、弯曲半径、水流速度、过船建筑物尺度以及航道的气象条件和地理环境等。必须掌握以下一些通航条件：

（1）通航水深，其中包括：①潮汐变化；②季节性水位变化；③枯水期水深，等等。

（2）通行时间，其中包括：①是否全天通行；②哪些区段不能夜行，等等。

（3）通行方式，应了解航道是单向过船还是双向过船，等等。

（4）通行限制，应了解：①有无固定障碍物，例如，桥梁或水上建筑等；②有无活动障碍物，例如，施工船舶或浮动仓库等。

3. 人工航道

人工航道又称运河，是由人工开凿，主要用于船舶通航的河流。人工航道一般都开凿在几个水系或海洋的交界处，以便使船舶缩短航行里程，降低运输费用，扩大船舶通航范围，进而形成一定规模的水运网络。

（1）苏伊士运河。通航水深：16 米；通行船舶：最大的船舶为满载 15 万吨或空载 37 万吨的油船；通行方式：单向成批发船和定点会船；通过时间：10～15 小时。

（2）巴拿马运河。通航水深：13.5～26.5 米；通行船舶：6 万吨级以下或宽度不超过 32 米的船只；通过时间：16 小时左右。

（二）港口

港口的作用，是既为水路运输服务，又为内陆运输服务。

1. 商港的种类

（1）按地理位置分为：

①海湾港（Bay Port）：指地濒海湾，又据海口，常能获得港内水深地势的港口。海湾港具有同一港湾容纳数港的特色。如大连港、秦皇岛港等。

②河口港（Estuary Port）：指位于河流入海口处的港口。如上海港、伦敦港、加尔各答港。

③内河港（Inland Port）：指位于内河沿岸的港口，居水陆交通的据点，一般与海港有航道相通。如南京港、汉口港等。

（2）按用途目的分为：

①存储港（Enter Port）：一般地处水陆联络的要道，交通十分方便，同时又是工商业中心，港口设施完备，便于货物的存储、转运，为内陆和港口货物集散的枢纽。

②转运港（Port of Transshipment）：位于水陆交通衔接处，一方面将陆运货物集中，转由海路运出；另一方面将海运货物疏运，转由陆路运入，而港口本身对货物需要不多，主要经办转运业务。

③经过港（Port of Call）：地处航道要冲，为往来船舶必经之地，途经船舶如有需要，可作短暂停泊，以便添加燃料、补充食物或淡水，继续航行。

2. 港口的通过能力

港口通过能力是指在一定的时期和条件下，利用现有的工人、装卸机械与工艺所能装卸货物的最大数量。对于国际航运管理人员来说，应从以下几个方面了解和掌握有关港口的通过能力。

（1）港口水域面积：主要是了解该港口同时能接纳的船舶艘数。

（2）港口水深：主要是了解该港所能接纳的船舶吨位。

（3）港口的泊位数：主要是了解该港同时能接纳并进行装卸作业的船舶数。

（4）港口作业效率：主要是了解船舶将在该港的泊港时间。一般需综合以下各种情况才能作出较正确的估算。

①装卸机械的生产能力；

②同时作业的舱口数或作业线数；

③作业人员的工作效率；

④业务人员的管理水平，等等。

（5）港口库场的堆存能力：库场的堆存能力将会影响到港口通过能力，从而也影响到船舶周转的速度。

（6）港口后方的集疏运能力：港口后方有无一定的交通网和一定的集疏运能力，不仅将影响到港口的通过能力，同时也影响到船舶的周转时间。

3. 世界及我国主要港口

（1）世界主要港口：荷兰的鹿特丹港，美国的纽约港、新奥尔良港和休斯敦港，日本的神户港和横滨港，比利时的安特卫普港，新加坡的新加坡港，法国的马赛港，英国的伦敦港等。

（2）我国的主要港口：上海港，大连港，秦皇岛港，天津港，青岛港，黄埔港，湛江港，连云港，烟台港，南通港，宁波港，温州港，福州港，北海港，海口港。

（三）水路运输中的货物

水路运输的货物包括原料、材料、工农业产品、商品以及其他产品。从水路运输的要求出发，可以从货物的形态、性质、重量、运量等不同的角度进行分类。

1. 从货物形态的角度分类

（1）包装货物。

（2）裸装货物。

（3）散装货物。

2. 从货物性质的角度分类

（1）普通货物。

（2）特殊货物。

3. 从货物的重量和体积分类

（1）重量货物。

（2）体积货物。

国际上统一的划分标准：凡1吨货物的体积不超过40立方英尺的货物为重量货物。凡1吨货物的体积超过40立方英尺的货物为体积货物，也称轻泡货。

我国海运规定：凡1吨货物的体积不超过1立方米的货物为重量货物。凡1吨货物的体积超过1立方米的货物为体积货物。

4. 从货物运量大小的角度分类

（1）大宗货物。

（2）件杂货物。

（3）长大笨重货物。

（四）船舶

1. 按货轮的功能（或船型）的不同划分

（1）杂货船。

（2）散装船。

（3）多用途船。

（4）冷藏船。

（5）油轮。

（6）木材船。

（7）集装箱船。

（8）滚装船。

（9）载驳船。

2. 按货物的载重量不同划分

（1）巴拿马型船。这类船的载重量为6万～8万吨，船宽为32.2米。因通过巴拿马运河船闸时，船宽要受此限制。

（2）超巴拿马型船。指船宽超过32.3米的大型集装箱船，如第五代集装箱船的船宽为 39.8 米，第六代的船宽为 42.8 米。

（3）灵便型船。这类船的载重量为 3 万～5 万吨，可作沿海、近洋和远洋运输谷物、煤炭、化肥及金属原料等散装货物的船。

知识拓展

船舶航线和航次的概念

一、航线

航线有广义和狭义之分。广义的航线是指船舶航行起讫点的线路。狭义的航线是指船舶航行在海洋中的具体航迹线，也包括画在海图上的计划航线。

1. 按性质来划分

（1）推荐航线：航海者根据航区不同季节、风、流、雾等情况，长期航行实践形成的习惯航线。由航海图书推荐给航海者。

（2）协定航线：某些海运国家或海运单位为使船舶避开危险环境协商在不同季节共同采用的航线。

（3）规定航线：国家或地区为了维护航行安全，在某些海区明确过往船舶必须遵循的航线。

2. 按所经过的航区分

航线分为大洋航线、近海航线、沿岸航线等。

二、航次

船舶为完成某一次运输任务，按照约定安排的航行计划运行，从出发港到目的港为一个航次。班轮运输中航次及其途中的挂靠港都编制在班轮公司的船期表上。

对船舶航次生产活动的认识，可以归纳为以下几个方面：

（1）航次是船舶运输生产活动的基本单元，即航次是航运企业考核船舶运输生产活动的投入与产出的基础。

（2）航次是船舶从事客货运输的一个完整过程，即航次作为一种生产过程，包括了装货准备、装货、海上航行、卸货等完成客货运输任务的各个环节。

（3）船舶一旦投入营运，所完成的航次在时间上是连续的，即上一个航次的结束，意味着下一个航次的开始，除非船舶进坞维修。如果航次生产活动中遇有空放航程，则应从上航次船舶在卸货港卸货完毕时起算；如果遇有装卸交叉作业，则航次的划分仍应以卸货完毕时为界。

（4）报告期内尚未完成航次，应纳入下一报告期内计算，即年度末或报告期末履行的航次生产任务，如果需跨年度或跨报告期才能完成，则该航次从履行时起占用的时间和费用都需要转入下一年度或下一报告期内进行核算。

（5）航次的阶段：

①预备航次阶段：指船舶开往装货港的阶段。

②装货阶段：指船舶抵达并停靠装货港，等待泊位和装载货物的整个阶段。

③航行阶段：指船舶离开装货港开往卸货港的整个阶段。

④卸货阶段：指船舶抵达卸货港，等待泊位和停靠码头卸货的整个阶段。

三、影响航次时间的主要因素

航次时间由航行时间、装卸时间及其他时间三部分组成。与航次时间关系密切的主要因素分别为：航次距离、装卸货量、船舶航速和装卸效率。对于航运管理人员来说，应通过对上述因素的分析研究，寻找缩短航次时间的途径，加速船舶周转率，提高船期经济性。

1. 航次距离

在既定的航次生产活动中，当装卸货量、船舶航速和装卸效率不变时，如果航次距离长，则航行所需的时间就长，进而导致整个航次的时间相对较长。缩短航次时间的通常途径是：

（1）合理地选择安全、经济的驾驶航线。

（2）合理地利用通航水域内的海流季风等。

2. 装卸货量

在既定的航次生产活动中，当航次距离、船舶航速和装卸效率不变时，如果装卸货量大，则船舶泊港作业所需的时间将延长，进而导致整个航次的时间相对较长。对此，航运经营人缩短航次时间的通常做法是：

（1）及时地安排好船舶到港前的开工准备工作。

（2）船舶在港的基本作业与辅助作业同时并举等。

3. 船舶航速

在既定的航次生产活动中，当航次距离、装卸货量和装卸效率不变时，如果船舶航速高，则船舶的航行时间就短，进而整个航次所需的时间也将缩短。但是，提高船舶的航速，意味着将大幅度提高船舶的燃料费用，从船期的经济性考虑往往是不可取的。因此，航运经营人应另辟途径，从以下各方面着手来提高船舶的速度性能：

（1）加强船舶动力装置的维护保养。

（2）定期铲底，使船舶水下部分保持清洁流畅，减少船舶的运动阻力。

（3）正确积载，防止船舶前倾。

（4）合理选择燃料，使船舶的热工效率得到充分利用等。

4. 装卸效率

在既定的航次生产活动中，当航次距离、装卸货量和船舶航速不变时，如果港口的装卸效率高，则船舶的泊港时间就短，进而整个航次所需的时间也将缩短。对此，航运经营人缩短航次时间的通常做法是：

（1）在船舶挂靠的基本港口尽量使用岸吊和高效率装卸机械。

（2）尽量安排船舶泊靠专业化码头。

（3）加强码头作业现场的调度以提高疏港力量。

（4）提前做好装卸准备工作，减少辅助作业的次数等。

任务二　水路运输船舶的经营方式

任务描述

水路运输船舶的经营方式有班轮运输、租船运输。要求熟知这两种经营方式的特点。

小讨论：班轮运输的特点有哪些？

知识点

国际上普遍采用的运输船舶营运方式分为两大类，即班轮运输和租船运输。

一、班轮运输

班轮运输又称作定期船运输，是指按照规定的时间表在规定的航线上，以既定的泊港顺序、有规则地从事航线上各港间货物运送的船舶运输。

在班轮运输实践中，班轮运输可分为两种形式：一种是定航线、定船舶、定泊靠港、定到发时间、定运价的班轮运输，通常称为"五定班轮"；另一种通常称为"弹性班轮"，也即所谓的定线不严格定期的班轮运输。

（一）班轮运输的特点

（1）船舶按照固定的船期表，沿着固定的航线和固定的港口来往运输，并按相对固定的运费率收取运费。因此，具有"四固定"的基本特点。

（2）运价内已包括装卸费用。货物由承运人负责配载装卸。船货双方也不计算滞期费和速遣费。

（3）船货双方的权利、义务、责任、豁免，以船方签发的提单条款为依据。

（4）班轮承运的货物品种、数量比较灵活，货运质量较有保证，且一般采取在码头仓库交接货物，故为货主提供了较便利的条件。

（二）经营班轮运输必须具备的条件

（1）需配置技术性能较高、设备齐全的船舶。

（2）需租赁专用码头和设备、设立相应的营业机构。

（3）需要给船舶配备技术和业务水平较高的船员。

（4）需要有一套适用于小批量接受货物托运的货运程序。

（三）班轮运输承运人与托运人的责任划分

班轮承运人是指班轮运输合同中承担提供船舶并负责运输的当事人。托运人是在班轮运输合同中委托承运人运输货物的当事人。承运人同托运人责任和费用的划分界限一般在船上吊杆所能达到的吊钩底下，换言之，托运人将货物送达吊钩底下后就算完成交货任务，然后由承运人负责装船。但风险的划分一般以船舷为界，即货物在装运港越过船舷以前发生的风险由托运人负责，越过船舷以后的风险由承运人负责。承运人最基本的义务是按合理的期限将货物完整无损地运到指定地点，并交给收货人。托运人的基本义务是按约定的时间、品质和数量准备好托运的货物，保证船舶能够连续作业，并及时支付有关费用。

（四）船期表

1. 班轮公司制订并公布班轮船期表的作用

（1）招揽航线途经港口的货源，既满足货主的需要，又体现班轮公司服务的质量。

（2）有利于船舶、港口、货物之间的及时衔接，缩短船舶在停靠港的停留时间，加快货物的送达速度，提高港口作业的效率。

（3）有利于提高船公司航线经营的计划质量。

2. 班轮船期表的主要内容

班轮船期表主要内容包括：航线、船名、航次、始发港、中途港、终点港、到达与驶离港口的时间，以及有关注意事项。

（五）班轮运输的费用

班轮公司运输货物所收取的运输费用，是按照班轮运价表的规定计收的。不同的班轮公司或班轮公会各有不同的班轮运价表。班轮运价表一般包括说明及有关规定、货物分级表、航线费率表、附加费表、冷藏货及活牲畜费率表等。目前，我国海洋班轮运输公司使用的"等级运价表"，即将承运的货物分成若干等级，每个等级的货物有一个基本费率，称为"等级费率表"。

班轮运费包括基本运费和附加费两部分，前者是指货物从装运港到卸货港所应收取的基本运费，它是构成全程运费的主要部分；后者是指对一些需要特殊处理货物，或者突然事件的发生或客观情况变化等原因而需另外加收的费用。

班轮运输费用的计算将在任务五中进行详述。

（六）班轮运输货运程序

1. 揽货

揽货是指从事班轮运输经营的船公司为使自己所经营的班轮运输船舶能在载重量和舱容上得到充分利用，力争做到"满舱满载"，以期获得最好的经营效益而从货主那里争取货源的行为。

2. 订舱

订舱是指托运人或其代理人向承运人，即班轮公司或它的营业所或代理机构等申请货物运输，承运人对这种申请给予承诺的行为。承运人与托运人之间不需要签订运输合同，而是以口头或订舱函电进行预约，只要船公司对这种预约给予承诺，并在舱位登记簿上登记，即表明承托双方已建立有关货物运输的合同关系。

3. 装船

装船是指托运人应将其托运的货物送至码头承运船舶的船边并进行交接，然后将货物装到船上。

4. 卸货

卸货是指将船舶所承运的货物在卸货港从船上卸下，并在船舶交给收货人或代其收货人时办理货物的交接手续。

5. 误卸

卸货时，船方和装卸公司应根据载货清单和其他有关单证认真卸货，避免发生差错，然而由于众多原因难免发生将本应在其他港口卸下的货物卸在本港，或本应在本港卸下的货物遗漏未卸的情况，通常将前者称为溢卸，后者称为短卸。溢卸和短卸统称为误卸。关于因误卸而引起的货物延迟损失或货物的损坏转让问题，一般在提单条款中都有规定，通常规定因误卸发生的补送、退运的费用由船公司负担，但对因此而造成的延迟交付或货物的损坏，船公司不负赔偿责任。如果误卸是因标志不清、不全或错误，以及因货主的过失造成的，则所有补送、退运、卸货和保管的费用都由货主负担，船公司不负任何责任。

6. 交付货物

实际业务中船公司凭提单将货物交付给收货人的行为。具体过程是收货人将提单交给船公司在卸货港的代理人，经代理人审核无误后，签发提货单交给收货人，然后收货人再凭提货单前往码头仓库提取货物并与卸货代理人办理交接手续。交付货物的方式有仓库交付货物、船边交付货物、货主选择卸货港交付货物、变更卸货港交付货物、凭保证书交付货物等。

7. 保函

保函即为保证书，为了方便，船公司及银行都印有一定格式的保证书。其作用包括凭保函交付货物、凭保函签发清洁提单、凭保函倒签预借提单等。在凭保函交付货物的情况下，收货人保证在收到提单后立即向船公司交回全套正本提单，承担应由收货人支付的运费及其他费用的责任；对因未提交提单而提取货物所产生的一切损失均承担责任，并表明对于保证内容由银行与收货人一起负连带责任。凭保函签发提单则使得托运人能以清洁提单、已装船提单顺利地结汇。关于保函的法律效力《海牙规则》和《维斯比规则》都没有作出规定，考虑到保函在海运业务中的实际意义和保护无辜的第三方的需要，《汉堡规则》第一次就保函的效力问题作出了明确的规定，保函是承运人与托运人之间的协议，不得对抗第三方，承运人与托运人之间的保函，只是在无欺骗第三方意图时才有效；如发现有意欺骗第三方，则承运人在赔偿第三方时不得享受责任限制，且保函也无效。

二、租船运输

租船运输又称作不定期船运输，是相对于定期船，即班轮运输而言的另一种国际航运经营方式。由于这种经营方式需在市场上寻求机会，没有固定的航线和挂靠港口，也没有预先制定的船期表和费率本，船舶经营人与需要船舶运力的租船人是通过洽谈运输条件、签订租船合同来安排运输的，故称为"租船运输"。

目前，在国际上主要的租船方式有航次租船、定期租船、包运租船和光船租船四种。

（一）租船运输的基本特点

各种方式的租船运输具有以下一些基本特点：

（1）租船运输的营运组织取决于各种租船合同。船舶经营人与船舶承租人双方首先须签订租船合同才能安排船舶营运，合同中除了需规定船舶就航的航线、载运的货物种类及停靠的港口外，还需具体订明双方的权利和义务。一般由船东与租方通过各自或共同的租船经纪人洽谈成交租船业务。

（2）租船运输的运费或租金水平的高低，直接受租船合同签订时的航运市场行情波动的影响。世界的政治经济形势、船舶运力供求关系的变化，以及通航区域的季节性气候条件等，都是影响运费或租金水平高低的主要因素。

（3）租船运输中的有关船舶营运费用及开支，取决于不同的租船方式，由船舶所有人和船舶承租人分担，并在租船合同中列明。

（4）不定航线，不定船期。船东对于船舶的航线、航行时间和货载种类等按照租船人的要求来确定。

（5）租船运输主要服务于专门的货运市场，承运大宗类货物，如谷物、油类、矿石、煤炭、木材、砂糖、化肥、磷灰土等，并且一般都是整船装运的。

（6）各种租船合同均有相应的标准合同格式。一般由船东与租方通过各自或共同的租船经纪人洽谈成交租船业务。

（二）租船方式的种类

1. 航次租船方式

航次租船。又名程租船，是一种由船舶所有人向租船人提供特定的船舶，在特定的两港或数港之间从事一个特定的航次或几个航次承运特定货物的方式。简单地说，对这种方式可用四个"特定"来概括，即特定的船舶、特定的货物、特定的航次、特定的港口。

（1）航次租船方式主要特点如下：

①船舶的营运调度由船舶所有人负责，船舶的燃料费、物料费、修理费、港口费、淡水费等营运费用也由船舶所有人负担；

②船舶所有人负责配备船员，负担船员的工资、伙食费；

③航次租船的"租金"通常称为运费，运费按货物的数量及双方商定的费率计收；

④在租船合同中需要列明货物的装、卸费由船舶所有人或承租人负担，用于装、卸时间的计算方法，并规定延滞费和速遣费的标准及计算办法。

（2）航次租船方式可分为：

①单程航次租船形式；

②往返程航次租船形式；

③连续航次租船形式。

2. 航次租船经营与班轮经营相比所具有特征

（1）受载货类方面。航次租船所承运的货类虽不多，但数量很大，一般均需整船载运，且具有以下一些特征：

①货源分布广、批量大；

②货物的流量和流向易受世界政治经济和国家政策等因素的影响而不稳定；

③相当数量的货类具有运输季节性；

④货物的价值相对都比较低；

⑤对运送速度的要求不高。

（2）营运航线方面。航次租船所行驶的航线范围很广，类似于漂泊流浪，追逐大宗货流的生成区域，且具有以下一些特征：

①根据航次租船合同确定船舶营运航线；

②在营运航线内基本上没有中途挂靠港口；

③航次间的营运航线具有连续性，但缺乏规律性；

④就国际航运整体而言，营运航线遍及全世界。

（3）投入船舶方面。航次租船所投入的船舶种类很多，船舶之间的技术状况差异很大，一般具有以下一些特征：

①投入的船舶大多是专用船舶；

②单船吨位相对较大，油轮及干散货船尤为显著；

③航速一般较低；

④除专用船舶有特殊要求外，一般的船舶结构和设施均比较简单。

（4）计收运价方面。航次租船的租金常习惯地称为运费。但是，航次租船的运费不同于班轮运价，一般具有以下特征：

①航次租船营运的具体航线都不事先制定固定的运价；

②每一航次的运费率往往需要经过承租双方讨价还价后才能确定；

③费率水平通常都取决于市场船货供求状况；

④计收运费的费率单位比较灵活，一般为：元/货吨或整船包干运费；油轮航次运输使用特殊的费率单位，即运价指数。

（5）营运组织方面。航次租船在营运组织方面不像班轮营运组织那样严谨和复杂，通常具有以下一些特征：

①船货结合在时间和地点上是不固定的和无规则的；

②经营条件比较简单，只要拥有一艘船舶即可开展航次租船经营活动；

③经营技术相对比较复杂，须使船舶能不间断地从事连续的航次生产活动；

④经营及营运调度依赖于在航次市场中获得的机会。

3. 航次期租船方式

航次期租船又称日租租船，它是航次租船的一种变形，也是以完成一个航次运输为目的，但租金按完成航次所使用的日数和约定的日租金率计算。在装货港和卸货港的条件较差，或者航线的航行条件较差，难以掌握一个航次所需时间的情况下，这种租船方式对船舶所有人比较有利。因为采用这种租船方式可以使船舶所有人避免难以预测的情况而使航次时间延长所造成的船期损失。

4. 定期租船方式

定期租船又称期租船，是指由船舶所有人按照租船合同的约定，将一艘特定的船舶在约定的期间，交给承租人使用的租船方式。

定期租船方式的主要特点如下：

(1) 船长由船舶所有人任命，船员也由船舶所有人配备，并负担他们的工资和给养，但船长应听从承租人的指挥，否则承租人有权要求船舶所有人予以撤换。

(2) 营运调度由承租人负责，并负担船舶的燃料费、港口费、货物装卸费、运河通行费等与营运有关的费用，而船舶所有人则负担船舶的折旧费、维修保养费、船用物料费、润滑油费、船舶保险费等船舶维持费。

(3) 租金按船舶的载重吨、租期长短及商定的租金率计算。

(4) 合同中列有关于交船和还船，以及关于停租的规定。

5. 包运租船方式

包运租船又称运量合同。包运租船是指船舶所有人以一定的运力，在确定的港口之间，按事先约定的时间、航次周期，每航次以较均等的运量，完成全部货运量的租船方式。

包运租船方式的主要特点如下：

(1) 包运租船合同中不确定船舶的船名及国籍，仅规定船舶的船级、船龄和船舶的技术规范等，船舶所有人只须比照这些要求提供能够完成合同规定每航次货运量的运力即可，这使船舶所有人在调度和安排船舶方面是十分灵活、方便的。

(2) 租期的长短取决于货物的总量及船舶航次周期所需的时间。

(3) 船舶所承运的货物主要是运量特别大的干散货或液体散装货物，承租人往往是业务量大和实力强的综合性工矿企业、贸易机构、生产加工集团或大石油公司。

(4) 船舶航次中所产生时间延误的损失风险由船舶所有人承担，而对于船舶在港装、卸货物期间所产生的延误，则通过合同中列有的"延滞条款"的办法来处理，通常是由承租人承担船舶在港的时间损失。

（5）运费按船舶实际装运货物的数量及商定的费率计收，通常按航次结算。

从上述特点可见，包运租船在很大程度上具有"连续航次租船"的基本特点。

6. 光船租船方式

光船租船又称船壳租船。这种租船不具有承揽运输性质，它只相当于一种财产租赁。光船租船是指在租期内船舶所有人只提供一艘空船给承租人使用，而配备船员、供应给养、船舶的营运管理，以及一切固定或变动的营运费用都由承租人负担。

光船租船方式的主要特点如下：

（1）船舶所有人只提供一艘空船。

（2）全部船员由承租人配备并听从承租人的指挥。

（3）承租人负责船舶的经营及营运调度工作，并承担在租期内的时间损失，即承租人不能"停租"。

（4）除船舶的资本费用外，承租人承担船舶的全部固定的及变动的费用。

（5）租金按船舶的装载能力、租期及商定的租金率计算。

虽然光船租船的租期一般都比较长，但是，国际上以这种方式达成的租船业务并不多。

（三）租船业务流程

租船业务流程主要包括询盘、报盘、还盘、接受和签订租船合同五个环节。

1. 询盘

通常由承租人以期望条件，通过租船经纪人寻求租用所需要的船舶，即货求船。

2. 报盘

报盘也称报价或发盘，是出租人对承租人询盘的回应。若是船舶所有人先发出的询盘，则报盘人是承租人。报盘又分实盘与虚盘。实盘为报盘条件不可改变，并附加时效的硬性报价；虚盘则是可磋商、修改的报价。

3. 还盘

还盘是询价双方通过平等谈判、协商、讨价还价的过程。

4. 接受

通过双方的谈判，最后达成一致意见即可成交。成交后交易双方当事人应签署一份"订租确认书"，就商谈租船过程中双方承诺的主要条件予以确认，对于细节问题还可以进一步商讨。

5. 签订租船合同

签订确认书只是一种合同意向，正式租船合同要按租船合同范本予以规范，进行编制，明确租船双方的权利和义务，双方当事人签署后即可生效。之后，哪一方提出更改或撤销等异议，造成的损失由违约方承担责任。

定期租船合同的主要内容包括：出租人和承租人的名称、船名、船籍、船级、吨位容积、船速、燃料消耗、航区、用途、租船期限、交船与还船时间、地点以及条件，租金及其支付等相关事宜。

　　航次租船合同的主要内容有出租人和承租人的名称、船名、船籍、载货重量、容积、货名，装运港与目的港、受载期限、装卸期限、运费、滞期费、速遣费的支付及其他事项。

　　租船运输合同正式签订后，船舶所有人就可按合同的要求，安排船舶投入营运；货方备好货物准备装船。

　　租船业务中，租船经纪人代表各自委托人洽谈租船业务，代为签约，可迅速而有效促进租船业务的成交，减少船东或租船人大量的事务性工作，减少了租约中的责任风险，协调了租船市场的正常运营。租船业务成交后，由船东付给运费的 1.25％～2.5％给经纪人作为佣金。

　　（四）标准租船合同范本

　　为了简化签订租船合同的手续，加快签约的进程和节省为签订租船合同而发生的费用，也为了能通过在合同中列入一些对自己有利的条款，以维护自己一方的利益，在国际航运市场上，一些航运垄断集团、大的船公司或货主垄断组织，先后编制了供租船双方选用、作为洽商合同条款基础的租船合同范本。租船合同范本的种类很多，标准航次租船合同代表范本是"金康"（GENCON），定期租船合同代表范本有"纽约土产"（NYPE），光船租船合同代表范本有"光租"（BARECON）。

知识拓展

水上运输方式的选择

　　对于托运人而言，选择哪种运输方式要考虑以下几方面的因素：

　　1. 运输服务的定期性

　　若货物需要以固定的间隔时间运输出去，则选择停靠固定港口、固定费率、严格按船期表航行的班轮。

　　2. 运输速度

　　当托运人为了满足某种货物在规定日期内运到的需求，会更加注重考虑运输速度的问题。只要能满足其要求，不会考虑费用的高低。

　　3. 运输费用

　　当运输的定期性和速度不是托运人考虑的主要因素时，运输费用就成为最重要的了。

　　4. 运输的可靠性

　　这是选择承运人时所考虑的又一重要因素。在选择一家船公司之前，独立地考察一下它的实力和信誉是可取的做法，这会减少海事欺诈发生的可能性。

　　5. 经营状况和责任

　　应该调查一下托运人所使用的船舶所有人或经营人的经营状况及所负担的责任。

6. 掌握船舶的如下特征

（1）船舶登记。每艘船舶都应该有国籍，应在某一个国家进行船舶登记，并有权悬挂该国国旗。

（2）总登记吨（GRT）。总登记吨（总吨位）是按照《船舶吨位丈量规范》而测量出来的船舶总的容积。

（3）净登记吨（NRT）。净登记吨是从总登记吨中扣除机器所占空间和船员所居住的处所后测量出的容积。

（4）散装容积。它是船舶所能装货的全部空间，包括舱口和为了装卸货物而在甲板上开口所占容积。

（5）包装容积。它是指可用于包件货物的全部舱内空间。

（6）总载重吨（DWT）。它是以重量吨表示的船舶载重能力。

（7）净载重吨（NT）。从总载重吨中扣除燃料、装备品、水和食品所占的重量，即船舶的装货能力。

（8）载重线。载重线标志是表示不危及船舶安全所能装载货物的重大限度。从载重线到甲板的距离被称为干舷。

（9）船级。船级对海上保险具有很重要的作用，因为船级高的船舶所缴纳的保费较之低船级的船舶要少。

（10）船舶检验证书。船舶检验证书由相应的船级颁发。

（11）船舶签证。船舶签证的目的在于监督船舶保持适航状态，保障船舶航行安全，维持海上运输秩序。

（12）船员配备。船员配备的目的在于保证船舶正常生产、安全航行，是船舶适航的重要条件之一，配备足够持有证书的船员和备用船员名册，也是船舶签证时的一项重要内容。

任务三　水路货物运输

任务描述

水路运输在物流管理中具有非常重要的作用，要熟知水路货物运输组织的流程。

小讨论：海运进口货物运输流程有哪些？

知识点

一、海运进口货物运输流程

海运进口业务，指根据贸易合同中有关运输条件，把向国外的订货加以组织，通过海运方式运进国内的一种业务。这种业务必须取决于价格条件。如果是 CIF 或 CFR 条件，则由国外卖方办理租船订舱工作；如果是 FOB 条件，则由买方办理租船订舱工作，派船前往国外港口接运。海运进口货物运输工作，一般包括以下一些环节：

1. 租船订舱

根据贸易合同的规定，负责货物运输的一方要根据货物的性质和数量决定租船或订舱。不论租船或订舱，均需办理租船或订舱手续。一般均委托代理公司代为办理。在办理委托时，委托人需填写《进口租船订舱联系单》，提出具体的要求。

《进口租船订舱联系单》的内容包括：货名、重量、尺码、合同号、包装种类、装卸港口、交货期、买货条款、发货人名称和地址、发货人电话或电传号等。填写《进口租船订舱联系单》的注意事项：

（1）货名、包装、件数、重量、尺码要填写中、英文名称；重量需填毛重，长大件要列明长、宽、高的尺寸；重件要列明最大件重量和重件件数。

（2）买货条款这一栏要与贸易合同相一致；对装运条件另有规定者，要在联系单上写明，以便划分责任、风险和费用。

（3）危险货物要注明危险品的性质和国际危规的页码及联合国编号。国际危规把危险品分为爆炸品、气体、易燃液体、易燃固体、氧化剂和有机氧化物、有毒和有感染性的物质、放射性物品、腐蚀性物品和其他危险物品九大类。填写时要填明类别，货物品名不能使用商品俗名，一定要用学名。易燃液体还须注明闪点。

（4）贵重物品要列明售价。

（5）《进口租船订舱联系单》的内容必须与贸易合同完全一致。如租整船，还须附贸易合同副本。

2. 签订《海运进口货物国内代运委托协议书》

委托人向代办人（对外贸易运输公司）提出代办海运进口货物国内港口接交和国内代运业务，双方签订《海运进口货物国内代运委托协议书》作为接交、代运工作中双方责任划分的依据。

3. 寄送货物装船通知及提单

委托人收到国外发货人发出的货物装船通知后，立即转告代办人。同时，国外发货人按贸易合同确定的交货地向货运目的港的我港口所在地的对外贸易运输公司发送货物装船通知及提单。

4. 掌握船舶动态

船舶动态主要包括船名、船籍、船舶性质、装卸港顺序、预抵港日期、船舶吃水和该船所载货物的名称、数量等方面的信息。船舶动态信息来源可获自各船公司提供的船期表、国外发货人寄来的装船通知、单证资料、发货电报以及有关单位编制的进口船舶动态资料等。

5. 收集并送交有关单证

委托人通过结汇银行对外付汇、赎单后，在货物到港之前，按代办人的要求，将代运协议中提及的一切有关单证送交目的港的对外贸易运输公司。委托人凭正本提单向承运人或承运人的代理换取提货单（Delivery Order）。

进口货物运输单证一般包括商务单证和船务单证两类。商务单证有贸易合同正本或副本、发票、提单、装箱单、品质证明书和保险单等。船务单证主要有装船通知、载货清单、货物积载图、租船合同或提单副本。如系程租船，还应有装卸准备就绪通知书（Notice of Readiness）、装货事实记录（Loading Statement of Facts）、装卸货物时间表（Time Sheet），以便计算滞期费、速遣费。

6. 报关

代办人收到委托人提交的单据、证件，于货物抵港后，按海关、商检、动植物检疫等有关部门的规定，办理进口报关、报验手续。

进口货物向海关报关，填制《进口货物报关单》。报关单的内容主要有船名、贸易国别、货名、标记、件数、重量、金额、经营单位、运杂费和保险费等项，货主或代办人凭报关单、发票、品质证明书等单证向海关申报进口。办理报关的进口货物，经海关查验放行，交纳进口关税后，方可提运。

根据《中华人民共和国海关法》第十八条规定，进口货物应当自运输工具申报进境之日起14日内向海关申报。超过上述规定期限未向海关申报的，由海关征收滞纳金。

凡不在港口查验放行的贸易货物的货主，需填制《国外货物转运准单》，向港口海关申报，经海关同意并监运至目的地，由目的地海关查验放行。

7. 报检工作

进口货物按我国《商检法》规定，必须向商检局申请办理检验、鉴定手续，查验进口商品是否符合我国规定或订货合同的有关规定，以保护买方利益。

报验进口货物需填写《进口商品检验申请单》，同时需提供订货合同、发票、提单、装箱单、理货清单、磅码单、质保书、说明书、验收单、到货通知单等资料。

凡列入《商检机构实施检验的商品种类表》（以下简称《种类表》）的进口商品，需接受法定检验。但表内所列商品如属援助物资、礼品、样品及其他非贸易物品，一般可免于检验。

8. 发出到货通知

在进口货物船舶抵达国内港口联检后3日内，代办人港口机构填制《海运进口货物到货通知书》，寄送给委托人或由委托人指明的收、用货单位。委托人或收、用货单位收到到货通知书后，对该通知书逐项核对，如发现内容有误，用电报通知代办人港口机构纠正。如属于同一张提单内货物需要分运几个地点，则须告知代办人港口机构，由代分人港口机构根据港口条件酌情受理。

9. 监卸和交接工作

（1）一般由船方申请理货，负责把进口货物按提单、标记点清件数，验看包装情况，分清后拨交收货人。监卸人一般是收货人的代办人。监卸人员与理货人员密切配合，把好货物数量和质量关，要求港方卸货人员按票卸货，严禁不正常操作和混卸。

（2）已卸存库场的货物，应按提单、标记分别码垛、堆放。

（3）对船边现提货和危险品货物，根据卸货进度及时与车、船方面人员联系，做好衔接工作，防止卸货与拨运工作脱节而产生等车卸货或车到等货的现象。

（4）对于超限重大件货物应事先提供正确的尺码和数量，以便准备接运车驳，加速疏运进度。

（5）货物卸货后，检查有无漏卸情况，在卸货中如发现短损，应及时向船方或港方办理有效签证，并共同做好验残工作。

（6）验卸时要注意查清：

①货物内包装的残损和异状；

②货物损失的具体数量、重量和程度以及受损货物或短少货物的型号和规格；

③判断致残短少的原因。

10. 接货

代办人港口机构收到委托人或收、用货部门对到货通知的反馈后，根据委托人的授权代办加保手续和选择运输方式。在货物由港口发运后，另以承运部门的提货通知（运单）或《发货通知书》，通知委托人或收、用货单位据以收货。代运货物到达最终目的地时，收、用货单位与承运部门办理交接，查验铅封是否完好，外观有无异状，件数是否相符，是否发生残、短情形。如发现残、短情形，收、用货单位须及时向承运部门取得商务记录，于货到 10 日内，交代办人向承运部门、保险公司或责任方办理索赔。如发现国外错装或代办人错发、错运、溢发，收、用货单位须立即采取措施，妥善保管货物，并及时通知代办人。

11. 保险

如以 FOB、CFR 条件成交的进口货物，在收到发货人装船通知后应立即办理投保手续。目前为简化手续和防止发生漏保现象，也可采用预约保险办法，由负责进口的单位与中国人民保险公司签订进口货物预约保险。

二、海运出口货物运输

海运出口货物运输业务是根据贸易合同有关运输条件，把售予国外客户的出口货物加以组织和安排，通过海运方式运到国外目的港的一种业务。

　　凡以 CIF、CFR 条件成交的出口货物，要由卖方安排运输，其主要环节和程序如下。

　　1. 审证

　　审核信用证中的装运条款：为使出运工作顺利进行，在收到信用证后，必须审核证中有关的装运条款，如装运期、结汇期、装运港、目的港、是否能转运或分批装运以及是否指定船公司、船名、船籍和船级等，有的来函要求提供各种证明，如航线证明书、船籍证等，对这些条款和规定，应根据我国政策、国际惯例、要求是否合理和是否能办到等来考虑接受或提出修改要求。

　　2. 备货报验

　　备货就是根据出口成交合同及信用证中有关货物的品种、规格、数量、包装等的规定，按时、按质、按量地准备好应交的出口货物，并做好申请报验和领证工作。冷藏货要做好降温工作，以保证装船时符合规定温度要求。在我国，凡列入商检机构规定的"种类表"中的商品以及根据信用证、贸易合同规定由商检机构出具证书的商品，均需在出口报关前，填写"出口检验申请书"申请商检。出口商品需鉴定重量的，需进行动植物检疫或卫生检疫、安全检验的，都要事先办妥，取得合格的检验证书。做好出运前的准备工作，货证都已齐全，即可办理托运工作。

　　3. 托运订舱

　　编制出口托运单，即可向货运代理办理委托订舱手续。货运代理根据货主的具体要求按航线分类整理后，及时向船公司或其代理订舱。货主也可直接向船公司或其代理订舱。当船公司或其代理签出装货单，订舱工作即告完成，这就意味着托运人和承运人之间的运输合同已经缔结。

　　4. 保险

　　货物订妥舱位后，属卖方保险的，即可办理货物运输险的投保手续。保险金额通常是以发票的 CIF 价加成投保（加成数根据买卖双方约定，如未约定，则一般加 10％投保）。

　　5. 出口货物集中港区

　　当船舶到港装货计划确定后，按照港区进货通知并在规定的期限内，由托运人办妥集运手续，将出口货物及时运至港区集中，等待装船，做到批次清，件数清，标志清。向港区集中时，应按照卸货港的先后和货物积载顺序发货，以便按先后次序装船。对出口大宗货物，可联系港区提前发货。有船边现装条件的货物，也可按照装船时间将货物直送港区船边现装，以节省进仓出仓手续和费用。对危险品、重大件、冷冻货或鲜活商品、散油等需特殊运输工具、起重设备和舱位的，应事先联系安排好调运、接卸、装船作业。发货前要按票核对货物品名、数量、标记、配载船名、装货单号等项，做到单、货相符和船、货相符。要注意发货质量，发现有包装破损或残损时，应由发货单位负责修理或掉换。

6. 报关和交接工作

货物集中港区后，发货单位必须向海关办理申报出口手续，这叫做出口报关。通关手续极为烦琐又极其重要，如不能顺利通关则无法完成交易。

（1）属法定检验的出口商品须办出口商品检验证书。目前我国进出口商品检验工作主要有四个环节：

①接受报验：报验是指对外贸易关系人向商检机构报请检验。

②抽样：商检机构接受报验之后，及时派员赴货物堆存地点进行现场检验、鉴定。

③检验：商检机构接受报验之后，认真研究申报的检验项目，确定检验内容。并仔细审核合同（信用证）对品质、规格、包装的规定，弄清检验的依据，确定检验标准、方法（检验方法有抽样检验、仪器分析检验、物理检验、感官检验、微生物检验等）。

④签发证书：在出口方面，凡列入"种类表"内的出口商品，经商检机构检验合格后，签发放行单（或在"出口货物报关单"上加盖放行章，以代替放行单）。

（2）须由持有专业报关证人员，持出口货物报关单、装箱单、发票、报关委托书、出口结汇核销单、出口货物合同副本、出口商品检验证书及有关单证，在装货的24小时之前向运输工具所在地或出境地海关办理通关手续。目前使用的出口报关单有四种：普通报关单为白色；"来料加工、补偿贸易专用"报关单为浅绿色；"来料加工专用"报关单为粉红色；"出口退税专用"报关单为黄色。

①装箱单是由出口商提供的出口产品装箱明细。

②发票是由出口商提供的出口产品证明。

③报关委托书是没有报关能力的单位或个人委托报关代理行来报关的证明书。

④出口核销单由出口单位到外汇局申领，指有出口能力的单位取得出口退税的一种单据。

⑤商检证书是经过出入境检验检疫部门或其指定的检验机构检验合格后而得到的，各种进出口商品检验证书、鉴定证书和其他证明书的统称。

经海关官员检查单证和货物，确认单货相符和手续齐备后，即在装货单上加盖放行章。经海关查验放行的出口货物，方能开始装船。

发货单位现场工作人员要严格按照港口规章，及时与港方仓库、货场办妥交换手续，做好现场记录，划清船、港、货场三方面的责任。

7. 装船工作

海关放行后，发货单位凭海关加盖放行章的装货单与港务部门和理货人员联系，查看现场货物并做好装船准备，理货人员负责点清货物，逐票装船。港口装卸作业区负责装货，并按照安全积载的要求，做好货物在舱内的堆码、隔垫和加固等工作。

在装船过程中，要派人进行监装，随时掌握装船情况和处理工作中所发生的问题。

监装人员对一级危险品、重大件、贵重品、特种商品和驳船来货的船边接卸直装工作，要随时掌握情况，防止接卸和装船脱节。

装船完毕，应将大副签发的收货单交原发货单位，凭此掉换已装船提单。

8. 装船通知

对合同规定需在装船时发出装船通知的，应及时发出，特别是由买方自办保险的，如因卖方延迟或没有发出装船通知的，致使买方不能及时或没有投保而造成的损失的，卖方应承担责任。

9. 支付运费

船公司为正确核收运费，在出口货物集中港区仓库或库场后申请商检机构对其衡量。凡需预付运费的出口货物，船公司或其代理人必须在收取运费后发给托运人运费预付的提单。如属到付运费货物，则在提单上注明运费到付，由船公司卸港代理在收货人提货前向收货人收取。

三、内河货物运输

（一）内河货物运输分类

1. 按合同的承租期限分类

按水路货物运输合同的承租期限分为航次租船运输、定期租船运输、包运租船运输。航次租船运输是指出租人向承租人提供船舶的全部或部分舱位，装运约定的货物，从一港运到另一港的运输形式。定期租船运输是指出租人以特定的船舶租给承租人使用一个特定期限的货物运输。包运租船运输是指出租人在规定的时间内以完成承租人规定的货运总量和货运计划为目的的货物运输。

2. 按运输货物性质和特点分类

按运输货物的性质和特点分为普通大宗货物运输（如煤、砂、矿石等）和特种货物运输（如活植物、活动物、危险品货物、笨重、长大货物、易腐货物等）。

3. 按货物包装分类

按货物的包装状况分为散装货物（无包装）、集装箱货物、单元滚装运输等。

4. 按货物运输组织形式分类

按货物运输组织形式分为直达运输、多式联运等。

（二）内河货物运输管理

按照我国的相关法律、法规和规章，江河货物运输必须依据《中华人民共和国合同法》、《危险品、化学品安全管理条例》、《国内水路货物运输规则》的规定进行业务活动。

1. 水路货物运输合同管理

水路货物运输合同是指承运人收取运输费用，负责将托运人托运的货物经水路由一港（站、点）运至另一港（站、点）的书面合同。

以航次租船运输的运输合同为例的合同条款有：出租人和承租人名称、货物名称、件数、重量、体积（长、宽、高）、运输费用及其结算方式、船名、载货重量、载货容积及其他资料、起运港和到达港、货物交接的地点和时间、受载期限、运到期限、装货与卸货期限及其计算方法、滞期费率和速遣费率、包装方式、识别标志、违约责任、解决争议方法等。

2. 货物的托运管理

托运货物时，托运人主要做的是，提出货物运单、提交托运的货物、支付费用三件事。

（1）提出货物运单：

①填写要求：一份运单只能填写一个托运人、收货人、起运港、到达港；货物名称填写具体品名，名称过繁的可以填写概括名称；规定按重量或体积择大计费的货物应当填写货物的重量和体积（长、宽、高）；填写的各项内容应当准确、完整、清晰；危险货物应填制专门的危险货物运单（红色运单）。国家禁止利用内河以及其他封闭水域等航运渠道运输剧毒化学品以及交通部门禁止运输的其他危险化学品。除上述以外的危险化学品，只能委托有危险化学品运输资质的运输企业承运。因此，托运人在托运危险货物时，必须确认水运企业的资质。

②货物的名称、件数、重量、体积、包装方式、识别标志等应当与运输合同的约定相符。

③对整船散装的货物，如果托运人在确定重量时有困难，则可要求承运人提供船舶水尺计量数作为其确定重量的依据。

④对单件货物重量或者长度（沿海为 5 吨、12 米，长江、珠江、黑龙江干线为 3 吨、10 米）超过标准的，应当按照笨重、长大货物运输办理，在运单内载明总件数、重量和体积。

⑤托运人应当及时办理港口、检验、检疫、公安和其他货物运输所需的各项手续的单证，送交承运人。

⑥已装船的货物，可由船长代表承运人签发运单。

⑦水路货物运单一般为六联。第一联为起运港存查联；第二联为解缴联，起运港航运公司留存；第三联为货运收据联，起运港交托运人留存；第四联为船舶存查联，承运船舶留存；第五联为收货人存查联；第六联为货物运单联，它是提货凭证，收货人交款、提货、签收后交到达港留存。

（2）提交托运的货物：

①按双方约定的时间、地点将托运货物运抵指定港口暂存或直接装船。

②需包装的货物应根据货物的性质、运输距离及中转等条件做好货物的包装。

③在货物外包装上粘贴或拴挂货运标志、指示标志和危险货物标志。

④散装货物按重量或船舶水尺计量数交接，其他货物按件数交接。

⑤散装液体货物由托运人装船前验舱认可，装船完毕由托运人会同承运人对每处油舱和管道阀进行施封。

⑥运输活动物，应用绳索拴好牲畜，备好途中饲料，专人随船押运照料。

⑦使用冷藏船运输易腐、保鲜货物，应在运单上载明冷藏温度。

⑧运输木（竹）排货物应按约定编排，将木（竹）排的实际规格、托运的船舶或

者其他水上浮物的吨位、吃水及长、宽、高以及抗风能力等技术资料在运单上载明。

⑨托运危险货物，托运人应当按照有关危险货物运输的规定办理，并将其正式名称和危险性质以及必要时应当采取的预防措施书面通知承运人。

（3）支付费用。托运人按照约定向承运人支付运费。如果约定装运港船上交货，运费由收货人支付，则应当在运输本证中载明，并在货物交付时向收货人收取。如果收货人约定指定目的地交货，托运人应缴纳货物运输保险费、装运港口作业费等项费用。

3. 货物领取的管理

收货人接到到货通知办理提货取货单证、检查验收货物、支付费用三件事。

（1）提交取货单证：

①收货人接到到货通知后，应当及时提货。接到到货通知后满60日，收货人不提取或托运人也未来处理货物时，承运人可将该批货物作为无法交付货物处理。

②收货人应向承运人提交证明、收货人单位或者经办人身份有关证件及由托运人转寄的运单提货联或有效提货凭证，供承运人审核。

③如果货先到，而提货单未到或单证丢失的，收货人还需提供银行的保函。

（2）检查验收货物。收货人提取货物时，应当按照运输单证核对货物是否相符，检查包装是否受损、货物有无灭失等情况。

①发现货物损坏、灭失时，交接双方应当编制货运记录，确认不是承运人责任的，应编制普通记录。

②收货人在提取货物时没有提出货物的数量和质量异议，视为承运人已经按照逐单的记载交付货物。

（3）支付费用。按照约定在提货时支付运费，并须付清滞期费、包装整修费、加固费用以及其他中途垫款等。

因货物损坏、灭失或者迟延交付所造成的损害，收货人有权向承运人索赔，承运人可依据有关法规、规定进行抗辩。托运人或者收货人不支付运费、保管费以及其他费用时，承运人对相应的运输货物享有留置权，但另有约定的除外。

查验货物无误并交清所有费用后，收货人在运单提货联上签收，取走货物。

知识拓展

水路运输管理条例实施细则（2009年修订全文）
关于修改《水路运输管理条例实施细则》的决定

根据国务院《关于实施成品油价格和税费改革的通知》（国发〔2008〕37号）以及《国务院关于修改〈中华人民共和国水路运输管理条例〉的决定》（国务院令2008年第544号），交通运输部决定对《水路运输管理条例实施细则》作如下修改：

一、删除第二十七条第一款中的"航道养护费"及"和运输管理费"。删除第二十七条第三款中的"和运输管理费"。

二、删除第三十六条第五款中的"或计收的运输管理费"。

三、删除第三十七条第七项"负责对运输管理费的计收和使用管理"。

四、删除第三十九条第五项中的"运输管理费和其他"。

五、将第十条第一款、第十一条、第十二条、第十八条中的"四十天"修改为"二十日",将第十条第二款中的"十五天"修改为"二十日"。

此外,对条文的顺序和部分文字作了相应的调整和修改。

本决定自公布之日起施行。

《水路运输管理条例实施细则》根据本决定作相应修改,重新发布。

《水路运输管理条例实施细则》

(1987年9月22日交通部发布 根据1998年3月6日交通部《关于修改〈水路运输管理条例实施细则〉的决定》第一次修正 根据2009年6月4日交通运输部《关于修改〈水路运输管理条例实施细则〉的决定》第二次修正)

第一章 总 则

第一条 根据《中华人民共和国水路运输管理条例》的规定,制定本细则。

第二条 本细则适用于从事水路营业性旅客、货物运输(含旅游、渡船运输,下同)的企业、其他单位和个人;石油、煤炭、冶金、商业(含粮食)、供销、外贸、林业、电力、化工、水产以及其他对水路运输行业管理影响较大的部门从事的非营业性运输。

第三条 中华人民共和国沿海、江河、湖泊以及其他通航水域中的旅客、货物运输,必须由中国企业、其他单位或者个人使用悬挂中华人民共和国国旗的船舶经营。未经中华人民共和国交通运输部批准,在中国注册登记的外资企业、中外合资经营企业、中外合作经营企业(以下简称"三资企业")或者船舶,不得经营上述水域的旅客运输和货物运输。

中国企业、其他单位和个人将运输船舶租赁给"三资企业"或者租用"三资企业"的船舶经营上述水域的旅客运输和货物运输的,亦应当按前款规定,经交通运输部批准。

第四条 水路运输在国家计划指导下,实行地区、行业、部门多家经营的方针。保护正当竞争,制止非法经营。

第五条 水路运输分为营业性运输和非营业性运输。

营业性运输是指为社会服务,发生各种方式运费结算的旅客运输和货物运输,包括使用常规运输票据结算以及将运输费用计入货价内的运销结合、产运销结合、取送货制度以及承包工程单位的原材料自运等各种结算方式的运输业务在内。

非营业性运输是指为本单位或者本身服务，不发生各种方式运费结算的运输。

第六条 水路运输企业是指从事水路营业性运输，具有法人资格的专业水运企业。

第七条 从事水路运输业务的单位和个人，必须遵守国家有关的法律、法规及交通运输部发布的水路运输规章。

第二章 开业、增减运力和停业管理

第一节 开业的审批权限和条件

第八条 开业的审批权限：

（一）各部门、各单位要求设立水路运输企业或者以运输船舶经营沿海、内河省（自治区、直辖市，下同）际运输的，应当申报交通运输部批准。其中经营长江、珠江、黑龙江水系干线运输的（专营国际旅客旅游运输的除外），申报交通运输部派驻水系的航务管理局批准；

（二）各部门、各单位要求设立水路运输企业或者以运输船舶经营省内地（市）间运输的，应当申报省交通运输厅（局）或者其授权的航运管理部门批准；经营地（市）内运输的，应当申报所在地的地（市）交通运输局或者其授权的航运管理部门批准；

（三）个体（联户）船舶经营省际、省内地（市）间运输的，应当申报所在地的省交通运输厅（局）或者其授权的航运管理部门批准；经营地（市）内运输的，应当申报所在地的地（市）交通运输局或者其授权的航运管理部门批准；

（四）"三资企业"要求经营我国沿海、江河、湖泊及其他通航水域内的旅客和货物运输的，应当申报交通运输部批准。

第九条 设立水路运输企业，必须具备下列条件：

（一）具有与经营范围相适应的运输船舶，并持有船检部门签发的有效船舶证书，其驾驶、轮机人员应当持有航政部门签发的有效职务证书；

（二）在要求经营的范围内有较稳定的客源或者货源；

（三）经营客运航线的，应当申报沿线停靠港（站、点），安排落实船舶靠泊、旅客上下所必需的安全服务设施，并取得县以上航运管理部门的书面证明；

（四）有经营管理的组织机构、场所和负责人，并订有业务章程；

（五）拥有与运输业务相适应的自有流动资金。

水路运输企业以外的单位和个人从事营业性运输，必须具备上述（一）、（二）、（三）、（五）项条件，并有确定的负责人。个体（联户）船舶还必须具备船舶保险证明。

第二节 开业的申报和审批程序

第十条 申请筹建水路运输企业或者订造船舶从事营业性运输，应当向规定的审批机关提交"水路运输企业（船舶）筹建申请书"，并抄报单位所在地和航线到达地的交通运输主管部门（从事省际运输的，抄报省交通运输主管部门；从事地（市）间运输的，抄报地（市）交通运输主管部门；从事县际运输的，抄报县交通运输主管部门，下同）。各抄报单位应当于接到申请书的次日起，十天内向审批机关提出书面意见。审批机关应当根据社会运力运量综合平衡情况，于接到申请书的次日起二十天内给予批复。

经批准同意筹建水路运输企业或者订造运输船舶后，方可在批准的范围内进行筹建、订造船舶。筹建完毕，具备第九条规定的开业条件后，应当再向原审批机关提交"水路运输企业（船舶）开业申请书"。审批机关应当于接到申请书的次日起二十天内，对经审核符合条件，决定批准的发给长期或者临时的"水路运输许可证"；对不予批准的，给予答复。

第十一条　水路运输企业以外的单位要求以现有船舶从事营业性运输，应当向规定的审批机关提交"水路运输企业（船舶）开业申请书"，并抄报船舶所在地和航线到达地的交通运输主管部门。各抄报单位应当于接到申请书的次日起十天内向审批机关提出书面意见。审批机关应当于接到申请书的次日起二十天内对经审核符合条件，决定批准的发给长期或者临时的"水路运输许可证"；对不予批准的，给予答复。

第十二条　个体（联户）船舶从事营业性运输，应当持乡（镇）以上人民政府的证明，向规定的审批机关提交"水路运输企业（船舶）开业申请书"。审批机关应当于接到申请书的次日起二十天内，对经审核符合条件，决定批准的，发给长期或者临时"水路运输许可证"；对不予批准的，给予答复。

第十三条　各级交通运输主管部门在审批时，应当根据被审批的水路运输企业和其他从事营业性运输的单位和个人的管理水平、运输能力、客货源条件以及社会运力和运量总的平衡情况，审批其经营范围。

对一省的船舶长期（半年以上）要求固定在外省境内营运的，应当征得外省交通运输厅（局）的同意后，方可批准。但由于历史原因形成的除外。

第十四条　取得运输许可证的单位和个人，应当在开业前按照《工商企业登记管理条例》的规定，持许可证向工商行政管理机关申请登记，经核准领取营业执照后，方可营业。

领取营业执照的水路运输企业和其他从事营业性运输的单位和个人，应当持营业执照向原签发运输许可证的机关，按照拥有船舶的艘数领取单船长期或者临时的"船舶营业运输证"。

第十五条　各省交通运输主管部门或者其授权的航运管理部门和长江、珠江、黑龙江航务（运）管理局，应当对批准开业的水路运输企业、营业性运输船舶，每半年汇总一次报交通运输部，其中长江、珠江水系各省批准的，同时抄送所在水系的航务管理局。

第十六条　签发水路运输许可证、船舶营业运输证和水路运输服务许可证，可收取工本费。

第三节　增减运力管理

第十七条　水运运输企业和其他从事营业性运输的单位和个人，需要增减运力或者变更经营范围，应当申报下列机关审批：

（一）交通运输部直属企业、业经交通运输部准许从事国内水运运输的"三资企业"增加运力或者变更其经营范围以及其他企业和单位增加省际运输运力或者变更其省际经营范围的，由交通运输部审批。其中属于长江、黑龙江交通运输部直属企业的，由交通运输部委托其派驻水系的航务管理局审批，但国际旅客旅游运输除外；属于其他内河省际运输的，由交通运输部委托各省交通运输厅（局）在交通运输部或者交通运输部委托其派驻水系的航务管理局确定的年度新增运力额度内审批，但"三资企业"和国际旅客旅游运输除外；

（二）省内运输增加运力或者变更经营范围，按经营范围分别申报所在省、地（市）的交通运输厅（局）或者其授权的航运管理部门批准。

水路运输企业、其他单位和个人减少运力，报原审批机关备案。

第十八条　水路运输企业和其他从事营业性运输的单位和个人，要求增加运力或者变更其经营范围，应当向规定的审批机关提交"增加运力、变更经营范围申请书"，并抄报单位所在地和航线到达地的交通运输主管部门。各抄报单位应当于接到申请书的次日起十天内向审批机关提出书面意见。审批机关应当于接到申请书的次日起二十天内对经审核批准的，核发或者更换"船舶营业运输证"；对不予批准的，给予答复。

第十九条　各省交通运输主管部门或者航运管理部门和长江、珠江、黑龙江航务（运）管理局，应当对批准增加和变更的运力，每半年汇总一次报交通运输部，其中长江、珠江水系各省批准的，同时抄送所在水系的航务（运）管理局。

第四节　停业管理

第二十条　水路运输企业、从事营业性运输的其他单位和个人要求停业，应当向原审批机关和工商行政管理机关办理注销手续。要求转户时，原户主应当按停业办理，新户主应当重新办理审批和注册登记手续。

第三章　营运管理

第一节　旅客运输管理

第二十一条　经营水路营业性旅客运输的单位和个人，必须使用符合客船规范的船舶从事旅客运输。

"客船"是指载客超过十二人的船舶，不论其是否装货均视同"客船"。

第二十二条　经营水路营业性旅客运输的单位和个人，应当按核定的航线、停靠站点从事运输。开业后，未经批准，不得自行取消航线或者随意减少班次和停靠港（站、点）。如需取消或者变更时，必须向原审批机关申请批准，从批准之日起一个月后，方可取消或者变更，并由沿线各客运站、点发布公告周知。水路运输企业根据需要开设临时性的客运航线，按隶属关系报上级交通运输主管部门备案。

第二十三条　对省际间有争议的客运航线，应当本着共同经营，互惠互利，尊重历史，兼顾实际需要的精神，由相应的交通运输主管部门或者其授权的航运管理部门共同协商解决；有分歧时，报请上级交通运输主管部门协调解决。

第二节　货物运输管理

第二十四条　水路运输计划，实行分级综合平衡和市场调节相结合的原则。

需要进行综合平衡的重点物资、联运物资、外贸进出口物资的运输计划，属于全国性的，由交通运输部负责按国家计划组织综合平衡；属于长江、珠江、黑龙江干线省际间的，由交通运输部派驻水系的航务管理局组织综合平衡；属于上述水系干线以外省际间的，按有关省商定的办法组织平衡；属于省内的，由省交通运输厅（局）或者其授权的航运管理部门组织平衡。

对综合平衡下达的运输计划，负责承运的水路运输企业、运输船舶和负责装卸的港埠企业，必须按照先重点，后一般，先计划内后计划外，先到先运的原则安排作业，并与托运人或者其代理人根据《水路货物运输合同实施细则》及有关规定，签订货物运输合同，共同保证完成。

第二十五条　水路运输企业及其他从事营业性运输的单位和个人，在保证完成综合平衡下达的运输计划前提下，可以在批准的经营范围内，自行组织货物运输，任何单位和个人均不得实行地区或者部门封锁，垄断货源。

第三节　运价、费收管理

第二十六条　水路运输企业和其他从事营业性运输的单位和个人，必须按照交通运输部和省交通运输厅（局）制定的运价规章和费率计收运杂费用。

各级交通运输主管部门可以根据本地区的实际需要和价格管理权限，在国家价格管理所允许的范围内，制订最高限价和最低保护价。

第二十七条　水路运输企业和其他从事营业性运输的单位和个人，应当按照国家规定缴纳税金、规费（船舶港务费、停泊费）。

从事非营业性运输的单位和个人，应当按照国家规定缴纳规费。

规费的计征办法，在交通部会同国务院有关主管部门统一制定前，暂按现行规定执行。

第二十八条　不论全民、集体或者个体所有制水运业，依法经营的水路运输业务，其合法权益受国家法律保护，任何单位和个人不得向其非法滥收、重收、摊派各项费用。

第四节　运输票据管理

第二十九条　水路运输企业和其他从事营业性运输的单位和个人计收客、货运费用，必须使用交通运输部和省交通运输厅（局）规定的运输票据（货物运单、货票和客票）。任何单位和个人不得使用其他运输票据。

第三十条　水运运输票据的格式：水陆联运货物，按照全国统一规定的水陆联运货物运单、货票格式；水水联运及江海干线和跨省运输的，按照交通运输部统一规定的旅客、货物运输票据格式；省内运输的，按照省交通运输厅（局）统一规定的旅客、货物运输票据格式。

渡运的票据格式，由省交通运输厅（局）或者授权所属的航运管理部门统一规定。

第三十一条 运输票据是具有运输合同、计费依据、货物交接等多功能的票据。除经交通运输部和省交通运输厅（局）批准的，财务管理制度较健全的全民所有制企业，可以按照统一规定的格式印制自用外，其余一律由省交通运输厅（局）或者授权所属的航运管理部门按照有关规定统一印制、统一发放、统一管理。

印制运输票据的单位，必须建立票据领用管理制度。所印制的运输票据应当分类编号，列明数量，报上级交通运输主管部门和当地税务部门备案。

第五节 运输统计管理

第三十二条 水路运输企业必须按隶属系统向规定的交通运输主管部门或者其授权的航运管理部门和当地统计部门报送客、货运输统计表。

石油、煤炭、冶金、商业（含粮食）、供销、外贸、林业、电力、化工、水产部门，必须按规定向当地的交通运输主管部门或者其授权的航运管理部门和统计部门报送季度、年度营业性和非营业性客、货运输统计表；从事营业性运输的其他单位，必须按规定向当地的交通运输主管部门或者其授权的航运管理部门和统计部门报送季度、年度营业性客、货运输统计表。

从事营业性运输的个人，必须按规定向当地的交通运输主管部门或者其授权的航运管理部门报送季度、年度营业性客、货运输统计表。

第三十三条 各级交通运输主管部门或者其授权的航运管理部门，应当负责组织督促主管范围内上述营业性和非营业性运输统计报表的及时填报，并负责逐级审核、汇总上报。长江、珠江、黑龙江水系沿线各省交通运输厅（局）或者其授权的航运管理部门，应当将汇总报送交通运输部的客货运输统计报表同时抄送交通运输部派驻水系的航务管理局。

第六节 其他管理

第三十四条 从事营业性运输的个体（联户）船舶必须按照国家规定办理船舶保险；从事旅客运输的，应当办理旅客意外伤害强制险；从事货物运输的，应当积极投保承运货物运输险。

第三十五条 海、河民用港口应当按照国家港口管理规定和计划安排，向运输船舶开放，提供港埠设施和业务服务。船舶进出港区必须遵守港章，服从港口管理部门的管理。

第四章 航运管理机构的设置及其运输行政管理职责

第三十六条 交通运输部主管全国的水路运输事业，地方各级交通运输主管部门主管本地区的水路运输事业。

交通运输部在长江、珠江、黑龙江水系分别派驻航务（运）管理局，统一负责干线的航运行政管理工作，在业务上指导水系沿线各省的航运管理工作。

各级交通运输主管部门根据水路运输管理业务繁简的实际情况，设置各级航运管理机构或者航运管理人员，负责水路运输行政的管理工作。

沿海以及"三江、两河"（长江、珠江、黑龙江、淮河、京杭运河）沿线水网地区各省及其所属的地区（市）、县、乡镇，根据业务需要相应设置各级航运（务）管理机构。其他各省及地区（市）、县可以在当地各级交通运输管理机构内设置主管航运管理工作的职能部门或者设置专人，承办航运行政管理工作。

各级航运（务）管理机构的人员编制，由各级政府确定。所需经费，从行政费、事业费中开支。

第三十七条 各级航运（务）管理机构及航管人员应当认真履行下列各项水路运输行政管理的职责：

（一）贯彻执行国家关于水路运输的方针、政策、法规，负责《条例》及本细则的具体实施；

（二）负责对水路运输企业、各种运输船舶开业审批、经营活动的检查和奖惩；

（三）检查水路运输企业、各种运输船舶对国家和省级人民政府下达的运输计划的执行情况，协调运输合同执行中发生的问题；

（四）对主管范围内水路运输情况进行调查研究，定期发布水运情况分析报告，负责督促汇总上报规定的运输统计报表；

（五）及时汇集和发布水运技术、经济信息，为水路运输企业和各种运输船舶提供咨询服务，组织培训水路运输管理专业人员；

（六）维护运输秩序，协调各种水运业之间、运输船舶和港埠企业之间的平衡衔接，处置纠纷；督促提高运输、服务质量，查处重大客、货运输事故；组织交流先进运输经验，提高水运管理水平。

第五章 检查与罚则

第三十八条 各级航运管理机构及航管人员要加强对水路运输的监督、检查。检查时，应当持有检查证，佩戴标志。各水路运输企业、运输船舶必须接受检查，出示有关证件，如实答复查问情况。

第三十九条 违反本细则有下列行为的，交通运输主管部门或者其委托的航运管理机构可以分别依照下列各项规定予以处罚：

（一）未经批准，擅自设立水路运输企业，或者擅自从事营业性运输的，没收违法所得，并处违法所得1倍以上3倍以下的罚款；没有违法所得的，处3万元以上25万元以下的罚款；

持伪造、涂改、租借、非法转让、失效等船舶营运证从事营业性运输的，视为未经批准，擅自从事营业性运输；

（二）水路运输企业超越经营范围从事经营活动的，没收违法所得，并处违法所得1倍以上3倍以下的罚款；没有违法所得的，处2万元以上20万元以下的罚款；

（三）违反国家有关规定收取运费的，没收违反规定收取的部分，并处2万元以上15万元以下的罚款；

（四）未使用规定的运输票据进行营业性运输的，视情节轻重给予警告或者处1万元以下的罚款；

（五）未按照规定缴纳规费的，责令限期缴纳；逾期仍不缴纳的，除责令补缴所欠费款外，处欠缴费款1倍以上3倍以下的罚款；情节严重的，并可以暂扣许可证；

（六）垄断货源，强行代办服务的，处1万元以上10万元以下的罚款；情节严重的，并可以暂扣或者吊销许可证。

第四十条　当事人对交通运输主管部门的处罚决定不服的，可以向上一级交通运输主管部门申请复议；对上一级交通运输主管部门的复议决定不服的，可以自接到复议决定书之日起15日内向人民法院起诉。当事人期满不起诉又不履行的，交通运输主管部门可以申请人民法院强制执行。

第四十一条　各级航运（务）管理机构的工作人员在工作中应当模范遵守法纪，礼貌待人，秉公办事，如有违反《条例》及本细则规定，侵犯水路运输企业或者其他从事水路运输的单位和个人的合法权益，应当由交通运输主管部门视情节轻重给予行政处分或者经济处罚。

第四十二条　违反《条例》及本细则的规定，应当受治安管理处罚的，由公安机关处理；构成犯罪的，由司法机关依法追究刑事责任。

第六章　附　　则

第四十三条　本细则不适用于国际航线的水路运输和以排筏作为工具的水路运输。但各省交通运输厅（局）可另行制订省内排筏运输管理办法。

水路运输服务业的管理按《中华人民共和国水路运输服务业管理规定》执行。

第四十四条　对水路运输行业管理影响较大的非营业性运输船舶的审批办法，由交通运输部会同有关部门另行规定。

第四十五条　本细则的修改、补充及解释权属于交通运输部。

第四十六条　各省交通运输厅（局）可根据《条例》及本细则的规定制订具体实施办法，报交通运输部备案。

任务四　海运进出口单证

任务描述

熟知各种海运进出口单证，会填写一些重要海运进出口单证。

小讨论：海运进出口单证包括哪些？

知识点

为了保证进出口货物的安全交接，在整个运输过程中需要编制各种单证。

一、海运主要货运单证

1. 托运单（Booking Note，B/N）

托运单俗称下货纸，是托运人根据贸易合同和信用证条款内容填制的，向承运人或其代理办理货物托运的单证。承运人根据托运单内容，并结合船舶的航线、泊靠港、船期和舱位等条件考虑，认为合适后，即接受托运。

2. 装货单（Shipping Order，S/O）

装货单是接受了托运人提出装运申请的船公司，签发给托运人，凭以命令船长将承运货物装船的单据。装货单既可用做装船依据，又是货主凭以向海关办理出口货物申报手续的主要单据之一，所以装货单又称关单，对托运人而言，装货单是办妥货物托运的证明。对船公司或其代理而言，装货单是通知船方接受装运该批货物的指示文件。

3. 收货单（Mates Receipt，M/R）

收货单又称大副收据，是船舶收到货物的收据及货物已经装船的凭证。船上大副根据理货人员在理货单上所签注的日期、件数及舱位，并与装货单进行核对后，签署大副收据。托运人凭大副签署过的大副收据，向承运人或其代理人换取已装船提单。

由于上述三份单据的主要项目基本一致，我国一些主要口岸的做法是将托运单、装货单、收货单、运费通知单等合在一起，制成一份多达九联的单据。各联作用如下：第一联由订舱人留底，用于缮制船务单证。第二、第三联为运费通知联，其中一联留存，另一联随账单向托运人托收运费。第四联装货单经海关加盖放行章后，船方才能收货装船。第五联收货单及第六联由配舱人留底。第七、第八联为配舱回单。第九联是缴纳出口货物港务费申请书。

4. 海运提单（Bill of Lading，B/L）

海运提单是指证明海上运输活动成立，承运人已接管货物或已将货物装船并保证在目的地交付货物的单证。提单是一种货物所有权凭证。提单持有人可据此提取货物，也可凭此向银行押汇，还可在载货船舶到达目的港交货之前进行转让。

5. 装货清单（Loding List，L/L）

装货清单是承运人根据装货单留底，将全船待装货物按目的港和货物性质归类，依航次、靠港顺序排列编制的装货单汇总清单，其内容包括装货单编号、货名、件数、包装形式、毛重、估计尺码及特种货物对装运的要求或注意事项的说明等。装货清单是船上大副编制配载计划的主要依据，又是供现场理货人员进行理货、港方安排驳运、进出库场以及承运人掌握情况的业务单据。

6. 舱单（Manifest，M/F）

舱单是按照货物逐票罗列全船载运货物的汇总清单。它是在货物装船完毕之后，由船公司根据收货单或提单编制的。其主要内容包括货物详细情况，装卸港、提单号、船名、托运人和收货人姓名、标记号码等，此单作为船舶运载所列货物的证明。

7. 货物积载图（Cargo Plan）

货物积载图是按货物实际装舱情况编制的舱图。它是船方进行货物运输、保管和卸货工作的参考资料，也是卸港据以理货、安排泊位、货物进舱的文件。

8. 运费清单（Freight Manifest，F/M）

根据 B/L 副本、M/R 而编制的出口载货运费清单，一般由船代公司编制。

9. 提货单（Delivery Order，D/O）

提货单是收货人凭正本提单或副本提单附随有效的担保向承运人或其代理人换取的、可向港口装卸部门提取货物的凭证。

二、货运单证流程

（1）托运人向船公司在装运港的代理人（也可直接向船公司或其营业所）提出货物装运申请，递交托运单，填写装货单（S/O，九联单）。

（2）船公司同意承运后，其代理人指定船名，核对 S/O 与托运单上内容无误后，签发 S/O，将留底联留下后退还给托运人，要求托运人将货物及时送至指定的码头仓库。

（3）托运人持 S/O 及有关单证向海关办理货物出口报关、验货放行手续，海关在 S/O 上加盖放行章后，货物准予装船出口。

（4）船公司在装货港的代理人根据留底联编年装货清单（L/L）送船舶及理货公司、装卸公司。

（5）大副根据 L/L 编制货物积载计划交代理人分送理货、装卸公司等按计划装船。

（6）托运人将经过检验和检量的货物送至指定的码头仓库准备装船。

（7）货物装船后，理货长将 S/O 交大副，大副核实无误后留下 S/O 并签发收货单（M/R）。

（8）理货长将大副签发的 M/R 转交给托运人。

（9）托运人持 M/R 到船公司在装货港的代理人处付清运费（预付运费情况下）换取正本已装船提单（B/L）。

（10）船公司在装货港的代理人审核无误后，留下 M/R，签发 B/L 给托运人。

（11）托运人持 B/L 及有关单证到议付银行结汇（在信用证支付方式下），取得货款，议付行将 B/L 及有关单证邮寄开证银行。

（12）货物装船完毕后，船公司在港口的代理人编妥舱单（M/F），送船长签字后向海关办理船舶出口手续，并将 M/F 交船随带，船舶开航。

（13）代理公司根据 B/L 副本编制出口载货运费清单（F/M），连同 B/L 副本、M/R 送交船公司结算代收运输，并将卸船港所需的单证邮寄卸货港的代理公司。

（14）卸货港的代理公司接到船舶抵港电报后，通知收货人船舶到港日期，做好提货准备。

（15）收货人到银行付清货款，取回 B/L。

（16）卸货港代理公司根据装货港代理公司寄来的货运单证，编制进口载货清单等卸货单据，约定装卸公司，联系泊位，做好卸货准备工作。

（17）卸货港舶船代理公司办理船舶进口报关手续。

（18）收货人向卸货港代理公司付清应付费用后，以正本提单换取提货单（D/O）。

（19）收货人持 D/O 送海关办理进口报关手续，支付进口关税，海关核准后放行。

（20）收货人持 D/O 到码头仓库提取货物。

三、海运提单

（一）性质与作用

（1）海运提单是承运人或其代理人签发给托运人的承运货物的收据。

（2）海运提单是承运人与托运人之间运输合同的证明，也是处理承托双方权利和义务的主要依据。

（3）海运提单是货物所有权的证件。

（二）种类

1. 按货物是否装船分类

（1）已装船提单（Shipped or Board B/L）：指货物已装上船后签发的提单，凭大副装船后所签收货单签发。在贸易合同中，买方一般要求卖方提供已装船提单，因为已装船提单上有船名和装船日期，对收货人按时收货有保障。

（2）收货待运提单（Received for Shipping B/L）：指承运人虽已收到货物但尚未装船时签发的提单。一般是托运人凭场站收据向承运人所换的。在 L/C 下不能议付。装船后由船公司加注船名日期变成已装船提单。

2. 按运输方式分类

（1）直达提单（Direct B/L）：货物自装货港装船后，中途不经换船直接驶到卸货港卸货而签发的提单。

（2）转船提单（Transhipment B/L）：起运港的载货船舶不直接驶往目的港，须在转船港换装另一船舶运达目的港时所签发的提单。

（3）联运提单（Though B/L）：货物需经两段或两段以上运输运达目的港，而其中有一段必须是海运，如海陆、海空联运或海海联运所签发的提单称为联运提单。所以转船提单实际上也是联运提单的一种。

（4）多式联运提单（Combined Transport B/L，MT B/L）：货物由海上、内河、

铁路、公路、航空等两种或多种运输方式进行联合运输而签发的适用于全程运输的提单。

3. 按提单抬头（收货人）分类

（1）记名提单（Straight B/L）：记名提单在收货人一栏内列明收货人名称，所以又称为收货人抬头提单，这种提单不能用背书方式转让，而货物只能交予列明的收货人。

（2）不记名提单（Bearer B/L）：不记名提单是在提单上不列明收货人名称的提单，谁持有提单，谁就可凭提单向承运人提取货物，承运人交货是凭单不凭人。

（3）指示提单（Order B/L）：指示提单上不列明收货人，可凭背书进行转让的提单。有利于资金的周转，在国际贸易中应用较普遍。在收货人栏中写："凭指示 TO ORDER ＿＿＿"。

指示提单有凭托运人的指示、凭收货人指示和凭进口方银行指示等，则分别需托运人、收货人或进口方银行背书后方可转让或提货。

提单背书（Endorsement）有空白背书和记名背书两种。

空白背书是由背书人（即提单转让人）在提单背面签上背书人单位名称及负责人签章，但不注明被背书人的名称，也无须取得原提单签发人的认可。指示提单一经背书即可转让，意味着背书人确认该提单的所有权转让。

记名背书除同空白背书需由背书人签章外，还要注明被背书人的名称。如被背书人再进行转让，必须再加背书。

4. 按有无批注分类

（1）清洁提单（Clear B/L）：指货物装船时表面状况良好，一般未经加添明显表示货物及/或包装有缺陷批注的提单。在对外贸易中，银行为安全起见，在议付货款时均要求提供清洁提单。

（2）不清洁提单（Unclear B/L）：指承运人在提单上已加注货物及/或包装状况不良或存在缺陷等批注的提单。除非经买方授权，否则银行不接受。

5. 按提单格式分类

（1）全式提单（Long Form B/L）：最常用的既有正面内容又在背面印有承运人与托运人的权利、义务等详细条款的提单。

（2）简式提单：指仅保留全式提单正面的必要内容，而没有背面条款的提单。

6. 按商业习惯分类

（1）过期提单（Stale B/L）：指卖方向当地银行交单结汇的日期与装船开航的日期相距太长，以致银行按正常邮寄提单预计收货人不能在船到达目的港前收到的提单。根据《跟单信用证统一惯例》规定，在提单签发日期后 21 日才向银行提交的提单为过期提单。

（2）倒签提单（Anti-Date B/L）：指承运人应托运人的要求，签发提单的日期早于实际装船日期，以符合信用证对装船日期的规定，便于在该信用证下结汇。

（3）预借提单（Advanced B/L）：指因信用证规定装运日期和议付日期已到，货物因故而未能及时装船，由托运人出具保函，要求承运人签发的已装船提单。若信用证未规定最迟装运日期，银行将不接受表明装运日期迟于信用证的到期日。

（4）顺签提单（Post-Date D/L）：指货物装船完毕后，承运人应托运人的要求，以晚于该票货物实际装船完毕的日期作为签发提单的日期，以符合有关合同关于装船日期的规定。

此外，还有舱面提单（On Deck B/L）或称甲板货提单，指货物装载于船舶露天甲板，并注明"甲板上"字样的提单。

货代提单（House B/L），由货运代理人（无船承运人）签发的提单。货代提单往往是货物从内陆运出并运至内陆时签发的。这种提单从技术上和严格的法律意义上说是缺乏提单效力的。

（三）提单的内容与正确缮制

（1）提单的名称：必须注明"提单"（Bill of Lading）字样。

（2）提单的份数：整套正本提单注有份数。应当按照信用证规定办理，如信用证规定：全套提单（Full Set B/L 或 Complete Set B/L）是指承运人签发提单正本，通常为一份、二份或三份。如信用证要求"2/3 Original B/L"，即指承运人签发提单正本三份，受益人凭全套正本提单其中的第二份办理结汇。

（3）托运人（Shipper）的名称和营业所：此栏填写出口商，信用证没有特殊规定时应填写信用证受益人（Benificiary）的名称和地址，如果信用证要求以第三者为托运人必须按信用证的要求予以缮制。

（4）收货人（Consignee）的名称：收货人的指定关系到提单能否转让，以及货物的归属问题，收货人名称一栏必须按信用证的规定填写。例如，信用证规定提单做成"made out to order"，则打"order"一字；"made out to order of the applicant（申请开证人）"则打"order of ××××（applicant 全名）"、"made out to order of the issuing bank"则打"order of ××××Bank（开证行全名）"，如信用证规定提单直接做成买主（即申请人）或开证行的抬头，则不可再加"order of"两字。

（5）通知方（Notify Party）：须注有符合信用证规定的名称和地址、通信号码等。被通知人即进口方或进口方的代理人。

（6）海运船只（Ocean Vessel）：本栏按实际情况填写承担本次运输货物船舶的名称和航次。若是收妥待运提单，待货物实际装船完毕后记载船名。

（7）装货港（Port of Loading）：本栏填写货物的实际装船的港口名称，即起运港。

（8）卸货港（Port of Discharge）：本栏填写海运承运人终止承运责任的港口名称。

在单式海运即港对港（装货港到卸货港）运输方式下，只须在装货港（Port of Loading），海轮名（Ocean Vessel），及卸货港（Port of Discharge）三栏内正确填写；如在中途转船（Transshipment），转船港（Port of Transshipment）的港名，不能打在卸货港（Port of Bischarge）栏内。需要时，只可在提单的货物栏空间打明"在××

（转船港）转船""with transshipment at ××。"

"港口"（Port）和"地点"（Place）是不同的概念。有些提单印有"收货地点"（Place of Receipt/Taking in Charge）和"交货地点/最后目的地"（Place of Delivery/Final Destination）等栏目，供提单用作"多式联运"（Multimode Transport）或"联合运输"（Combined Transport）运输单据时用。单式海运时不能填注。否则会引起对运输方式究竟是单式海运抑或多式联运的误解。

提单上印有"前期运输由"（Pre Carriage by）栏也为"多式联运"方式所专用，不能作为转船提单时列明第一程海轮名称的栏目。只有作多式联运运输单据时，方在该栏内注明"铁路"、"卡车"、"空运"或"江河"（Rail，Truck，Air，River）等运输方式。

（9）标志和号码（Marks and Nos）：又称唛头，是提单与货物联系的主要纽带，是收货人提货的重要依据，必须按信用证或合同的规定填写。如无唛头规定时可注明："NO MARKS"（N/M）。

（10）包装种类和件数，货名（Number and Kind of Packages，Description of Goods）：此栏按货物是散装货、裸装货和包装货的实际情况填写。

（11）毛重和尺码（Gross Weight and Measurement）：此栏填写各货物的毛重和体积（尺码）。

（12）合计件数（Total Number of Container or Packages）：此栏填写货物的毛重总数和体积总数（必须用大写）。

提单上关于货物的描述不得与商业发票上的货物描述有所不一致，货物件数应按实际包装名称填写。

（13）运费和其他费用（Freight and Charges）：此栏填写运费及额外的附加费用。

（14）运费支付地点（Freight Payable at）：此栏按信用证的规定填写。

（15）签单地点和日期（Place and Date of Issue）：提单签发地为装运港所在城市的名称，签发日期为货物交付承运人或装船完毕的日期。

（16）提单的签发：提单必须由船长或承运人或承运人的代理人签字盖章。

提单正面须列明承运人（CARRIER）的全名及"CARRIER"一词以表明其身份。

若提单正面只列明（或印明）承运人全名为"＊＊＊LINE"，由承运本人签发提单显示：ABC AS CARRIER；提单正面已列明（或印明）承运人全名为"＊＊＊LINE"及"CARRIER"一词以示明其身份，由承运人本人签发提单只显示：ABC；由船长签发提单显示：CAPRAIN ABC AS MASTER；由代理行（FORWARDER）签署提单时，则在签署处必须列明签署人的身份，如 ABC FORWARDING CO as agents for the carrier 或 as agents for/on behalf of the carrier。

提单正面未作如上表示，且由代理行（FORWARDER）签署提单时，则在签署处必须列明签署人的身份。如 ABC FORWARDING CO as agents for ＊＊＊ LINE, the carrier 或 ABC FORWARDING Co. on behalf of ＊＊＊ LINE the carrier。

提单的签发应以收货单（M/R，件杂货）或场站收据（D/R，集装箱）为依据。

（17）提单右上方的 B/L NO. 是承运人或其代理人按承运人接受托运货物的先后次序或按舱位入货的位置，公司内部对提单的编号。

（18）提单有印就"已装船"（"Shipped in apparent good order and condition on board…"）字样的，无须加"装船批注"（"On board notation"）；如有印就"收妥待运"（"Received in apparent good order and condition for shipment…"）字样的则必须再加"装船批注"并加上装船日期。

（19）提单印有"intended vessel"、"intended port of loading"、"intended port of discharge"及/或其他"intended…"等不肯定的描述字样者，则必须加注"装船批注"，其中须把实际装货的船名、装货港口、卸货港口等项目列明，即使和预期（intended）的船名和装卸港口并无变动，也需重复列出。

（20）提单不能有"不洁净"批注（Unclean Clause），即对所承载的该批货物及其包装情况有缺陷现象的批注。

（21）关于转船，根据信用证要求填制。

（22）提单上的任何涂改、更正须加具提单签发者的签章。

（四）提单正面条款

（1）确认条款：上列外表情况良好的货物（另有说明者除外）已装在上列船上并应在上列卸货港或该船所安全到达并保持浮泊的附近地点卸货。[Shipped on board the vessel named above in apparent good order and condition（unless otherwise indicated）the goods or packages specified herein and to be discharged at the above mentioned port of as near thereto as the vessel may safely get and be always afloat.]

（2）不知条款：重量、尺码、标志、号数、品质、内容和价值是托运人所提供的，承运人在装船时并未核对。（The weight，measure，marks，number，quality，contents and value，being particulars furnished by the Shipper，are not checked by the Carrier on loading.）

（3）承诺条款：托运人、收货人和本提单的持有人兹明白表示接受并同意本提单和它背面所载的一切印刷、书写或打印的规定、免责事项和条件。（The Shipper，Consignee and the Holder of this Bill of Lading hereby expressly accept and agree to all printed，written or stamped provision，exceptions and conditions of this Bill of Lading including those on the back hereof.）

（4）签署条款：为证明以上各节，承运人或其代理人已签署本提单一式（ ）份，其中一份经完成提货手续后，其余各份失效。（In witness Where of，the Carrier or his Agents has signed Bills of Loading（ ）all of this tenor and date，one of Which being accomplished，the others to stand void.）

海洋运输费用及外贸价格

一、CIF 价格（Cost Insurance Freight）

CIF 意为成本加保险费加运费。它是指卖方必须支付将货物运至目的港所需的运费等费用，但交货后货物灭失或损坏的风险及由于各种事件造成的额外费用即由卖方转移到买方。此外，卖方还必须办理海运货物保险。根据《2000 年通则》的规定，该术语仅适用于海运和内河运输。如果买卖双方当事人无意越过船舷交货，则应使用 CIP 术语。

1. 买卖双方承担的基本责任

（1）卖方义务：

①签订从指定装运港承运货物的合同。在合同规定的时间和港口，将合同要求的货物装上船并支付至目的港的运费，装船后需及时通知买方。

②承担货物在装运港越过船舷之前的一切费用和风险。

③按照买卖合同的约定，自负费用办理水上运输保险。

④自负风险和费用，取得出口许可证或其他官方批准证件，并办理货物出口所需的一切海关手续。

⑤提交商业发票和在目的港提货所用的通常的运输单据，或相关的电子信息，并且自费向买方提供保险单据。

（2）买方义务：

①接受卖方提供的有关单据，受领货物，并按合同规定支付货款。

②承担货物在装运港越过船舷之后的一切风险。

③自负风险和费用，取得进口许可证或其他官方证件，并且办理货物进口、所需的海关手续，支付相应的进口税。

2. 使用 CIF 时应注意的事项

（1）关于不宜将 CIF 称为到岸价的问题。按 CIF 术语成交，虽然由卖方安排货物运输和办理货运保险，但卖方并不承担保证把货送到约定目的港的义务，因为 CIF 是属于装运港交货的术语，而不是目的港交货的术语，也就是说 CIF 不是"到岸价"。

（2）关于保险的问题。CIF 术语中的"I"表示 Insurance，即保险。从价格构成来讲，这是指保险费，就是说货价中包括了保险费。从卖方的责任讲，他要负责办理货运保险，并需明确保险的险别。那么，应投保什么险别呢？一般的做法是，在签订买卖合同时，在合同的保险条款中，明确规定保险险别、保险金额等内容，这样，卖方就应按合同的规定办理投保。但如果合同中未能就保险险别等问题做出具体规定，那就要根据有关惯例来处理。按照《2000 年通则》对 CIF 的解释，卖方只需投保最低的险别；但在买方要求时，并由买方承担费用的情况下，可加保战争、罢工、暴乱和民变险。卖方投保的保险金额应按 CIF 价加成 10%。

（3）关于核算运费的问题。按 CIF 条件成交时，由于货价构成因素中包括运费，故卖方对外报价时应认真核算运费，把运费因素考虑到货价中去。卖方核算运费时，主要考虑的因素有：运输距离的远近、运价变动的趋势、是否需要转船以及海洋运输经营的方式等。

（4）关于象征性交货问题。从交货方式上来看，CIF 是一种典型的象征性交货（Symbolic Delivery）。所谓象征性交货是针对实际交货（Physical Delivery）而言。前者卖方只要按期在约定地点完成装运，并向买方提交合同规定的，包括物权凭证在内的有关单据，就算完成了交货义务，而无须保证到货。后者则是指卖方要在规定的时间和地点将符合合同规定的货物提交给买方或其指定的人，不能以交单代替交货。

二、FOB 价格 (Free on Board)

装运港船上交货价指卖方在指定的装运港将货物装船越过船舷后，履行其交货义务；买方从货越船舷起承担一切费用以及货物灭失和损坏的一切风险。根据《2000 年通则》的规定，该术语仅适用于海运或者内河运输，如果买卖双方当事人无意越过船舷交货，则应使用 FCA 术语。

1. 买卖双方承担的基本责任

（1）卖方的基本义务：

①办理出口结关手续，并负担货物到装运港船舷为止的一切费用与风险。

②在约定装运期和装运港，按港口惯常办法，把货物装到买方指定的船上，并向买方发出已装船的通知。

③向买方提交约定的各项单证或相关的电子信息。

（2）买方的基本义务：

①按时租妥船舶开往约定的装运港接运货物，支付运费，并将船名和到港装货日期通知卖方。

②承担货物超过装运港船舷后的各种费用以及货物灭失或损坏的一切风险。

③按合同规定，受领交货凭证并支付货款。

2. 使用 FOB 时应注意的事项

（1）关于风险划分问题。一个装运港船舷作为划分买卖双方所承担风险的界限是 FOB、CIF、CFR，这是同其他贸易术语的重要区别之一。"船舷为界"表明货物在装上船之前的风险，均由卖方承担。货物上船之后，包括在运输过程中所发生的货物损坏或灭失，则由买方承担。严格地讲，如果把它作为划分买卖双方承担的责任和费用的界线就不十分确切了，因为装船作业是一个连续过程。如果卖方承担了装船的责任，他必须完成上述作业，而不可能在船舷办理交接。因此，在实际业务中，卖方往往根据合同规定或者按双方确立的习惯做法，负责把货物在装运港装到船上，并提供清洁的已装船提单。

（2）关于装船衔接问题。由于 FOB 条件下是由买方负责安排运输工具，即租船订舱，所以这就存在一个船货衔接问题。根据有关法律和惯例，如果买方未能按时派船，这包括未经对方同意提前将船派到或延迟派到装运港，卖方都有权拒绝交货，而且由此产生的各种损失，如空船费、滞期费以及仓储费等，均由买方负责。如果买方指派的船只按时到达装运港，而卖方却未来能备货，那么，由此产生的上述费用则由卖方承担。有时双方按 FOB 价格成交，但买方又委托卖方办理租船订舱，卖方也可酌情接受，但这属于代办性质，其风险和费用仍由买方负责。总之，买卖双方要加强联系，密切配合，保证船货衔接。

（3）关于装船费用的负担问题。为了说明装船费用的负担问题，买卖双方往往在 FOB 术语后加列附加条件，这就形成了 FOB 变形。它们主要有：

①FOB Liner Term（班轮条件）。它指装船费用按照班轮的做法来办，即卖方不负担装船的有关费用。

②FOB Under Tackle（吊钩下交货）。它指卖方将货物交到买方指定船只的吊钩所及之处，即吊装入舱以及其他各项费用概由买方负担。

③FOB Stowed（理舱费在内）。它指卖方负责将货物装入船舱，并承担包括理舱费在内的装船费用。该变形通常用于大宗的打包货物或者以件计量的货物。

④FOB Trimmed（平舱费在内）。它指卖方负责将货物装入船舱，并承担包括平舱费在内的装船费用。该变形主要用于大宗的散装货物。

值得注意的是，FOB 的上述变形只是为了表明装船费用由谁来负担问题而产生的，它们并不改变 FOB 的交货地点以及风险划分的界限。

三、CFR 价格（Cost and Freight）

成本加运费是指卖方必须支付成本费和将货物运至指定的目的港所需的运费，但货物灭失或损坏的风险以及货物装船后发生的事件所产生的任何额外费用，自货物在装运港越过船舷时起，即由卖方承担转由买方承坦。

CFR 意为成本加运费。它是指卖方在装运港将货物越过船舷，并支付将货物运至指定目的港所需的运费，算完成交货任务。而买方则承担交货后货物灭失或损坏的风险，以及由于各种事件造成的任何额外费用。根据《2000 年通则》的规定，该术语仅适用于海运和内河运输。如买卖双方当事人无意越过船舷交货，则应使用 CPT 术语。

1. 买卖双方承担的基本责任

（1）卖方的基本义务：

①提供合同规定的货物，负责租船订舱和支付运费，按时在装运港装船，并于船后向买方发出已装船的通知。

②办理出口结关手续，并承担货物在装运港到达船舷为止的一切风险，以及在装运港将货物交至船上的费用。

③按合同规定提供有关单证或相关的电子信息。

（2）买方的基本义务：

①承担货物在装运港越过船舷时引起的货物灭失或损坏的风险，以及货物装船后发生的事件所引起的额外费用。

②在合同规定的目的港受领货物，并办理进口结关手续和缴纳进口税。

③受领卖方提供的各项单证，并按合同规定支付货款。

2. 使用 CFR 时应注意的事项

（1）关于风险承担问题。按 CFR 术语成交，在货价构成因素中，包括自装运港至目的港的通常运费，也就是说，主要运费已付，故卖方要负责签订运输合同和安排运送货物，但由于它同 FOB 术语一样也用于装运港交货，货物风险的划分，也以装运港船舷为界；故货物中途灭失或损坏的风险以及货物装船后中途发生的事件产生的任何额外费用，该由买方承担。

（2）关于卸货费用的负担问题。大宗商品按 CFR 条件成交，容易在卸货费用问题上引起争议。为了明确责任和避免引起纠纷，买卖双方商订合同时可在 CFR 术语后附加下列短语，以表明卸货费由谁来负担的具体条件：

①CFR Liner Term（班轮条件）。它是指卸货费用按照班轮的做法来办，就是说，买方不负担卸货费，而由卖方或船方负担。

②CFR Landed（卸至岸上）；它是指由卖方承担将货物卸到码头上的各项有关费用，包括驳船费和码头费。

③CFR Ex Ship's Hold（舱底交接）。它是指货物运达目的港后，自船舱底起吊直至卸到码头的卸货费用，均由买方承担。

CFR 的变形也只是说明卸货费用的负担问题，其本身并不改变 CFR 的交货地点和风险划分的界限。

（3）关于装船通知的问题。按照 CFR 术语成交，需要特别注意的问题是，卖方在货物装船之后必须及时向买主发出装船通知，以便买方办理投保手续，即如果货物在运输途中遭受损坏或灭失，由于卖方未发出装船通知而被买方漏保，那么卖方不能以风险在船舷转移为由免除责任。由此可见，尽管 FOB 和 CIF 条件下，卖方装船后也应向买方发出通知，但 CFR 条件下的装船通知却具有更为重要的意义。

四、FCA 价格（Free Carrier）

FCA 意为货交承运人。它是指卖方只要将货物在指定的地点交给买方指定的承运人，并办理出口清关手续，就算完成交货义务。该术语可用于各种运输方式，包括多式联运。

需要说明的是，根据《2000 年通则》的规定，交货地点的选择对于在该地点装货和卸货的义务会产生影响。若卖方在其所在地交货，则卖方应负责装货；若卖方在任何其他地点交货，卖方则不负责卸货。

1. 买卖双方承担的基本责任

（1）卖方的基本义务：

①办理出口结关手续，在指定地点按约定日期将货物交给买方指定的承运人，并

给予买方货物已交付的通知。

②承担货物交给承运人以前的一切费用和风险。

③向买方提供约定的单据或相关的电子信息。

(2) 买方的基本义务：

①自负费用签订自指定地点承运货物的合同，并将承运人名称及时通知卖方。

②从卖方交付货物时起，承担货物灭失或损坏的一切风险。

③按合同规定受领交货凭证或相关的电子信息，并按合同规定支付货款。

2. 使用 FCA 时应注意的事项

关于交货地点的问题。根据《2000 年通则》的规定，卖方必须在指定的交货地点，在约定的交货日期或期限内，将货物交付给买方指定的承运人或其他人，或由卖方选定的承运人或其他人，而交货在以下时候才算完成。

(1) 若指定的地点是卖方所在地，则当货物被装上买方指定的承运人，或代表买方的其他人提供的运输工具时。

(2) 若指定的地点不是卖方所在地，而是其他任何地点，则当货物在卖方的运输工具上，尚未卸货而交给买方指定的承运人或其他人，或由卖方选定的承运人或其他人的处置时。

(3) 若在指定的地点没有约定具体的交货点，且有几个具体的交货点可供选择时，卖方可以在指定的地点选择最适合其目的的交货点时。

五、CPT 价格 (Carriage Paid to)

CPT 意为运费付至。它是指卖方向其指定的承运人交货，并需支付将货物运至目的地的运费，而买方承担交货之后的一切风险和其他费用。根据《2000 年通则》的规定，该术语可适用于各种运输方式，包括多式联运。如果买卖双方使用接运的承运人将货物运至约定目的地，则风险自货物交给第一承运人时转移。

1. 买卖双方承担的基本责任

(1) 卖方的基本义务：

①办理出口结关手续，自费订立运输合同，按期将货物交给承运人，以运至指定目的地，并向买方发出货物已交付的充分通知。

②承担货物交付承运人以前的一切费用和货物灭失与损坏的一切风险，以及从装运地至目的地的通常运费。

③向买方提交约定的单证或相关的电子信息。

(2) 买方的基本义务：

①从卖方交付货物时起，承担货物灭失和损害的一切风险。

②支付除通常运费之外的有关货物在运输途中所产生的各项费用和卸货费。

③在目的地从承运人那里受领货物，并按合同规定受领单据和支付货款。

2. 使用 CPT 应注意的事项

(1) 关于风险划分界限的问题。CPT 的字面意思是运费付至指定目的地。然而卖方风险并没有延伸到指定目的地，因为根据《2000年通则》的解释，货物自交货地点运至目的地的运输途中的风险是由买方承担，卖方只承担货物交给了承运人控制之前的风险。在多式联运情况下，涉及两个人以上的承运人，卖方承担的风险自货物交给第一承运人控制时即转移给买方。

（2）关于CPT和CFR差异的问题。从上述解释中可以看出，CPT和CFR有许多相似之处，如分别按这两种术语成交，货价构成因素都包括运费，故卖方都要负责安排运输，将货物运往约定目的地，而货物在运输途中的风险都由买方承担，它们都属装运地交货的术语，按这两种术语签订的合同都属装运合同。但这两种术语也有不同之处，如CFR仅适用于水上运输方式，而CPT则适用于包括多式联运在内的任何运输方式，此外，在交货的具体地点、费用和风险划分的具体界限以及运用的单据等方面也存在着差异。

六、CIP 价格 （Carriage and Insurance Paid to）

CIP意为运费、保险费付至。它是指卖方向其指定的承运人交货，并需支付将货物运至目的地的运费，办理买方货物在运输途中灭失或损坏风险的保险和支付保险费，而买方承担卖方交货之后的一切风险和额外费用。根据《2000年通则》的规定，该术语可适用各种运输方式，包括多式联运。如果买卖双方委托承运人将货物运至约定的目的地，则风险自货物交给第一承运人时起转移。买卖双方承担的基本责任如下。

（1）卖方的基本义务：

①办理出口结关手续，自费订立运输合同和保险合同，按期将货物交给承运人；以运至指定目的地；并向买方发出货物已交付的通知。

②承担货物交付承运人以前的一切费用和货物灭失与损坏的一切风险。

③向买方提交约定的单证或相关的电子信息。

（2）买方的基本义务：

①从卖方交付货物时起，承担货物灭失和损坏的一切风险。

②支付除通常运费之外的有关货物在运输途中所产生的各项费用和卸货费。

③在目的地从承运人那里受领货物，并按合同规定受领单据和支付货款。

任务五　水路货运运输费用计算

任务描述

掌握水路运输费用计收标准，会进行具体运费的核算。

小讨论：班轮基本运费的计收标准有哪些？

知识点

一、班轮运费的计算

（一）杂货班轮运费的计算

1. 构成

班轮公司运输货物所收取的运输费用，是按照班轮运价表的规定计收的。班轮运价表一般包括说明及有关规定、货物分级表、航线费率表、附加费表、冷藏货及活牲畜费率表等。目前，我国海洋班轮运输公司使用的"等级运价表"，即将承运的货物分成若干等级，每个等级的货物有一个基本费率，称为"等级费率表"。

班轮运费包括基本运费和附加费两部分，前者是指货物从装运港到卸货港所应收取的基本运费，它是构成全程运费的主要部分；后者是指对一些需要特殊处理货物，或者突然事件的发生或客观情况变化等原因而需另外加收的费用。

2. 基本港与非基本港

基本港是指港口设备较好，货运量大，班轮公司按期泊靠的港口。运往基本港的货物，均按基本费率收取运费。非基本港指班轮公司不常泊靠的港口，去该港货物要加收附加费。

3. 基本运费按班轮运价表规定的计收标准计收

在班轮运价表中，根据不同的商品，班轮运费的计算标准通常采用下列几种：

（1）按货物毛重（重量吨）计收运价表内用"W"表示。按此计算的基本运费等于计重货物的运费吨乘以运费率。

（2）按货物的体积（尺码吨）计收运价表中用"M"表示。按此法计算的基本运费等于容积货物的运费吨乘以运费率。

上述计费的重量吨和尺码吨统称为运费吨，又称计费吨，按照国际惯例，容积货物是指每公吨的体积大于 1.1328 立方米（40 立方英尺）的货物；而我国的远洋运输运价表中则将每公吨的体积大于 1 立方米的货物定为容积货物。

（3）按毛重或体积计收，由船公司选择其中收费较高的作为计费吨，运价表中以"W/M"表示。

（4）按货物价格计收，又称为从价运费。运价费内用"A·V"表示。从价运费一般按货物的 FOB 价格的一定百分比收取。按此法计算的基本运费等于资物的离岸价格（FOB）乘以从价费率，一般为 1%～5%。

（5）在货物重量、尺码或价值三者中选择最高的一种计收，运价表中用"W/M or ad. val."表示。

（6）按货物重量或尺码最高者，再加上从价运费计收。运价表中以"W/M plus ad. val."表示。

（7）按每件货物作为一个计费单位收费，如活牲畜按"每头"（Per Head），车辆按"每辆"（Per Unit）收费。

（8）临时议定价格，即由货主和船公司临时协商议定。此类货物通常是低价的货物或特大型的机器等。在运价表中此类货物以"Open"表示。

4. 附加费

在基本运费的基础上，加收一定百分比；或者是按每运费吨加收一个绝对值计算。在班轮运输中，常见的附加费有下列几种：

（1）超重附加费（Heavy Lift Additional）。货物单件重量超过一定限度而加收的费用。

（2）超长附加费（Long Length Additional）。单件货物长度超过规定长度而加收的费用。

各班轮对超重或超长货物的规定不一。我国中远公司规定每件货物达到5吨或9米以上时，加收超重或超长附加费。超重货一般以吨计收，超长货按运费吨计收。无论是超重、超长或超大件，托运时都须注明。如船舶需转船，每转船一次，加收一次附加费。

（3）选卸附加费（Optional Surcharge）。指装货时尚不能确定卸货港，要求在预先提出的两个或两个以上港口中选择一港卸货，船方因此而加收的附加费。所选港口限定为该航次规定的卸货港，并按所选港中收费最高者计算各种附加费。货主必须在船舶抵达第一选卸港前（一般规定为24小时或48小时）向船方宣布最后确定的卸货港。

（4）转船附加费（Transshipment Surcharge）。凡运往非基本港的货物，需转船运往目的港，船舶所收取的附加费，其中包括转船费（包括换装费、仓储费）和二程运费。但有的船公司不收此项附加费，而是分别另收转船费和二程运费，这样收取一程、二程运费再加转船费，即通常所谓的"三道价"。

（5）直航附加费（Direct Additional）。非运往非基本港的货物达到一定的数量，船公司可安排直航该港而不转船时所加收的附加费。一般直航附加费比转船附加费低。

（6）港口附加费（Port Additional or Port Surcharge）。指船舶需要进入港口条件较差、装卸效率较低或港口船舶费用较高的港口及其他原因而向货方增收的附加费。

（7）港口拥挤附加费（Port Congrestion Surcharge）。有些港口由于拥挤，致使船舶停泊时间增加而加收的附加费。该项附加费随港口条件改善或恶化而变化。

（8）燃油附加费（Bunker Surcharge or Bunker Adjustment Factor，B. A. F）。指因燃油价格上涨而加收一绝对数或按基本运价的一定百分数加收的附加费。

（9）货币贬值附加费（Devaluation Surcharge or Carrency Adjustment Factor，C. A. F）。在货币贬值时，船方为保持其实际收入不致减少，按基本运价的一定百分数加收的附加费。

（10）绕航附加费（Deviation Surcharge）。指因战争、运河关闭、航道阻塞等原因造成正常航道受阻，必须临时绕航才能将货物送达目的港需增加的附加费。

除以上各种附加费外，还有一些附加费需船货双方议定。如洗舱费、熏舱费、破冰费、加温费等，各种附加费是对基本运价的调节和补充，可灵活地对各种外界不测因素的变化作出反应，是班轮运价的重要组成部分。

附加费的计算一般有两种规定：一是以基本运费率的百分比表示；二是用绝对数字表示，取每运费吨增收若干元。

根据一般费率表规定：不同的商品如混装在一个包装内（集装箱除外），则全部货物按其中收费高的商品计收运费。同一种货物因包装不同而计费标准不同，但托运时如未申明具体包装形式时，全部货物均要按运价高的包装计收运费。同一提单内有两种以上不同计价标准的货物，托运时如未分列货名和数量时，计价标准和运价全部要按高者计算。这是在包装和托运时应该注意的。

5. 班轮运费的计算公式

（1）班轮运费的具体计算方法：先根据货物的英文名称，从货物分级表中，查出有关货物的计算等级及其计算标准；然后再从航线费率表中查出有关货物的基本费率；最后加上各项需支付的附加费率，所得的总和就是有关货物的单位运费（每重量吨或每尺码吨的运费），再乘以计费重量吨或尺码吨，即得该批货物的运费总额。如果是从价运费，则按规定的百分率乘 FOB 货值即可。

（2）计算公式：

$$F = F_b + \sum S$$

其中：F——运费总额；

F_b——基本运费；

S——某一项附加费。

基本运费是所运货物的数量（重量或体积）与规定的基本费率的乘积。即：

$$F_b = f \times Q$$

其中：f——基本费率；

Q——货运量（运费吨）。

附加费是指各项附加费的总和。在多数情况下，附加费按基本运费的一定百分比计算，其公式为：

$$\sum S = (S_1 + S_2 + \cdots + S_n) \times F_b = (S_1 + S_2 + \cdots + S_n) \times f \times Q$$

其中 S_1、S_2、$S_3 \cdots S_n$ 为各项附加费，用 F_b 的百分数表示。

【例】 上海运往肯尼亚蒙巴萨港口"门锁"（小五金）一批计 100 箱。每箱体积为 20 厘米×30 厘米×40 厘米。每箱重量为 25 千克。当时燃油附加费为 40％。蒙巴萨港口拥挤附加费为 10％。

计算方法为：

（1）查阅货物分级表。门锁属于小五金类，其计收标准为 W/M，等级为 10 级。

（2）计算货物的体积和重量。

100 箱的体积为：（20 厘米×30 厘米×40 厘米）×100×10＝2.4（立方米）

100 箱的重量为：25×100 箱＝2.5（公吨）

由于 2.4 立方米的计费吨小于 2.5 公吨，因此计收标准为重量。

（3）查阅"中国—东非航线等级费率表（如表 3-1 所示）"，10 级费率为 443 港元，则基本运费为：

443×2.5＝1107.5（港元）

表 3-1　　　　　　　　　　中国—东非航线等级费率　　　　　　　　港币：元

货　名	计算标准	等级（Class）	费率（Rate）
农业机械	W/M	9	404.00
棉布及棉织品	M	10	443.00
小五金及工具	W/M	10	443.00
玩具	M	20	1120.00

基本港口：路易港（毛里求斯）、达累斯萨拉姆（坦桑尼亚）、蒙巴萨（肯尼亚）等

（4）附加运费为：

1107.5×（40%＋10%）＝553.75（港元）

（5）上海运往肯尼亚蒙巴萨港 100 箱门锁，其应付运费为：

1107.50＋553.75＝1661.25（港元）

（二）集装箱班轮运费的计算

基本上分为两个大类，一类是沿用件杂货运费计算方法，即以每运费吨为单位（俗称散货价）；另一类是以集装箱为计费单位（俗称包箱价）。

1. 件杂货基本费率加附加费

（1）基本费率。参照传统件杂货运价，以运费吨为计算单位，多数航线上采用等级费率。

（2）附加费。除传统杂货所收的常规附加费外，还要加收一些与集装箱货物运输有关的附加费。

2. 包箱费率（Box Rate）

这种费率以集装箱为计费单位，常用于集装箱交货的情况，即 CFS-CY 或 CY-CY 条款，常见的包箱费率有以下三种表现形式：

（1）FAK 包箱费率（Freight for All Kinds），即对每一集装箱不细分箱内货类，不计货量（在重要限额之内）统一收取的运价。

（2）FCS 包箱费率（Freight for Class），按不同货物等级制定的包箱费率，集装箱普通货物的等级划分与杂货运输分法一样，仍是 1～20 级，但是集装箱货物的费率差远小于杂货费率级差，一般低级的集装箱收费高于传统运输，高价货集装箱低于传统运输；同一等级的货物，重货集装箱运价高于体积货运价。在这种费率下，拼箱货运费计算与传统运输一样，根据货物名称查得等级，计算标准，然后去核查相应的费率，乘以运费吨，即得运费。

（3）FCB 包箱费率（Freight for Class or Basis），这是按不同货物等级或货类以及计算标准制订的费率。

二、不定期船运费或租金的计算方法

1. 不定期船运费计算方法

凡供需双方签订运输合同的不定期船，不论是包舱运输航次租船、整船运输的程租船或期租船，通常是按照船舶的全部或一部分舱位及运费率收取一笔包租运费，也称为整笔运费。即航次租船运费等于船舶（或某舱）的承载能力乘以合同所定的运费率。船舶承载能力是指航次最大载货量，应结合航次条件及所运货载确定。当货物的积载因数（每吨货物所占的体积）小于舱容系数（每一净载重号所占的舱容）时，即货物属轻泡货，最大载货量等于货舱总容积除以货物平均积载因数（此时满舱不满载）。按船舶装载能力计算运费的方法，即使实际装船的数量少于承载能力，即所谓出现亏舱时，托运人仍须悉数支付全部运费，不会退还因短装所造成的"亏舱费"。但是，有些情况下"亏舱费"也可以按协商或规定托运人负担其中的一部分。

另外，还有一种不指明特定船舶的不定期船运输，则按合同所定的货吨乘以合同所定的运费率计算运费。

2. 不定期船的租金计算方法

凡供需双方签订租船合同的期租船，不论租船的长短，租金等于每载重吨每日租金率乘以船舶夏季总载重量再乘以合同租期。在不定期船运费构成中，除了上述的基本运费或租金以外，在合同中还应明确地写明有关费用（如装卸费）由谁承担的条款和有关佣金计算及支付办法的条款。

3. 程租船运输费用

程租船费用主要包括程租船运费和装卸费，另外还有装卸时间、滞期费和速遣费等。

（1）程租船运费指货物从装运港至目的港的海上基本运费。计算方法有按运费率、整船包价两种。

（2）装卸费，规定装卸费由租船人还是船东承担的方法。

①船方负担装卸费用（Gross/Liner/Berth Terms）。

②船方管装不管卸（F. O.）。

③船方管卸不管装（F. I.）。

④船方不管装和卸（F. I. O.）。

⑤船方不管装、卸和平舱费（F. I. O. S. T.）。

（3）装卸时间、滞期费和速遣费：

装卸时间（装卸期限）指租船人承诺在一定期限内完成装卸作业，它是程租船合同的一项重要内容。

计算方法：

①按日或连续日或时。

②按工作日（通常标明节假日除外）。

③按晴天工作日。

④连续 24 小时晴天工作日。

滞期费（demurrage）是指在规定的装卸期间内，如果租船人未能完成装卸作业，为了弥补船方的损失，对超过的时间租船人应向船方支付一定的罚款。

速遣费（despatch money）是指如果租船人在规定的装卸期限内，提前完成装卸作业，则所节省的时间船方要向租船人支付一定的奖金（相同的时间下，速遣费一般为滞期费的一半）。

注意：装卸时间、滞期费和速遣费一定是在程租船的运输方式下才采用的。在班轮运输方式下，不需要这三方面的规定；负责运输的进出口商与船方订立租船合同时，必须注意租船合同与进出口合同有关装运时间的一致性。

知识拓展

水路运输价格情况调查与分析
——垄断行业价格管理探索之六

为全面了解水运行业基本情况，积极推动价格改革，我们组织对全国水运市场价格情况进行了调查。现将调查结果整理如下，供大家参考。

一、水路运输市场

（一）水路运输体系

按航行区域划分，水路运输通常分为远洋运输、沿海运输和内河运输。远洋及沿海运输具有成本低、运量大的特点，适合于大宗货物的运送，目前我国已与全球 80 多个国家（地区）的 200 多个港口开通了班轮航线，每月有 6000 多个航班进出我国港口。我国内河水运资源也非常丰富，流域面积在 100 平方千米以上的河流有 5 万多条，总长 43 万千米。经过多年的改造和建设，目前内河航道通航总里程已达到 12 万千米，初步形成了以长江、珠江、淮河、黑龙江四大水系为骨干的内河航运体系，并通过京杭运河沟通了长江水系与淮河水系的航运。除四大水系外，全国还有大小湖泊 900 多个，这些都为我国发展内河航运提供了优越的自然条件。

（二）水路运输市场进入和退出

在长期计划经济条件下，我国对水路运输市场准入采取严格的审批制度。随着运输市场的不断开放，目前我国对水运市场进入和退出制度已进行了重大改革。根据《中华人民共和国国际海运条例》规定，经营国际船舶运输业务，应当报经国务院交通主管部门批准，取得《国际船舶运输经营许可证》，但取得许可证后，增加或减少船舶运力或终止经营，不再需要审批，只需提前 15 日报国务院交通主管部门备案。

对于国内运输船舶市场准入，目前除客船和危险品船舶准入继续实行审批外，普通货船市场准入已由审批制改为登记制。在管理职责上，采取分级管理方式。其中，从事跨省运输船舶的准入由交通部审批或登记；从事省内运输船舶的准入由所在省交通主管部门审批或登记。

为保证水上安全，2001 年原交通部颁布实施了《老旧运输船舶管理规定》，对不同船舶都规定了强制报废船龄，时间从 25 年到 35 年不等，凡达到强制报废船龄的运输船舶，一律实施强制报废制度。

（三）水运市场竞争

从调查情况看，水运市场已形成多种经济成分竞争的格局。据初步统计，目前全国沿海航运企业有近 1000 家，内河航运企业近 4000 家，个体水运经营者数万个，从事国内运输的中外合资水运企业超过 70 家。由于船舶运力总体过剩，市场竞争激烈，运价水平持续走低。据广西自治区反映，1992 年该区水路货运价格为每吨公里 0.12元，2003 年降到每吨公里不足 0.06 元。海南省也反映，近年来，随着燃料价格、修理费用、人工费用的大幅攀升，运输成本不断增加，而运价水平却持续下跌，使该省许多水运企业纷纷破产倒闭，特别是国有中小水运企业，几乎丧失殆尽。

水运企业还面临着铁路、公路等其他运输方式强大的竞争压力，特别是水路客运业务更是全面萎缩。据交通部统计，2003 年全国水路完成客运量 17142 万人，比 2002年下降 8.3%，水路客运量占全社会客运量的比重只有 1.08%。

（四）水路运输的地位和作用

如前所述，随着运输市场的发展，水路旅客运输已逐年萎缩，部分区域水路长途客运已退出运输市场，只发展短途和旅游运输，但水路货运在促进国民经济和对外贸易发展方面仍发挥着重要作用。水路货运特别是国际海运由于运量大、成本低，在与其他运输方式的竞争中具有一定优势。2003 年水路运输完成货物周转量 32275 亿吨公里，占同期货物周转总量的 56%。特别是对于海南、江苏等水系发达省份，水运的地位更是举足轻重。

为适应当地经济发展需要，加快综合运输体系建设，目前一些省份还提出要大力发展水运业，提升水运业的竞争地位。浙江省计划实施"水运强省工程"，在今后 4 年时间内，投资 315 亿元发展水运业；湖南省计划投资 230 亿元，花 20 年的时间，建成以洞庭湖为中心的通江达海的现代化内河航运体系，实现省内 300 吨级以上船舶或船队的直达运输；重庆市提出要抓住长江三峡工程蓄水通航的机遇，在 2010 年前把重庆建成长江上游航运中心。

二、水运价格

(一) 水运价格的管理

按运输对象不同，水运价格分为水路客运价格和水路货运价格；按航行区域划分，水运价格又分为远洋运输价格、沿海运输价格和内河运输价格。

按照国际海上运输市场的要求和国际惯例，我国在 20 世纪 80 年代初就放开了远洋运输价格，实行由市场形成价格的机制。从 1996 年起，我国开始试行并逐步建立集装箱班轮运价报备制度。根据 2002 年 1 月 1 日颁布实施的《中华人民共和国海运条例》规定，国际班轮运输的公布运价和协议运价，应当分别在执行前 30 日和 24 小时按照规定格式向交通部指定的专门机构备案（目前交通部指定上海航运交易所具体承担备案工作）。为及时反映水运市场运价变化情况，1998 年交通部委托上海航运交易所首次编制并发布了中国出口集装箱运价指数（CCFI），此后每周发布一次，目前已成功运作 12 年。

在长期计划经济条件下，我国对沿海和内河运输价格一直实行政府定价。其中，中央直属水运企业运价由国务院价格主管部门会同交通主管部门制定；地方水运运价由地方政府价格主管部门参照中央的标准制定。为适应水运市场发展需要，1993 年，交通部、原国家物价局联合下发通知，将交通部直属水运企业客货运输价格统一改为政府指导价。由于市场竞争激烈，从 1994 年起，除军运、抢险救灾运输和原油特许经营运输尚能按照国家规定的指导价标准执行外，其他货类水运价格实际上已实行市场调节价。针对这种状况，2001 年 5 月 1 日，经国务院批准，除涉及军费开支和财政直接支出的军事运输和抢险救灾运输价格继续实行政府定价外，其他水运价格全部放开。参照远洋运输的做法，目前交通部也委托上海航运交易所定期编制并发布国内沿海散货运价指数。

(二) 存在的问题

(1) 法律法规不健全。我国水运市场开放较早，与此相比，水运市场法律法规建设却显得相对滞后。目前，我国在国内水运市场管理方面还未颁布一部行政法规。在国际航运市场管理方面，虽然于 2002 年 1 月 1 日颁布实施了《中华人民共和国海运条例》（以下简称《条例》），但由于《条例》规定的原则性较强，而相应的配套规定又没有及时出台，也影响了其实施效果。2001 年 12 月，有关国际班轮公会组织联合宣布，在同一时间、以同一标准向中国货主收取码头作业费。

(2) 部分水域由于多种原因，难以形成有效竞争，运价放开后，带来较大负面影响。从调查情况看，2001 年 5 月 1 日水运价格放开后，运价水平总体保持稳定，未出现大起大落现象。但部分省份也反映了一些问题，海南省、广东省考虑到滚装运输的特殊性，为保证水上安全，目前对在琼州海峡从事水上运输的船舶实行严格的准入制度，船舶投入运营必须经两省琼州海峡管理办公室审核，平衡两省运力及利益，并经两省交通厅会审后报交通部批准。由于市场准入的门槛较高，难以形成有效竞争，目前存在的运价完全放开和运力严格管理的矛盾比较突出。浙江省反映，该省岛屿众多，特别是舟山市共有90多个岛屿，作为出行的唯一交通工具，渔民的日常生活离不开渡轮。由于大部分岛屿面积较小，人口不多，营运成本较高，社会企业不愿参与经营，难以形成竞争。目前由舟山市轮渡公司独家经营，市政府每年还要给予一定的财政补贴。在此情况下，完全放开运价，势必引起价格的上涨，不利于社会稳定。黑龙江省也反映，受自然条件限制，航行黑龙江水系的船舶每年几乎有一半时间停航。由于运营时间短、运营成本高，价格放开后，波动较大，社会各方面反映强烈。

（3）部分地区市场价格秩序混乱，船舶超载严重，不仅影响水上运输安全，也不利于水运业的健康发展。水运市场开放初期，由于国家对市场运力缺乏有效调控，在"有路大家走、有水大家行"的思想指导下，在短期内水运市场运力出现较大幅度增长，造成水运市场运力供大于求的矛盾比较突出。由于我国水运市场退出机制不健全，而船舶造价又很高，一些船公司为争抢货源，不惜采取杀价竞争手段，不仅造成水运价格持续下跌，企业经营亏损，也严重扰乱了市场价格秩序。运价偏低还造成目前船舶超载问题比较突出，不利于保证水上交通安全。据交通运输部统计，内河船舶事故中超载船舶占一半以上，有些地区甚至超过70%。

（三）各地水运价格管理实践

针对水运价格完全放开后出现的问题，部分省份结合当地实际，在加强水运市场监管、规范水运企业价格行为方面进行了一些积极的探索和实践。

浙江省考虑舟山群岛水运市场仍处于垄断经营的实际情况和轮渡运输公益性的特点，于2002年将舟山群岛轮渡价格作为城市公共交通价格管理的一部分列入《浙江省定价目录》。从两年来的实践看，取得了较好的效果。但浙江省也反映，舟山海峡渡轮连接舟山和宁波两个城市，将类似这样的渡轮价格作为城市公共交通价格来管理，严格意义上说是不符合原国家计委、交通部联合下发的关于全面放开水运价格通知要求的。

海南省通过加强与广东省的沟通与协调，共同做好琼州海峡运价管理工作。2002年两省联合下发了《琼州海峡货物运输价格管理规则》和《琼州海峡旅客票价管理规则》，对琼州海峡客、货运输价格实行了事前备案管理。同时区别情况，对省内垄断经营的渡轮客运票价及对全省旅游业有影响的客运价格实行政府定价或政府指导价。2004年春运期间，又对海口至海安、海口至北海航线客运价格实行政府指导价，维护了春运市场价格秩序。

黑龙江省强化对水运价格事前备案管理，要求水运企业在制定或调整运价前需报政府价格主管部门备案。对于运价水平明显不合理，或一次涨价幅度过大的，政府价格主管部门有权进行干预。湖北省结合水运价格改革，重点加强对明码标价的管理，目前水路客运价格在各主要客运站均实行了明码标价。江苏省配合全省公路计重收费，目前正在研究对长江汽车渡轮也实施计重收费。

三、几点建议

1. 进一步完善水运业发展相关的法律法规

要适应我国市场经济发展和水运市场不断开放的要求，尽快研究建立既具有中国特色，又体现行业特点的水运业法律法规体系，促进统一开放、竞争有序的水运市场形成，不断提高我国水运业的国际竞争力和其在综合运输体系中的地位与作用。针对集装箱码头操作费调查中发现的问题，近期要抓紧制定加强对班轮公会等垄断组织管理的规定，严格限制班轮公会等垄断组织通过集体定价等形式，削弱正常的价格竞争，损害广大货主利益，促进我国对外贸易持续快速健康发展。

2. 继续加强对部分特殊水域的运价管理

为保护公共利益，建议对琼州海峡、舟山群岛等部分尚未形成有效竞争的水域价格继续实行必要的管理，由国家发改委会同交通部制定政府指导价，或由相关省价格部门会同交通部门进行管理。待这些水域形成有效竞争后，再完全放开价格。

3. 进一步规范水运市场价格秩序，创造良好的市场环境

要引导水运企业规范竞争行为，严禁水运企业以任何借口、采取任何方式搞低价倾销，扰乱市场秩序。要加大对船舶超载运输和水上"三乱"治理的力度，坚决取消省以下各级政府和部门批准的涉及向水运企业收取的各种收费项目。对于符合规定允许保留的收费项目，标准过高的，要坚决降下来。要通过清理整顿，进一步减轻水运企业负担，增强水运企业的市场竞争能力，为水运事业持续发展创造一个相对宽松的市场环境。

4. 继续加强对水运市场运力的宏观调控

在投资、消费、出口三大因素增长的推动下，2004年以来，水路运输形势一直保持旺盛态势。由于资源增加，各航运企业总体上运力偏紧，航运企业投资造船、购船的积极性空前高涨，新一轮增加运力的热潮正在掀起。为防止出现新的运力过剩，政府应继续运用经济、技术、法律和必要的行政手段，加强运力调控。要通过制定和推行船型标准化、建立船舶更新改造专项补贴基金、建立船龄标准与船舶技术标准相结合的老旧船舶市场准入和退出制度、推行沿海主要运力投入的招标制度等措施，优化运力结构，提高船舶技术水平。

案例导读

海上货物运输纠纷案例

案例简介：A进出口公司曾就一批进口大米在B保险公司投保货物运输一切险。保险单背面印备的海洋运输货物保险条款规定的"一切险"保险责任范围为："除包括上列平安险和水渍险的各项责任外，本保险还负责被保险货物在运输途中由于外来原因所致的全部或者部分损失"。货到后发现部分大米变质，经了解，航行途中没有遇到恶劣天气，货轮舱底及舱壁也没有发现异常情况，鉴定认为上述货物变质是在装船后运输过程中发生的。事后，A公司向B公司提出保险理赔申请，B公司认为A公司应举证证明保险事故发生的具体性质、原因符合中国人民银行《关于〈海洋货物运输保险"一切险"

条款解释的请示〉的复函》中所列明的风险，才能赔付，双方因此发生争议。

案例分析 ▶▶▶

如果 B 公司出具的保险单中除了上述表述外，并未对"一切险"进行解释、限定，根据我国《合同法》第四十一条的规定，应当按照通常理解来界定"一切险"的性质。通常说来，"一切险"应被理解成无须列举的所有外来原因导致的风险。尽管中国人民银行于 1997 年 5 月 21 日在答复中国人民保险公司《关于〈海洋货物运输保险"一切险"条款的请示〉的复函》中，将"外来原因"解释为"仅指偷窃、提货不着、渗水雨淋、短量、混杂、玷污、渗漏、碰损、破损、串味、受潮受热、钩损、包装破裂、锈损。"但是，由于我国保险行业之外的其他人对保险知识的缺乏，对上述解释缺少了解，其对保险的认识往往只能依靠保险单条款和一般概念常识来加以理解。由此导致双方对保险条款中的"一切险"条款的理解发生争议时，根据我国《保险法》第三十一条的规定，应当按照有利于被保险人的通常理解予以解释。中国人民银行作为保险行业的主管机关，无权对保险人与被保险人发生争议案件的具体条款进行解释。中国人民银行的上述解释，只对保险公司从事保险业务起指导作用，而不能成为法院审理案件的法律依据。B 公司主张 A 公司应首先举证证明被保险货物遭受了中国人民银行《关于〈海洋货物运输保险"一切险"条款解释的请示〉的复函》中所列明风险的理由不能成立。在这种情况下发生诉讼争议，B 公司很难胜诉。

但是，如果 B 公司的保险单中除了上述内容外，明显提示投保人该"一切险"属于列明风险，或者将中国人民银行对该条款的解释附于保险单，或者在承保时对该条款进行了明确的说明和解释，则情况将大大不同，根据《保险法》第十八条的规定，B 公司对于"一切险"的限定将产生法律效力。在这种情况下，B 公司很容易胜诉。

分组讨论

水路运输费用应该如何收取？

复习思考

1. 简述水路运输船舶的经营方式。
2. 简述海运进出口单证的类型。
3. 请详细介绍水路货运运输费用的计算方法。

实践项目

组织学生现场模拟货运单证流程。

项目四　铁路货物运输实务

项目导读 ▶▶▶

通过该项目的学习，熟悉铁路货物运输的种类；掌握铁路货物运到期限的计算方法；能够描述出铁路货物运输组织流程。掌握铁路零担运输的承运方式和集装化运输基本条件与组织；掌握铁路运价核收依据、运费计算程序和运价率查找方法；能够进行铁路货物运费的计算。

知识目标

- 熟悉铁路货物运输的种类
- 能够描述出铁路货物运输组织流程
- 掌握铁路零担运输的承运方式和集装化运输基本条件与组织

能力目标

- 铁路货运类型和运输流程
- 铁路货物运到期限的计算方法
- 铁路运价核收依据、运费计算程序和运价率查找方法
- 能够进行铁路货物运费的计算

任务一　铁路货运种类与货运流程

任务描述

通过该任务的学习，熟悉铁路货物运输的种类；掌握铁路货物运到期限的计算方法；能够描述出铁路货物运输组织流程。

小讨论：铁路运输具有哪些特点？

知识点

一、铁路货物运输种类

（一）按运输条件的不同分为两种

1. 普通货物运输

除按特殊运输条件办理的货物外的其他各种货物运输。

2. 特殊货物运输

（1）阔大货物运输：包括超长货物、集重货物和超限货物，是一些长度长、重量重、体积大的货物。

（2）危险货物运输：指在铁路运输中，凡具有爆炸、易燃、毒蚀、放射性等特性，在运输、装卸和储存保管过程中，容易造成人身伤亡和财产毁损而需要特殊防护的货物。

（3）鲜活货物运输：指在铁路运输过程中需要采取制冷、加温、保温、通风、加水等特殊措施，以防止腐烂变质或死亡的货物，以及其他托运人认为须按鲜活货物运输条件办理的货物。鲜活货物分为易腐货物和活动物两大类。易腐货物主要包括肉、鱼、蛋、奶、鲜水果、鲜蔬菜、鲜活植物等；活动物主要包括禽、畜、蜜蜂、活鱼、鱼苗等。

（4）灌装货物运输：是指用铁路罐车运输的货物。

（二）按运输速度的不同划分

（1）按普通货物列车办理的货物运输。

（2）按快运列车办理的货物运输。

（3）按客运速度办理的货物运输。

（三）按一批货物的重量、体积、性质、形状划分

"一批"是铁路运输货物的计数单位，铁路承运货物和计算运输费用等均以批为单位。按一批托运的货物，其托运人、收货人、发站、到站和装卸地点必须相同。

由于货物性质、运输的方式和要求不同，下列货物不能作为同一批进行运输：

①易腐货物和非易腐货物；

②危险货物和非危险货物；

③根据货物的性质不能混装的货物；

④投保运输险的货物和未投保运输险的货物；

⑤按保价运输的货物和不按保价运输的货物；

⑥运输条件不同的货物。

不能按一批运输的货物，在特殊情况下，如不致影响货物安全、运输组织和赔偿责任的确定，经铁路有关部门确认也可按一批运输。

1. 整车运输

整车运输是指一批货物至少需要一辆货车的运输。具体地说，凡一批货物的重量、体积或形状需要以一辆或一辆以上货车装运的，均应按整车托运。

整车运输的条件：

(1) 货物的重量与体积。我国现有的货车以棚车、敞车、平车和罐车为主。标记载重量（简称为标重）大多 50 吨和 60 吨，棚车容积在 100 立方米以上，达到这个重量或容积条件的货物，即应按整车运输。

(2) 货物的性质与形状。有些货物，虽然其重量、体积不够一整车，但按性质与形状需要单独使用一辆货车时，应按整车运输。

①需要冷藏、保温、加温运输的货物。

②规定限按整车运输的危险货物。

③易于污染其他货物的污秽品。

④蜜蜂。

⑤不易计算件数的货物。

⑥未装容器的活动物。

整车运输装载量大，运输费用较低，运输速度快，能承担的运量也较大，是铁路的主要运输形式。

2. 零担运输

凡不够整车运输条件的货物，即重量、体积和形状都不需要单独使用一辆货车运输的一批货物，除可使用集装箱运输外，应按零担货物托运。零担货物一件体积最小不得小于 0.02 立方米（一件重量在 10 千克以上的除外）。每批件数不得超过 300 件。

3. 集装箱运输

使用集装箱装运货物或运输空集装箱，称为集装箱运输。集装箱运输适合于运输精密、贵重、易损的货物。凡适合集装箱运输的货物，都应按集装箱运输。

(四) 快运货物运输

为加速货物运输，提高货物运输质量，适应市场经济的需要，铁路开办了快运货物运输（简称快运），在全路的主要干线上开行了快运货物列车。

托运人按整车、集装箱、零担运输的货物，除不宜按快运办理的煤、焦炭、矿石等品类的货物外，托运人都可要求铁路按快运办理，经发送铁路局同意并切实作好快运安排，货物即可按快运货物运输。

托运人按快运办理的货物应在"铁路货物运输服务订单"内用红色戳记或红笔注明"快运"字样，经批准后，向车站托运货物时，须提出快运货物运单，车站填写快运货票。

（五）班列运输

货运五定班列（简称班列）是指铁路开行的发到站间直通、运行线和车次全程不变，发到日期和时间固定，实行以列、组、车或箱为单位报价、包干办法，即定点、定线、定车次、定时、定价的货物列车。班列按其运输内容分为集装箱货物班列（简称集装箱班列）、鲜活货物班列（简称鲜活班列）、普通货物班列（简称普通班列）。班列的开行周期，实行周历，按每周×列开行。

目前班列运行线中集装箱班列 26 条（其中预留线 17 条）、普通班列 44 条（含季节性鲜活区列 2 条），共 70 条，遍及京哈、京广、京沪、京九、陇海、浙赣等主要干线，每周开行 220 列上下。除不明到站的军事运输、超限货物和限速运行的货物外，其他都可以按班列办理运输。

班列运输的特点：

（1）运达迅速：班列运行速度双线区间为 800 千米/天以上，单线区间为 500 千米/天以上，运达速度快。

（2）手续简便：托运人可在车站一个窗口，一次办理好手续。

（3）运输费用由铁道部统一组织测算并公布，除此不得收取或代收任何其他费用，透明度高。

（4）班列在运输组织上实行"五优先、五不准"：优先配车、优先装车、优先挂运、优先放行、优先卸车，除特殊情况报铁道部批准外，不准停限装、不准分界口拒接、不准保留、不准途中解体、不准变更到站。

二、运到期限

铁路在现有技术设备条件和运输工作组织水平基础上，根据货物运输种类和运输条件将货物由发站运至到站而规定的最长运输限定天数，称为货物运到期限。

（一）货物运到期限的计算

货物运到期限按日计算。起码日数为 3 日，即计算出的运到期限不足 3 天时，按 3 天计算。运到期限由下述三部分组成：

（1）货物发送期间（$T_发$）为 1 日。货物发送期间是指车站完成货物发送作业的时间，它包括发站从货物承运到挂出的时间。

（2）货物运输期间（$T_运$）。每 250 运价千米或其未满为 1 日；按快运办理的整车货物每 500 运价千米或其未满为 1 日。货物运输期间是货物在途中的运输天数。

（3）特殊作业时间（$T_特$）。特殊作业时间是为某些货物在运输途中进行作业所规定的时间，具体规定如下：

①需要中途加冰的货物，每加冰 1 次，另加 1 日。

②运价里程超过 250 千米的零担货物和 1 吨、5 吨型集装箱另加 2 日，超过 1000 千米加 3 日。

③一件货物重量超过 2 吨、体积超过 3 立方米或长度超过 9 米的零担货物另加

2 日。

④整车分卸货物，每增加一个分卸站，另加 1 日。

⑤准、米轨间直通运输的货物另加 1 日。

对于上述五项特殊作业时间应分别计算，当一批货物同时具备几项时，累计相加计算。若运到期限用 T 表示，则：

$$T=T_发+T_运+T_特$$

（二）班列运到期跟

班列运输的运到期限，按列车开行天数（始发日和终到日不足 24 小时按 1 日计算）加 2 日计算，运到期限自班列始发日开始计算。

（三）货物运到逾期

所谓货物的运到逾期，是指货物的实际运到天数（用 $T_实$ 表示）超过规定的运到期限时，即为运到逾期。货物的实际运输天数是指从起算时间到终止时间的这段时间。

起算时间：从承运人承运货物的次日（指定装车日期的，为指定装车日的次日）起算。

终止时间：到站由承运人组织卸车的货物，到卸车完时止；由收货人组织卸车的货物，货车调到卸车地点或货车交接地点时止。

若货物运到逾期，不论收货人是否因此受到损害，铁路均应向收货人支付违约金。根据逾期天数和运到期限天数，按承运人所收运费的百分比进行支付违约金。

快运货物运到逾期，除按规定退还快运费外，货物运输期间按 250 运价千米或其未满为 1 日，计算运到期限仍超过时，还应按上述规定，向收货人支付违约金。

超限货物、限速运行的货物、免费运输的货物以及货物全部灭失时，若运到逾期，承运人不支付违约金。

三、铁路货物运输流程

（一）货运合同的签订

货运合同是承运人将货物从发站运输至指定地点，托运人或收货人支付运输费用的合同。货运合同的当事人是承运人、托运人与收货人。根据《合同法》、《铁路货物运输合同实施细则》的规定，承、托双方必须签订货运合同。

铁路货运合同有预约合同和承运合同，都属于书面形式的合同。

1. 预约合同

预约合同以"铁路货物运输服务订单"（简称为"订单"）作为合同书，预约合同签订过程就是订单的提报与批准过程。

（1）订单提报。①托运人应于每月 19 日前向铁路提报次月集中审定的订单，其他订单可以随时提报。②托运人办理整车货物（包括以整车形式运输的集装箱）运输应提出订单一式两份；与铁路联网的托运人，可通过网络向铁路提报。③订单内容应正确填写，字迹清楚，不得涂改。

（2）订单审定。订单审定方式有集中审定、随时审定、立即审定等。集中审定是指为编制次月月统计划，对每月19日前提报的次月订单进行定期审定；随时审定是指对未列入月编计划的订单进行随时受理随时审定；立即审定是指对抢险救灾等必须迅速运输的物资审定的方式。

2. 承运合同

承运合同以"货物运单"（简称为"运单"）。托运人按要求填写运单提交承运人，经承运人审核同意并承运后承运合同成立。运单是托运人与承运人之间为运输货物而签订的一种货运合同或货运合同的组成部分。因此，运单既是确定托运人、承运人、收货人之间在运输过程中的权利、义务和责任的原始依据，又是托运人向承运人托运货物的申请书、承运人承运货物和核收运费、填制货票以及编制记录和理赔的依据。

零担货物和以零担形式运输的集装箱货物使用运单作为货运合同。整车货物与以整车形式运输的集装箱货物的货运合同包括经审定的订单和运单。

（二）货物的托运和承运

1. 货物运单

（1）运单。运单是托运人与承运人之间，为运输货物而签订的一种运输合同或运输合同的组成部分。它是确定托运人、承运人、收货人之间在铁路运输中的权利、义务和责任的原始依据。货物运单既是托运人向承运人托运货物的申请书，也是承运人承运货物和核收运费、填制货票以及编制记录和备查的依据。货物运单由货物运单和领货凭证两部分组成。

（2）货物运单的传递过程。货物运单：托运人→发站→到站→收货人；领货凭证：托运人→发站→托运人→收货人→到站。

（3）运单种类。目前主要有四种运单，具体如下：

①现付运单：黑色印刷。

②到付或后付运单：红色印刷。

③快运货物运单：黑色印刷，将"货物运单"改为"快运货物运单"字样。

④剧毒品专用运单：黄色印刷，并有剧毒品标志图形。

（4）运单的填写。运单填写的基本要求如下：

①正确：要求填记的内容和方法符合规定。

②完备：要求填记的事项，必须填写齐全，不得遗漏。如危险货物不但要填写货物的名称，而且要填写其编号。

③真实：要求实事求是地填写，内容不得虚假隐瞒。如不能错报、匿报货物品名。

④详细：要求填写的品名应具体，有具体名称的不填概括名称，如双人床、沙发、立柜不能填写为家具。

⑤清楚：填写字迹清晰，应使用钢笔、毛笔、圆珠笔或加盖戳记、打字机打印或印刷等方法填写，不能用红色墨水填写，文字规范，以免造成办理上的错误。

更改盖章：运单内填写各栏有更改时，属于托运人填记事项，应由托运人在更改处盖章证明；属于承运人记载事项，应由车站加盖站名戳记。

2. 货物的托运与受理

（1）托运：托运人向承运人提出货物运单和运输要求，称为货物的托运。

所托运的货物应符合一批的要求，不得将不能按一批托运的货物作为一批托运。

托运人向承运人交运货物，应向车站按批提出货物运单一份。托运人向车站提出货物运单，即说明其向铁路详细而正确提出了书面申请，并愿意遵守铁路货物运输的有关规定，履行义务，且货物已准备就绪，随时可以移交承运人。

（2）受理：车站对托运人提出的货物运单，经审查符合运输要求，在货物运单上签上货物搬入或装车日期后，即为受理。

3. 进货与验货

（1）进货：托运人凭车站签证后的货物运单，按指定日期将货物搬入货场指定的货位即为进货。

托运人进货时，应根据货物运单核对是否符合签证上的搬入日期；品名与现货是否相符。经检查无误后，方准搬入货场。

（2）验货：进货验收是为了保证货物运输安全、完整以及划清承运人与托运人之间检查疏忽，否则可能会使不符合运输要求的货物进入运输过程，造成或扩大货物的损失。

检查的内容主要有以下几项：

①货物的名称、件数是否与货物运单的记载相符。

②货物的状态是否良好。

③货物的运输包装和标记及加固材料是否符合规定。托运人托运货物，应根据货物的性质、重量、运输种类、运输距离、气候以及货车装载等条件，使用符合运输要求，便于装卸和保证货物安全的运输包装。

④货物的标记（货签）是否齐全、正确。

⑤货件上的旧标记是否撤换或抹消。

⑥装载整车货物所需要的货车装备物品或加固材料是否齐备。

4. 货物的件数、重量

在铁路运输过程中，保证货物的件数和重量的完整是承运人必须履行的义务。因此，铁路部门明确规定了货物件数和重量的范围。

按整车运输的货物，原则上按件数和重量承运，但有些非成件货物或一批货物件数过多而且规格不同，在承运、装卸、交接和交付时，点件费时、费力，只能按重量承运，不再计算件数。只按重量承运，不计算件数的货物有：

①散堆装货物。

②以整车运输的规格相同（规格在三种以内视为规格相同）的货物件数超过2000件。

③规格不同一批数量超过1600件的成件货物。

整车货物与集装箱货物，由托运人确定重量；零担货物除标准重量、标记重量或有过秤清单及一件重量超过车站衡器最大称量的货物外，由承运人确定重量，并核收过秤费。

5. 货票

整车货物装车后（零担货物过秤完了，集装箱货物装箱后），货运员将签收的运单移交货运室填制货票，核收运杂费。

货票是铁路运输货物的凭证，也是一种具有财务性质的票据，可以作为承运货物的依据和交接运输的凭证。

货票一式四联。甲联为发站存查联；乙联为报告联，由发站报发局；丙联由发站给托运人报销用；丁联为运输凭证，由发站随货物递交到站，到站由收货人签章交付，作为完成运输合同的唯一依据。

6. 货物的承运

（1）承运前的保管。托运人将货物搬入车站，经验收完毕后，一般不能立即装车，需在货场内存放，这就产生了承运前保管的问题。

整车货物，发站实行承运前保管的，从收货完毕填发收货证起，即负责承运前保管责任。

零担货物和集装箱运输的货物，车站从收货完毕时即负保管责任。

（2）承运。零担和集装箱运输的货物由发站接收完毕，整车货物装车完毕，发站在货物运单上加盖车站日期戳时起，即为承运。承运是货物运输合同的成立，从承运起承托双方就要分别履行运输合同的权利、义务和责任。因此，承运意味着铁路负责运输的开始，是承运人与托运人划分责任的时间界线。同时承运标志着货物正式进入运输过程。

7. 标打标志、标记

在储运过程中有特殊要求的货物，应有包装上标打包装储运图示标志。对于危险货物，还应在包装上按规定标打危险货物包装标志。对于零担货物，还应在包装上标打货物标志，标签上填写的内容必须与运单相应内容一致。

（三）货物的装车作业

1. 装卸车责任的划分

（1）承运人装卸的范围。货物装车或卸车的组织工作，在车站公共装卸场所以内由承运人负责。有些货物虽在车站公共装卸场所内进行装卸作业，由于在装卸作业中需要特殊的技术、设备、工具，仍由托运人或收货人负责组织。

（2）托运人、收货人装卸的范围。除车站公共装卸场所以外进行的装卸作业，装车由托运人、卸车由收货人负责。此外，前述由于货物性质特殊，在车站公共场所装卸也由托运人、收货人负责。其负责的情况有：①罐车运输的货物；②冻结的易腐货物；③未装容器的活动物、蜜蜂、鱼苗等；④一件重量超过 1 吨的放射性同位素；⑤由人力装卸带有动力的机械和车辆。

其他货物由于性质特殊，经托运人或收货人要求，并经承运人同意，也可由托运人或收货人组织装车或卸车。例如，气体放射性物品、尖端保密物资、特别贵重的展览品、工艺品等。货物的装卸不论由谁负责，都应在保证安全的条件下，积极组织快装、快卸，昼夜不断地作业，以缩短货车停留时间，加速货物运输。

2. 装车作业

（1）装车的基本要求：①货物重量应均匀分布在车地板上不得超或偏重和集重；②装载应认真做到轻拿轻放、大不压小、重不压轻，堆码稳妥、紧密、捆绑牢固，在运输中不发生移动、滚动、倒塌或坠落等情况；③使用敞车装载怕湿货物时应堆码呈屋脊形，苫盖好篷布，并将绳索捆绑牢固；④使用棚车装载货物时，装在车门口的货物，应与车门保持适当距离，以防挤住车门或湿损货物；⑤使用罐车及敞车、平装车运货物时，应各按其规定办理。

对所装货物需进行加固时，按《铁路货物装载加固规则》的规定办理。

（2）装车前的检查。为保证装车工作质量，使装车工作顺利进行，装车前应做好以下"三检"工作：

①检查运单，即检查运单的填记内容是否符合运输要求，有无漏填和错填。

②检查待装货物，即根据运单所填记的内容核对待装货物品名、件数、包装，检查标志、标签和货物状态是否符合要求。集装箱还需检查箱体、箱号和封印。

③检查货车，即检查发车的技术状态和卫生状态。其主要检查内容有：

a. 是否符合使用条件。

b. 货车状态是否良好。主要检查车体（包括透光检查）、车门、车窗、盖、阀是否完整良好，车内是否干净，是否被毒物污染。装载食品、药品、活动物和有押运人员乘坐时，还应检查车内有无恶臭异味。

c. 货车"定检"是否过期，有无扣修通知、货车洗刷回送标签或通行限制。

（3）监装（卸）工作。装卸作业前应向装卸工组详细说明货物的品名、性质，布置装卸作业安全事项和需要准备的消防器材及安全防护用品，装卸剧毒品应通知公安到场监护。装卸作业时要做到轻拿轻放，堆码整齐牢固，防止倒塌。要严格按规定的安全作业事项操作，严禁货物侧放、卧装（钢瓶器除外）。包装破损的货物不准装车。装完后应关闭好车门、车窗、盖、阀，整理好货车装备物品和加固材料。

装车后需要施封、苫盖篷布的货车由装车单位进行施封与苫盖篷布。卸完后应关闭好车门、车窗、盖、阀，整理好货车装备物品和加固材料。

（4）装车后检查。为保证正确运送货物和行车安全，装车后还需要检查下列内容：

①检查车辆装载：主要检查有无超重、超限现象，装载是否稳妥，捆绑是否牢固，施封是否符合要求，标示牌插挂是否正确。对装载货物的敞车，要检查车门插销、底开门搭扣和篷布苫盖、捆绑情况。

②检查运单：检查运单有无漏填和错填，车种、车号和运单所载是否相符。

③检查货位：检查货位有无误装或漏装的情况。

（四）货物的途中作业

1. 货运合同的变更和解除

（1）货运合同变更。货运合同变更涉及变更的种类、限制以及如何处理三方面内容，具体如下：

①货运合同变更的种类。主要有变更到站和变更收货人两类型情况。

变更到站。货物已经装车挂运，托运人或收货人可按批向货物所在的中途站或到站提出变更到站。

变更收货人。货物已经装车挂运，托运人或收货人可按批向货物所在的中途站或到站提出变更收货人。

②货运合同变更的限制。铁路是按计划运输货物的，货运合同变更必然会给铁路运输工作的正常秩序带来一定的影响。所以，对于下列情况承运人不受理货运合同的变更：

a. 违反国家法律、行政法规。

b. 违反物资流向。

c. 违反运输限制。

d. 蜜蜂。

e. 变更到站后的货物运到期限大于允许运到期限。

f. 变更一批货物中的一部分。

g. 第二次变更到站的货物。

③货运合同变更的处理。托运人或收货人要求变更时，应提交领货凭证和货物运输变更要求书，提不出领货凭证时，应提交其他有效证明文件，并在货物运输变更要求书内注明。提出领货凭证是为了防止托运人要求铁路办理变更，而原收货人又持领货凭证向铁路要求交付货物的矛盾。

（2）货运合同的解除。整车货物和大型集装箱在承运后挂运前，零担和其他型集装箱货物在承运后装车前，托运人可向发站提出取消托运，经承运人同意，货运合同即告解除。

解除合同，发站退还全部运费与押运人乘车费。但特种车使用费和冷藏车使用费不退。此外，还应按规定支付变更手续费、保管费等费用。

2. 运输阻碍的处理

因不可抗力的原因致使行车中断，货物运输发生阻碍时，铁路局对已承运的货物，可指示绕路运输。或者在必要时先将货物卸下妥善保管，待恢复运输时再装车继续运输。

（五）货物的到达领取

1. 货物的暂存

对到达的货物，收货人有义务及时将货物搬出，铁路也有义务提供一定的免费保管期间，以便收货人安排搬运车辆，办理仓储手续。免费保管期间规定为：由承运人组织卸车的货物，收货人应于承运人发出催领通知的次日（不能实行催领通知或会同收货人卸车的货物为卸车的次日）起算，2日（铁路局规定1日时间的为1日）内将货物搬出，超过此期限未将货物搬出，对其超过的时间核收货物暂存费。

货物运抵到站，收货人应及时领取。拒绝领取时，应出具书面说明，自拒领之日起，3日内到站应及时通知托运人和发站，征求处理意见。托运人自接到通知之日起，30日内提出处理意见答复到站。

从承运人发出催领通知次日起（不能实行催领通知时，从卸车完毕的次日起），经过查找，满30日（搬家货物满60日）仍无人领取的货物或收货人拒领，托运人又未按规定期限提出处理意见的货物，承运人可按无法交付货物处理。

无法交付货物的范围、保管期限、上报和移交手续、价款处理，应按照国家经济委员会颁发的《关于港口、车站无法交付货物的处理办法》规定办理。

对性质不宜长期保管的货物，承运人根据具体情况，可缩短通知和处理期限。

2. 票据交付

收货人持领货凭证和规定的证件到货运室办理货物领取手续，在支付费用和在货票丁联盖章（或签字）后，留下领货凭证，在运单和货票上加盖到站交付日期戳，然后将运单交给收货人，凭此领取货物。如收货人在办理货物领取手续时领货凭证未到或丢失时，机关、企业、团体应提出本单位的证明文件；个人应提出本人居民身份证、工作证（或户口簿）或服务所在单位（或居住单位）出具的证明文件。

货物在运输途中发生的费用（如包装整修费、托运人责任的整理或换装费、货物变更手续等）和到站发生的杂费，在到站应由收货人支付。

3. 现货交付

现货交付即承运人向收货人点交货物。收货人持货运室交回的运单到货物存放地点领取货物，货运员向收货人点交货物完毕后，在运单上加盖"货物交讫"戳记，并记明交付完毕的时间，然后将运单交还给收货人，凭此将货物搬出货场。

在实行整车货物交付前保管的车站，货物交付完毕后，如收货人不能在当日将货物全批撤出车站时，对其剩余部分，按件数和重量承运的货物，可按件数点交车站负责保管，只按重量承运的货物，可向车站声明。

收货人持加盖"货物交讫"的运单将货物搬出货场，门卫对搬出的货物应认真检查品名、件数、交付日期与运单记载是否相符，经确认无误后放行。

知识拓展

什么是铁路货物保价运输？对保价货物损失的赔偿处理？

一、铁路货物供价运输

保价就是货物的保证价值，即声明价格，保价运输是铁路货物运输合同的组成部分，是铁路实行限额赔偿后，保证托运人、承运人双方利益对等，在法律上赋予托运人的一种权利。托运人在托运货物时，根据自愿的原则可以要求办理保价运输，缴纳规定的保价费。承运人对保价货物在运输过程中实行专门管理和采取一定的保护措施，在运输过程中因承运人责任造成货物损失时，要按保价运输的有关规定予以赔偿。

二、对保价货物损失的赔偿处理

保价货物的赔偿工作应遵守主动、迅速正确、合理平等的原则，属承运人责任造成的货物损失，要主动向托运人或收货人赔偿。办理赔偿的最长期限，自车站接受赔偿书的次日起到填发"保价货物赔偿通知书"时止，款额在 3000 元以下的，为 10 日；款额超过 3000 元未满 5 万元的为 20 日；5 万元以上的为 30 日。其详细内容请和中国物流网联系。

任务二 铁路零担、集装化运输与运费计算

任务描述

通过该任务的学习，掌握铁路零担运输的承运方式和集装化运输基本条件与组织；掌握铁路运价核收依据、运费计算程序和运价率查找方法；能够进行铁路货物运费的计算。

小讨论：铁路的运费应该如何收取？

知识点

一、零担货物运输

（一）零担货物的种类

（1）普通零担货物，简称普零货物，即以零担办理的普通货物，使用棚车装运。

（2）危险零担货物，简称危零货物，即以零担办理的危险货物，使用棚车装运。

（3）笨重零担货物，简称笨零货物，是指：

①一件重量在 1 吨以上，体积在 2 立方米或长度在 5 米以上，需要以敞车装运的货物。

②货物的性质适宜敞车装运和吊装吊卸的货物。

（二）零担车种类

装运零担货物的车辆称为零担货物车，简称为零担车。零担车的到站必须是两个（普零）或三个（危零或笨零）以内的零担车，称为整装零担车，简称为整零车。整零车按车内所装货物是否需要中转，分为直达整零车和中转整零车两种；按其到站个数，

分为一站整零车、两站整零车和三站整零车三种。

（三）零担货物的承运方式

1. 随到随承运

为方便承运人，车站可采取随到随承运的方式，因为托运人发送货物是随机的，事先无法计划，只能是承运以后，在车站仓库内进行集结，所以仓库设备利用效率低，货物集结时间长，不利于组织直到整零车或中转整零车。

2. 计划受理（预先审批运单）

在零担货物运量较小而货物去向又分散的车站，可采用这种方式。

计划受理是由托运人提前向车站提出运单，车站对所提运单实行集中审批。当发送某一到站或去向的货物能够配装一辆整零车时，则通知托运人按指定日期进货，使货流集中。采用此方法，加强了零担货物运输的计划性，提高了零担货物运输的组织水平。但是，容易造成货物在承运前的积压。

（1）日历承运与预先审批运单相结合。

（2）预先集中审批运单。

3. 承运日期表

（1）承运日期表：是车站有计划组织零担货物运输的主要方式，这种方式是车站在掌握货物流量、流向基本规律的前提下，按主要到站或方向分别安排承运日期，事先公布，托运人按规定的日期办理托运。

（2）特点：可以使托运人事先了解车站对各主要到站或方向分别的收货日期，及时做好托运的准备工作，做到有计划托运；可将分散的零担货流按主要到站或方向集结，便于配装整零车；车站可以平衡安排日间作业量，提高车站货运设备的利用效率；可以有计划地配送空车和按主要到站、中转站组织整零车。

二、集装化运输

（一）概念

凡使用集装用具或自货包装、捆扎等方法，将散装小件包装、不易使用装卸机械作业的货物，按规定集装成特定的单元后运往到站的，皆为集装化运输。

凡具备采用集装化运输条件的货物，都必须采用集装化运输。

（二）集装用具的种类

1. 集装盘

集装盘是具有载货平面，设有叉孔，便于叉车作业的一种用于装卸、搬运和堆放货物的集装用具。使用时，将货物定型码放在托盘上，用塑料套、纸带或其他材料将货物与托盘捆束成一个整体运输。集装盘适用于外型比较规则的货物。

2. 集装笼

集装笼是钢制的笼式容器。适宜装载砖瓦、小型水泥预制件、瓷器、水果及其他杂货。其规格形状可根据货物和车辆的要求进行制作。

3. 集装桶

集装桶是用钢材制造的桶状容器。适宜装运粉末或颗粒状货物。这种容器经久耐用，可以长期使用，特别是能与工厂的生产流水线相衔接，全部可以使用机械作业。

4. 集装袋

集装袋是用坚韧材料制作的大口袋（如用布涂橡胶、丙纶纺织布、维纶帆布等）。可用于敞车运输，适宜装运粉末或颗粒状货物。

5. 集装网

集装网是用维纶绳、丙纶或钢丝绳编成的网，适宜用来集装带有包装的粮食、化肥、食盐、滑石粉等袋装货物和不带包装的片石、石灰石、铁矿石等块状货物。

6. 集装捆

集装捆是指用某一材料将货物通过捆扎的方法，集装成一定规格的集装货件。这是最简易的集装方法，用料少，效果好。主要用料是打包铁皮、编织打包带、绳索等。

7. 集装架

集装架是一种比集装笼更为简单的集装用具，具有与集装盘功能相类似的底座，并有向空间延伸的框架结构。其结构有"L"形、"A"字形和方形等多种形式。主要用于集装平板玻璃、耐火砖等，构造简单，实用价值高。

（三）集装化货物运输的基本条件

（1）集装化运输的货物，以集装后组成的集装单元（盘、架、笼、袋、网、捆等）为一件，每件集装货件的体积应不小于 0.5 立方米，或重量不小于 500 千克。

（2）棚车装运的集装化货物，每件重量不得超过 1 吨，长度不得超过 1.5 米，体积不得超过 2 立方米。到站限制为叉车配属站。

（3）敞车装运的集装化货物，每件重量不得超过到站最大起重能力。

（4）集装化货件应捆绑牢固，表面平整，适合多层码放；码放要整齐、严密，并按规定有包装储运的标志。

（5）集装化货物与非集装化货物不能同一批次运输，一批运输的多件集装化货物，按零担运输时，应采用同一集装方式。

（四）集装化运输组织

1. 托运

（1）托运人要求铁路运输整车集装化货物时，应在月度要车计划表、旬要车计划表中注明"集装化"字样。

（2）托运人托运集装化货物，在货物运单"托运人记载事项"栏内注明"集装化"，运单"件数"一栏应填写集装后的件数，"包装"栏填写集装方式名称。

（3）发站受理集装化货物时，应在运单右上角加盖"××站集装化运输"戳记。

（4）车站不得将批准的集装化运输计划以非集装化运输。

2. 承运和交付

车站对集装化货物，按集装化后的件数承运。承运时只检查集装化的件数和货件外部状态。到站交付时，也按集装化后的件数和货件外部状态交付。如收货人提出内部货物发生损坏、丢失，除能证明属于铁路责任外，均由托运人负责。

3. 集装化用具的回送

集装化货物运抵到站后，对企业自备的集装化用具，应一并交给收货人。需要回送的集装用具，到站根据运单记载的集装化运输戳记和有关规定签发特价运输证明书。收货人凭特价运输证明书办理回送。车站对回送的集装用具要优先运输。

三、铁路货物运输费用

（一）货物运价的分类

1. 按适用范围分

（1）普通运价。凡在路网上办理正式营业的铁路运输线上都适用统一运价（优待运价、国际联运运价及地方运价等除外）。现行铁路的整车货物、零担货物、集装箱货物、保温车货物运价都属于普通运价。普通运价是计算运费的基本依据。

（2）优待运价。优待运价是对一定机关或企业运输的一切货物或对于不同的托运人运送给一定机关或企业的货物而规定的低于普通运价的一种运价。

（3）国际联运运价。国际联运运价是指经铁路国际联运的货物所规定的运价，凡国际铁路联运货物国内段的运输费用按《铁路货物运价规则》（简称《价规》）的规定办理。

（4）地方运价。地方运价是铁路局经铁道部批准对某些管内支线或地方铁路所规定的运价。

2. 按货物运输种类分

（1）整车货物运价。整车运价是《价规》中规定的按整车运送货物的运价，由按货种别的每吨发到基价和每吨的千米或每轴千米的运行基价组成。

（2）零担货物运价。零担货物运价是铁路对按零担运送的货物所规定的运价，由按货种别的每10千克的发到基价和每10kg·km的运行基价组成。

（3）集装箱货物运价。集装箱货物运价是铁路对按集装箱运送的货物所规定的运价，由每箱的发到基价和每箱千米的运行基价组成。

我国现行铁路货物运价是将运价设立为若干个运价号，即实行的是分号运价制。整车货物运价为9个号（1～9号）；保温车货物运价按冰保车和机保车两类来确定，相当于2个运价号；零担货物运价分为4个号（21～24号）；集装箱货物按箱型不同进行确定。

3. 铁路货物运价核收依据

铁路货物运输费用根据《价规》核收。

（1）《价规》适用范围。《价规》是计算铁路货物运输费用的依据，承运人和托运人、收货人必须遵守《价规》的规定。

铁路营业线的货物运输，除军事运输、水陆联运、国际铁路联运、过境运输及其他另有规定者外，均按《价规》计算货物的运输费用。

《价规》以外的货物运输费用，按铁道部的有关规定计算核收。

（2）《价规》基本内容。《价规》规定了在各种不同情况下计算货物运输费用的基本条件，各种货物运费、杂费和其他费用的计算方法及国际铁路联运货物国内段运输费用的计算方法等。

（3）《价规》附件。《价规》包含有四个附件：

①附件一为《铁路货物运输品名分类与代码表》（简称《分类表》）和附件三《铁路货物运输品名检查表》（简称《检查表》），都是用来判定货物的类别代码和确定运价号的工具。

《分类表》由代码、货物品类、运价号（整车、零担）、说明等项组成，根据货物所属的类项，便可确定货物的运价号。代码由 4 位阿拉伯数字组成，是类别码（前 2 位表示货物品类的大类，第 3 位表示中类，第 4 位表示小类），对应运价号。铁路运输的货物共分 26 类，每一类都是按大类、中类、小类的顺序排列。

②附件三、附件四为《货物运价里程表》（分上、下册）。

使用《货物运价里程表》（上、下册）可以很快查到需要找的站名、有关事项，确定运输里程。查找车站有关事项的方法如下：

先从里程表上册"站名首字汉语拼音素引表"或"站名首字笔画素引表"查出车站在"站名索引表"中的页数。再翻到"站名索引表"的该页数，就可以查到该车站的"电报略码"、所在的铁路局、省（市、自治区）的简称、"最大起重能力"、"营业办理限制"等有关事项。

（4）《价规》附录。《价规》有三个附录。附录一为铁路电气化附加费核收办法，附录二为新路新价均摊运费核收办法，附录三为铁路建设基金计算核收办法。费用计算方法如下：

$$\left.\begin{array}{l}\text{电气化附加费}\\ \text{均摊运费}\\ \text{建设基金}\end{array}\right\}=\text{费率}\times\text{运价里程}\times\text{计费重量（或轴数、箱数）}$$

（二）计算货物运输费用的程序

1. 计算货物运输费用的程序

（1）按《货物运价里程表》（附件四）计算出发站至到站的运价里程。

（2）根据货物运单上填写的货物名称查找《铁路货物运输品名分类与代码表》（附件一）、《铁路货物运输品名检查表》（附件三），确定适用的运价号。

（3）整车、零担货物按货物适用的运价号，集装箱货物根据箱型、冷藏车货物根据车种分别在《铁路货物运价率表》（附件二）中查出适用的运价率（即发到基价和运行基价，以下同）。

（4）货物适用的发到基价加上运行基价与货物的运价里程相乘之积后，再与按本规则确定的计费重量（集装箱为箱数）相乘，计算出运费。

（5）计算其他费用。

2. 计算货物运输费用的基本条件

(1) 货物运费的计费重量，整车货物以吨为单位，吨以下四舍五入；零担货物以 10 千克为单位，不足 10 千克进为 10 千克；集装箱货物以箱为单位。

(2) 运价里程根据《货物运价里程表》按照发站至到站间国铁正式营业线最短经路计算，但《货物运价里程表》内或铁道部规定有计费经路的，按规定的计费经路计算运价里程。运价里程不包括专用线、货物支线的里程。通过渡轮时，应将规定的渡轮里程加入运价里程内计算。水陆联运的货物，应将换装站至码头线的里程，加入运价里程内计算。

(3) 凡按里程计算核收的货物运输杂费，发站按国铁的运价里程（含铁路局临管线和工程临管线）计算，通过地方铁路的将其通过的地方铁路运价里程合并计入，在地方铁路发到的计算到地方铁路的分界站。

每项运费、杂费的尾数不足 1 角时按四舍五入处理。

（三）运价率查找方法

1. 运价号

(1) 列名内的货物：

①整车、零担货物根据运单上填写的货物名称和运输种别先查《检查表》查出该品名的拼音码、代码和运价号。

②《分类表》和《检查表》中有具体名称时，按具体名称判定类别和运价号，不属该具体名称的不能对照。

③《分类表》和《检查表》中无该具体名称时，则按概括名称判定类别和运价号。

(2) 未列名的货物：

可列入总收容类目—99 未列名的其他货物。

2. 运价率

整车、零担货物按货物适用的运价号，集装箱货物根据箱型，冷藏车货物根据车种分别在《铁路货物运价率表》中查出适用的发到基价和运行基价。

（四）运费计算

1. 执行统一运价营业线的运费计算

(1) 整车货物运输运费计算：

$$运费 = （发到基价 + 运行基价 \times 运价里程）\times 计费重量$$

计费重量：除下列情况外，均按货车标记载重量作为计费重量，货物重量超过标重时，按货物重量计费。

①使用矿石车、平车、砂行车，经铁路局批准装运《铁路货物运输品名分类与代码表》"01、0310、04、06、081"和"14"类货物按 40 吨计费，超过时按货物重量计费。

②使用自备冷藏车装运货物时按 60 吨计费；使用标重低于 50 吨的自备罐车装运货物时按 50 吨计费。

③标重不足 30 吨的家畜车，计费重量按 30 吨计算。

④铁路配发计费重量高的货车代替托运人要求计费重量低的货车，如托运人无货加装，按托运人原要求车的计费重量计费。例如：托运人在某站托运化工机械设备一套，货物重量15.7吨，托运人要求用40吨敞车装运，经调度命令承认一辆50吨敞车代用，托运人无货加装，则其计费重量按40吨计算。如有货物加装，如加装5吨，则按加装后按50吨标重计费。

⑤表4-1所列货车装运货物时，计费重量按表中规定计算，货物重量超过规定计费重量的，按货物重量计费。

表4-1　　　　　　　　　　　　货车货物规定计费重量表

车种车型	计费重量（吨）
B6 B6N B6A B7（加冰冷藏车）	38
BSY（冷板冷藏车）	40
B18（机械冷藏车）	32
B19（机械冷藏车）	38
B20 B21（机械冷藏车）	42
B10 B10A B22 B23（机械冷藏车）	48
SQ1（小汽车专用平车）	85
QD3（凹底平车）	70
GH95/22、GY95/22（石油液化气罐车）	65
GH40、GY40（石油液化气罐车）	65

【例】　兰州西站发银川站机器一台重24吨，用50吨货车一辆装运，计算其运费。

解：从兰州西站至银川站运价里程为479千米。查《货物检查表》，机器的运价号为8号。再查《运价率表》，运价号为8号，发到基价为10.7元/吨，运行基价为0.0490元/吨公里。运费为：

$$\left. \begin{matrix} 运价里程 & 479 \\ & \times \\ 运价号8 \longrightarrow & 10.7+0.0490 \end{matrix} \right\} \begin{matrix} 34.171 \\ \times \\ 计费重量\ 50 \end{matrix} \Big\} 1708.55$$

货重24 →

答：运费＝1708.6元。

（2）零担货物的运费：

运费＝（发到基价＋运行基价×运价里程）×计费重量/10

零担货物运费的若干规定：

①计费重量：零担货物的计费重量以10千克为单位，不足10千克进为10千克。具体分三种情况计算重量：按规定计费重量计费；按货物重量计费；按货物重量和折合重量择大计费。

为保持零担货物运价与整车货物运价之间合理的比价关系，避免货物运输过程中发生运费倒挂、化整为零的现象，除前述两项特殊规定外，凡不足每立方米 300 千克的轻浮零担货物均按其体积折合重量与货物重量择大确定计费重量。

$$折合重量＝300×体积（千克）$$

货物长、宽、高的计算单位为米，小数点后取两位小数（以下四舍五入）。体积的计算单位为立方米，保留两位小数，第三位小数四舍五入。

【例】　某站发送一批零担货物，重 225 千克，体积为 0.82 立方米，在确定计费重量时，其折合重量＝300×0.82＝246（千克）。因此计费重量应为 250 千克。

②起码运费：零担货物每批的起码运费，发到运费为 1.60 元，运行运费为 0.40 元。

【例】　广安门发包头车站灯管 4 件，重 46 千克，货物每件长 1 米，宽 0.35 米，高 0.16 米，试计算运费。

解：从广安门发包头车 798 千米。查《货物检查表》，灯管的运价号为 24 号。再查《运价率表》，运价号为 24 号，发到基价为 0.15 元/10 千克，运行基价为 0.000631 元/10 千克。

体积＝4×1×0.35×0.16＝0.20（立方米）

折合重量＝300×0.20＝60（千克）

计费重量＝60（千克）

运费为：

运价里程　　　　　　　　798
　　　　　　　　　　　　×　　　　0.6535
运价号24 ⟶ 0.15+0.000631　　　　　×　　　3.92
货重46 ⟶　　　　　　计费重量　60/10

但其发到运费为 0.15×60/10＝0.9（元），低于起码运费，因此，该批货物运费为：

1.6＋0.000631×798×60/10＝6.06（元）≈6.1（元）。

③分项计费：在货物运单内分项填记重量的零担货物，应分项计费。

a. 运价率相同时，重量应合并计算。

【例】　某托运人从包头站发石家庄南站双轮及三轮摩托车各二辆，每辆重分别为 116 千克和 166 千克，按一批托运，分项填记重量，试计算其运费。

解：按一批托运，分项填记重量，应分项计算，但该批货物中两种货物的运价率相同，应先合并重量。摩托车为按规定计费重量计费的货物，该批货物的计费重量为：

2×（116+166）⟶ 2×（750+1500）＝4500（千克）

所以运费计算为：

运价里程　　　　　　　　1091
　　　　　　　　　　　　×　　　　0.8384
运价号24 ⟶ 0.15+0.000631　　　　　×　　　377.29
货重564 ⟶　　　　　　计费重量　4500/10

b. 运价率不同的零担货物在一个包装内或按总重量托运时，按该批或该项货物中运价率高的计费。

【例】 某托运人从西安西站发送锦州站暖水瓶 5 件，搪瓷杯 10 件，共重 364 千克，总体积 1.2 立方米，计算运费。

解： 从西安西站发送锦州站 1698 千米。查《货物检查表》，暖水瓶运价号为 22，搪瓷杯为 21，因而选择 22。再查《运价率表》，运价号为 22 号，发到基价为 0.104 元/10 千克，运行基价为 0.000438 元/10 千克。

体积＝1.20（立方米）

折合重量＝300×1.20＝360（千克）

计费重量＝370（千克）

其计算过程如下：

运价里程　　　　　　　　1698
　　　　　　　　　　　　　　×　　　0.847
运价号　　──→　0.104+0.000438　　　×　　　31.37
货重362　　──→　　　　计费重量　370/10

答：该批货物的运费为 31.4 元。

（3）集装箱货物的运费：

$$运费＝（发到基价＋运行基价×运价里程）×箱数$$

2. 京九线加价程运费计算

因京九线黄村至龙川、津霸线、横麻线需加收运费，因此运费由两部分组成：

（1）按《价规》规定的运价率核收的运费。

（2）加收运费的运价率。计算时，先将这两部分的运价率相加以后，再乘以货物的计费重量，即：

$$运费＝[发到基价＋（运行基价＋加收运价率）×运价里程]×计费重量$$

（五）铁路货运杂费

1. 杂费的种类

（1）使用冷藏车运输货物的杂费。

（2）使用铁路专用货车运输货物，除核收运费外，还应该核收专用货车使用费。

（3）使用长大货物车（D 型车）运输货物的杂费。

（4）准、米轨间整车货物直通运输的换装费。

（5）运输里程在 250 千米以上的货物，核收货车中转作业费。

（6）派有押运人押运的货物，核收押运人乘车费。

（7）承运后发现托运人匿报、错报货物品名填写运单，致使货物运价减收或危险货物匿报、错报货物品名按普通货物运输时，按此核收全程正当运费二倍的违约金，不另收运费差额。

2. 其他费用

（1）铁路建设基金。

（2）铁路电气化附加费。

（3）新路新价均摊运费。

（4）京九分流。

知识拓展

国际铁路货物联运国内段运送费用的计算

根据《国际货协》的规定，我国通过国际铁路联运的进出口货物，其国内段运送费用的核收应按照我国《铁路货物运价规则》进行计算。运费计算的程序及公式如下：

（1）根据《货物运价里程表》确定从发站至到站的运价里程。

（2）根据运单上填写的货物品名查找《货物品名检查表》，确定适用的运价号。

（3）根据运价里程和运价号在《货物运价率表》中查出相应的运价率。

（4）按《铁路货物运价规则》确定的计费重量与该批货物适用的运价率相乘，算出该批货物的运费。

案例导读

铁路货物托运

一、任务和背景

东升钢铁公司计划托运1000吨钢材到新疆乌鲁木齐，公司销售科钱经理派刚毕业的陈鹏去办理相关的火车托运业务。

今天陈鹏刚上班，销售科钱经理就把他喊到了办公室。

钱经理："小陈，你今天上午赶快把乌鲁木齐的1000钢材发出去，昨天那边的王经理给我打电话，说一定要把这批钢材尽快托运出去，否则要延误工程的施工进度了。"

陈鹏："好的，我今天上午就把这事办了。"

陈鹏走出了办公室，心里就嘀咕了："我到公司上班才几天时间，业务还不熟悉。况且，我还从没办过铁路货物托运，这可咋办呢？"

二、操作要点

铁路货物托运和承运的一般程序：

第一步：了解该站的性质，看自己所要托运的货物有无限制。

第二步：申报计划。申报计划有两种形式，一是月计划；二是日常计划。

第三步：进货。在计划得到批准后，可向车站提出进货的要求，并申请货位，得到允许后，即可进货。

第四步：报请求车。在货物准备齐了，按批准的月计划和日常计划，每个车皮要提交一份填好的货物运单，申报日请求车。

第五步：装车。空车皮送到装车地点后，车站即应迅速组织装车。由托运人组织装车的，托运人应及时组织好，保证快速、安全地装好车。

第六步：运送。车辆装好以后，铁路运输部门及时联系挂车，使货物尽快运抵到站。

第七步：交付货物；货物运抵目的地后，收货人凭有效证明文件领取货物。

分组讨论

作为一家物流公司，如何发挥铁路货物运输的优势？

复习思考

1. 铁路货物运输的种类有哪些？
2. 铁路货运杂费都包括哪些？
3. 简述铁路货运种类与货运流程。
4. 简述运费计算程序和运价率查找方法。
5. 请详细介绍铁路零担运输的承运方式。

实践项目

1. 业务背景

上海某电器有限公司将 58 吨汽车零部件通过铁路运往北京某公司。

试根据该公司的业务实际情况，把学生分成若干组，每个小组若干人，每人各承担某一个岗位的工作任务，结合本章内容完成模拟的相关业务。

2. 实训任务

（1）画出铁路货物的托运业务流程图。

（2）掌握铁路货物运输服务订单、货物运单、内部交接单的填制及其应用。

项目五　航空货物运输实务

项目导读 ▶▶▶

通过该项目的学习，了解航空运输相关组织，航空运载工具；熟悉航空货物的性质，航空运输常用缩略语及代码；掌握航空货运组织方法。了解航空货运的营运方式；熟悉航空货物收运的条件；掌握国际货物航空运单的含义和种类，能够描述出国际航空进出口货物运输业务流程。

知识目标

- 了解航空运输相关组织，航空运载工具
- 熟悉航空货物的性质，航空运输常用缩略语及代码
- 掌握航空货运组织方法

能力目标

- 国际航空进出口货物运输业务流程
- 航空货运组织方法

任务一　认知航空货物运输

任务描述

航空货物运输是指采用商业飞机运输货物的商业活动。是目前国际上安全迅速的一种运输方式。

小讨论：航空货物运输有哪些特点？

知识点

一、航空运输的相关组织

（一）国际民用航空组织（International Civil Aviation Organization，ICAO）

国际民用航空组织（以下简称"民航组织"）是联合国的一个专门机构，1994 年为促进全世界民用航空安全、有序地发展而成立的。民航组织总部设在加拿大蒙特利尔，制定国际空运标准和条例，是 185 个缔约国在民航领域中开展合作的媒介。

1. 组织结构

（1）成员大会为最高权力机构，每三年举行一次。

大会的大量日常工作：是通过制定和修改《国际民航公约》的 18 个技术附件，以确定各国应采用的统一的民航技术业务标准，包括飞行程序、国际航路、空中交通管制、通信、气象、机务维修、适航、国际机场及设施等方面统一的国际标准；该组织还通过对各国航空运输政策和业务活动的调研（包括对各成员国航空协定进行登记汇集，统计运输业务数据，跟踪运力、运价市场变化等），并通过协调、简化机场联检手续等一系列活动，促进国际航空运输业务有效而经济地发展，力避不公平的竞争，管理在冰岛和丹麦设立的公海联营导航设施，充任联合国开发计划署向缔约国提供的民航技援项目的执行机构。大会由理事会在适当的时间和地点每三年召开一次。在大会期间详尽审查民航组织在技术、经济、法律和技术援助领域中的全面工作，并向民航组织的其他部门提供未来工作的指导。民航组织在其 1977 年大会第二十二届会议上第一次表达了其对空间活动的兴趣，除其他事项外，大会决定，必须向所有从事有关的空间活动的组织表明国际民用航空的立场和要求；必须有民航组织的代表出席各种有关的会议。

（2）理事会：向大会负责的常设机构，由 33 个理事国组成，每届大会选举产生。每年举行三次例会。理事会下设航空技术、航空运输、法律、联营导航设备、财务和制止非法干扰国际民航六个委员会。

理事会的主要职责之一，是通过国际标准和建议的做法并作为附件将其纳入《国防民用航空公约》。新系统的国际标准和建议的做法通常先由一些缔约国和国际组织提名的专家组拟定。技术小组的工作首先提交给空中导航委员会，后者是理事会的技术机构，由 15 名技术专家组成。

理事会主席：理事会应选举主席一人，任期三年，可以连任。理事会主席无表决权。理事会应从其理事中选举副主席一人或数人。副主席代理主席时，仍保留其表决权。主席不一定由理事会成员国代表中选出，但如有一名代表当选，即认为其理事席位出缺，应由其代表的国家另派代表。主席的职责是：召集理事会、航空运输委员会及航行委员会的会议；充任理事会的代表；以理事会的名义执行理事会委派给他的任务。理事会主席阿沙德·柯台特（Assad Kotaite，黎巴嫩人）博士，1976 年就任，1998 年 11 月再度连任，任期至 2001 年。

（3）秘书处：处理日常工作，设航空技术、航空运输、法律、技术合作和行政服务五个局，以及对外关系办公室等。1994 年 10 月 1 日，秘书处正式成立中文科。另外，该组织设西非和中非（达喀尔），南美（利马），北美、中美和加勒比（墨西哥城），中东（开罗），欧洲（巴黎），东非和南非（内罗毕），亚洲和太平洋（曼谷）七个地区办事处。该组织理事会于 1997 年 3 月 5 日选定巴西国际航行委员会主席、空军少将雷纳多·克劳蒂奥·哥斯塔·佩雷拉先生（Renato Claudio Costa Pereira，巴西人）自 1997 年 8 月 1 日任该组织秘书长。

2. 主要活动

国际民用航空组织的主要活动：

①统一国际民航技术标准和国际航行规则。至 1984 年年底，国际民航组织已制定了18 个国际标准和建议措施文件作为《国际民用航空公约》的附件，即一、人员执照；二、空中规则；三、航空气象；四、航图；五、计量单位；六、航空器运行；七、航空器国籍和登记标志；八、航空器的适航；九、简化手续；十、航空通信；十一、空中交通服务；十二、搜寻和援救；十三、航空器失事调查；十四、机场；十五、航空情报服务；十六、航空器噪声；十七、安全保卫；十八、危险品运输。此外，还制定了若干航行服务程序。

②协调世界各国国际航空运输的方针政策，推动多边航空协定的制定，简化联运手续，汇编各种民航业务统计，制定航路导航设施和机场设施服务收费的原则。此外，还编印了关于国际航空运输发展情况、运价、航空邮运、货运、联营、旅游等研究文献。

③研究与国际航空运输有关的国际航空公法和影响国际民航的私法中的问题。至1981 年已制定了包括关于航空客货赔偿、防止危及航空器安全的非法行为、对地（水）面上第三者造成损害的赔偿、承认航空器所有权等 13 项公约或议定书。

④利用联合国开发计划署的技术援助资金，向发展中国家提供民航技术援助。方式是派遣专家、顾问、教员，提供助学金和设备等。

⑤组织联营公海上或主权未定地区的导航设施与服务。

（二）国际航空运输协会（International Air Transport Association，IATA）

国际航空运输协会（International Air Transport Association，IATA）是一个由世界各国航空公司所组成的大型国际组织，总部设在加拿大的蒙特利尔，执行机构设在日内瓦。和监管航空安全和航行规则的国际民航组织相比，它更像是一个由承运人（航空公司）组成的国际协调组织，管理在民航运输中出现的诸如票价、危险品运输等问题。

1. 组织结构

截至 2002 年 5 月，国际航空运输协会共有 264 会员：北美 16 个；北大西洋 1 个；欧洲 100 个；中东 21 个；非洲 36 个；亚洲 49 个；南美 21 个；太平洋 6 个；中美洲 14个。年度大会是最高权力机构；执行委员会有 27 个执行委员，由年会选出的空运企业高级人员组成,任期三年,每年改选 1/3。常设委员会有运输业务、技术、财务和法律委员会;秘书处是办事机构。在新加坡、日内瓦、贝鲁特、布宜诺斯艾利斯、华盛顿设地区运输业务服务处;在曼谷、日内瓦、伦敦、内罗毕、里约热内卢和达喀尔设地区技术办事处;在日内瓦设清算所。

2. 主要活动

国际航空运输协会的活动分为三种:①同业活动——代表会员进行会外活动,向具有权威的国际组织和国家当局申述意见,以维护会员的利益;②协调活动——监督世界性的销售代表系统,建立经营标准和程序,协调国际航空运价;③行业服务活动——承办出版物、财务金融、市场调研、会议、培训等服务项目。通过上述活动,统一国际航空运输的规则和承运条件,办理业务代理及空运企业间的财务结算,协调运价和班期时刻,促进技术合作,参与机场活动,进行人员培训等。

(三)国际货物发运人协会(International Federation of Freight Forwarders Association,FIATA)

FIATA(菲亚塔)于 1926 年 5 月 31 日成立于维也纳,其目的是解决日益发展的国际货运代理业务所产生的问题。

(四)航空货物运输当事人

在航空货物运输业务中,涉及的有关当事人主要有发货人、承运人、代理人、地面运输公司和收货人等。

1. 航空公司

航空公司自身拥有飞机从事航空运输活动。在货运业务中,航空公司一般只负责空中运输,即从一个机场运至另一机场的运输。

2. 航空货运公司

航空货运公司又称空运代理。它是随航空运输的发展及航空公司运输业务的集中化而发展起来后种服务性行业。

(1)航空货运公司的主要业务形式:

①门/桌到门/桌(Door/Desk to Door/Desk)。门/桌到门/桌的服务形式也是航空快递公司最常用的一种服务形式。

首先由发件人在需要时电话通知快递公司,快递公司接到通知后派人上门取件,然后将所有收到的快件集中到一起,根据其目的地进行分拣、整理、制单、报关,发往世界各地,到达目的地后,再由当地的分公司办理清关、提货手续,并送至收件人手中。在这期间,客户还可依靠快递公司的电脑网络随时对快件(主要指包裹)的位置进行查询,快件送达之后,也可以及时通过电脑网络将消息反馈给发件人。

②门/桌到机场(Door/Desk to Airport)。与前一种服务方式相比,门/桌到机场的服务指快件到达目的地机场后不是由快递公司去办理清关、提货手续并送达收件人的手中,而是由快递公司通知收件人自己去办理相关手续。采用这种方式的多是海关当局有特殊规定的货物或物品。

③专人派送（Courier on Board）。所谓专人派送是指由快递公司指派专人携带快件在最短时间内将快件直接送到收件人手中。这是一种特殊服务，一般很少采用。

与以上三种服务形式相比，门/桌到机场形式对客户来讲比较麻烦，专人派送最可靠、最安全，同时费用也最高。而门/桌到门/桌的服务介于上述两者之间，适合绝大多数快件的运送。

（2）运代理人的身份：

①承运人身份有两种，分别是：空运缔约承运人；空运实际承运人。

②托运人身份。当货运代理人以自己的名义与航空公司签订运输合同时，相对于运输合同对方当事人而言，他是托运人，航空公司是承运人。

③收货人身份。在目的地点，货运代理人可以以自己的名义接受货物，同样可以成为收货人。

④托运人的代理人。当货运代理人从不同的托运人手中接受货物，以托运人的名义与航空公司签订运输合同同时，货运代理人是托运人的代理人，航空公司是承运人。

⑤承运人的代理人。当货运代理人以承运人的名义与托运人签订运输合同并向托运人签发航空货运单，货运代理人是承运人的代理人。

（3）航空货运代理公司的作用：

①能够安全、迅速、准确地组织进出口货物运输。

②能够就运费、包装、单证、结关、检查检验、金融、领事要求等提供咨询，并对国外市场的价格、销售情况提供信息和建议。

③能够提供优质服务。为委托人办理国际货物运输中某一个环节的业务或全程各个环节的业务，手续方便简单。

④能够把小批量的货物集中成为组货物进行运输，既方便了货主，也方便了承运人，货主因此得到优惠的运价，承运人接受货物时省时、省力，便于货物的装载。

⑤能够掌握货物全程的运输信息，使用现代化的通信设备随时向委托人报告货物在途的运输情况。

⑥不仅能组织协调运输，而且影响到新运输方式的创造、新运输路线的开发以及新费率的制定。

（4）航空货运代理公司的类型：

①一类代理公司：经营国际及中国香港、中国澳门、中国台湾航线的代理业务。

②二类代理公司：经营除中国香港、中国澳门、中国台湾航线外的国内航线的代理业务。

二、航空运载工具

（一）货运飞机类型

1. 按机身尺寸分

（1）窄体飞机。

（2）宽体飞机。

2. 按机舱载货方式分

（1）全货机。

（2）客货两用机。

（二）航空集装器（Unit Load Devices，ULD）

1. 集装设备的分类

（1）集装箱板（PALLET）：是一块具有平整底面的铝板。

（2）集装棚。

（3）航空集装箱。

2. 航空集装器编号

每个集装器都有 IATA（国际航空运输协会）编号，编号由九个字母与数字组成，如 AKE1204WH。每位含义如下：

第一位：集装器的种类码。

第二位：底板尺寸码。

第三位：箱外形、与机舱相容性码。

第四～第七位：集装器序号码。

第八位、第九位：注册号码。一般为航空公司的 ITAT 二字代码。

3. 对集装器货物的限制

（1）最大载重限制。

（2）体积、尺寸限制。

（3）集装器内货物限制。

三、航空货物

不同的航空货物对运价有不同的承受能力。

1. 对运价不具敏感性，能承受较高的价格

（1）高附加值产品。

（2）时效性物品。

2. 对运价具有敏感度

（1）能承受一定的运价，其他运输方式存在竞争的货物。

（2）对运价极具敏感度，航空运输与其他方式相比无优势。

四、航空运输地理及时差计算

（一）世界空运地理

航空公司按国际航空运输协会 IATA 所划定的 3 个区域制定规章制度收取国际航空运费。

IATA1 区：主要指南、北美洲、格陵兰等；IATA2 区：主要指欧洲、非洲、伊朗等；IATA3区：主要指亚洲、澳大利亚、新西兰等。

（二）航班时刻表

1. 时区

时区是地球上的区域使用同一个时间定义。

以前，人们通过观察太阳的位置决定时间，这就使得不同的城镇之间的时间有所不同。时区通过设立一个区域的标准时间来解决这一个问题。

时区以子午线为中心，即从西经7.5度至东经7.5度为0时区，该时区太阳正午时的时间为12：00，称为格林尼治时间（GMT）。

以0时区向西和向东，每隔经度15度为一时区，依次划分为东1区至东12区、西1区至西12区，东12区与西12区重叠，这样全球划分为24个时区。

当地时间（Local Time）＝GMT＋/－某一数值；

某一数值：0时区向东隔几个时区，时间加几小时；向西隔几个时区，时间减几小时。具体数值查International Time Calculator。

【例】　GMT是08：00，问杭州当地时间。

查International Time Calculator

杭州在东8区，杭州当地时间＝8＋8＝16，下午4点。

【例】　10月15日西班牙当地时间05：00，问加拿大温哥华当地时间。

查International Time Calculator

西班牙在东1区，加拿大温哥华在西7区，时差8小时，西班牙时间早于加拿大，加拿大温哥华时间为14日21：00。

2. 飞行时间计算

$$飞行时间＝到达GMT－始发GMT　或$$

$$飞行时间＝到达时间－始发时间－到达地至始发地时差$$

【例】　飞机离开赞比亚的时间1月6日09：10，到达中国香港时间1月7日14：50，计算飞行时间。

查International Time Calculator

赞比亚在东2区，中国香港在东8区，时差6小时。

到达GMT＝14：50＋24：00－08：00＝30：50

始发GMT＝09：10－02：00＝07：10

飞行时间＝30：50－07：10＝23：40，即23小时40分钟。

或飞行时间＝14：50＋24：00－09：10－06：00＝23：40

3. 航空货物运输指南（OAG Air Cargo Guide）

OAG手册将各航空公司的信息合编成一册，主要用于查找货物运输航班时刻（Worldwide City To City Schedules）。

知识拓展

航空运输常用缩略语及代码

国际航空运输协会对世界上的国家、城市、机场、加入国际航空运输协会的航空公司制定了统一的编码。

(1) 城市代码：三个字母。

(2) 机场代码：三个字母，一般与城市代码相同。有多个机场的城市，城市代码与机场代码不同。

(3) 航空公司代码：二个字母或三个数字。

(4) 国家代码：二个字母。

(5) 货币代码：国家代码＋货币的首字母。

(6) 其他费用 (Other Charges) 代码：三位字母。

前两位字母为费用名称：

AC：动物容器费 (Animal Container)。

AS：集装服务费 (Assembly Service Fee)。

AW：货运单费 (Air Waybill Fee)。

CD：目的站办理海关手续和处理费 (Clearance and Handling-Destination)。

IN：代办保险手续费 (Insurance Premium)。

LA：活体动物处理费 (Live Animal)。

后一位字母为收费对象 (A 表示向代理人收费；C 表示向承运人收费)。

任务二 航空货物运输方式

任务描述

航空货物运输方式包括班机运输和包机运输两种方式，航空货物托运对货物有着特殊的要求。

小讨论：航空货物托运对货物的要求有哪些？

知识点

一、航空货运营运方式

(一) 班机运输 (Scheduled Airline)

班机是指定期开航、定航线、定始发站、定目的港、定途经站的飞机。

班机运输特点：迅速准确、方便货主、舱位有限。

(二) 包机运输 (Chartered Carrier)

包机人为一定的目的包用航空公司的飞机运载货物的形式称为包机运输。

1. 整包机

(1) 即包租整架飞机，指航空公司按照与租机人事先约定的条件及费用，将整架飞机租给包机人，从一个或几个航空港装运货物至目的地。

(2) 包机人一般要在货物装运前一个月与航空公司联系，以便航空公司安排运载和向起降机场及有关政府部门申请、办理过境或入境的有关手续。

(3) 包机的费用：一次一议，随国际市场供求情况变化。

2. 部分包机

(1) 由几家航空货运公司或发货人联合包租一架飞机，或者由航空公司把一架飞机的舱位分别卖给几家航空货运公司装载货物。部分包机适用于托运不足一架整飞机舱容，但货量又较重的货物运输。

(2) 部分包机与班机的比较：

①时间比班机长。

②各国政府为了保护本国航空公司利益，常对从事包机业务的外国航空公司实行各种限制。

3. 包机的优点

(1) 解决班机舱位不足的矛盾。

(2) 货物全部由包机运出，节省时间和多次发货的手续。

(3) 弥补没有直达航班的不足，且不用中转。

(4) 减少货损、货差或丢失的现象。

(5) 在空运旺季缓解航班紧张状况。

(6) 解决海鲜、活动物的运输问题。

二、航空货运组织方法

(一) 集中托运

1. 集中托运的具体做法

(1) 将每一票货物分别制定航空运输分运单，即出具货运代理的运单 HAWB

（House Airway Bill）。

（2）将所有货物区分方向，按照其目的地相同的同一国家、同一城市来集中，向航空公司托运，与航空公司签订总运单 MAWB（Master Airway Bill）。

（3）打出该总运单项下的货运清单（Manifest）。

（4）把该总运单和货运清单作为一整票货物交给航空公司。

（5）货物到达目的地站机场后，当地的货运代理公司作为总运单的收货人负责接货、分拨，按不同的分运单制定各自的报关单据并代为报关、为实际收货人办理有关接货事宜。

（6）实际收货人在分运单上签收以后，目的站货运代理公司以此向发货的货运代理公司反馈到货信息。

2. 集中托运的限制

（1）集中托运只适合办理普通货物。

（2）目的地相同或临近的可以办理。

3. 集中托运的特点

节省运费、提供方便、提早结汇。

（二）航空快递（快件、快运或速递）

指具有独立法人资格的企业将进出境的货物从发货人所在地通过自身的网络运达收货人的一种快速运输方式。

1. 航空快递的特点

（1）航空快递业务以商务文件、资料、小件样品和小件货物为主。

（2）中间环节少，速度快于普通的航空货运。

（3）航空快递中的交付凭证 POD。

（4）办理快递业务的大都是国际性的跨国公司。

2. 航空快递业务的主要形式

（1）场到场的快递服务。

（2）门到门（也称桌到桌）的快递服务。

（3）快递公司派人随机送货。

3. 联运方式

航空货物的联运方式主要是陆空联运，有火车、飞机和卡车的联合运输方式，简称 TAT（Train-Air-Truck），或火车、飞机的联合运输方式，简称 TA（Train-Air）。

知识拓展

航空货运的产生和发展

航空货物运输是 20 世纪初在法国首先出现的。第二次世界大战后，大批军用飞机转入民用运输。西方发达资本主义国家开始大力发展航空工业，开辟国际航线，逐步建立了全球性的航空运输网络。随着战后国际贸易的迅速发展，航空运输作为国际贸易运输的一种方式被越来越广泛地采用，在国际贸易运输中所占的比重越来越大。

根据国际民航组织统计，1962—1973 年，国际航空货运量平均每年增长 17％，几乎每 4 年增长 1 倍。自 20 世纪 70 年代以来，航空运输仍然以相当快的速度发展着。据不完全统计，至 2000 年，世界上的喷气式货机数量已经超过 1500 架，是 1985 年的 3 倍，货运量也从 1985 年的 430 亿吨公里增加到 2000 年的 1250 亿吨公里，年平均增长率为 7.5％。国际民航组织最新统计数字显示，2002 年世界定期航班运输总周转量已达到 3918 亿吨公里。货运量增长最快的地区是亚洲到北美、欧洲的出口航线。从货运量预计，今后 20 年内的航空货运量将以每年 6.5％ 的增长率增长，以此为基础预计的货运吨公里将是现在的 3 倍以上，货机的需求量也将是 3 倍，达到 4500 架。

我国航空运输业起步较晚，民用航空事业直到新中国成立以后才开始发展起来。20 世纪 80 年代以后我国的航空运输业快速发展，1985 年，有 267 条航线，其中国内航线 233 条，国际和地区航线 34 条。至 1998 年，约有 1122 条航线，其中 983 条国内航线、131 条国际航线和 8 条地区航线，分别通往亚洲、欧洲、北美洲和大洋洲等几十个国家和地区。截至 2002 年，我国国内外航线总数已达到 1176 条。其中国内航线 1015 条（含港澳地区航线 44 条），通航城市 130 个。我国与 89 个国家签订了航空运输协定，国际航线达 161 条，通航国家 34 个，国际航线定期航班通航城市 67 个，其中亚洲城市 44 个。2002 年年末，我国拥有运输机队飞机 602 架，其中大中型运输飞机占 85％，全国通航机场 143 个。目前我国已形成以北京、天津、上海、广州等重点开放城市为核心，以各省、自治区的省会城市、沿边开放城市及主要城市为节点的航空货运业务网络。

2000 年，全行业完成货邮运输量 196.7 万吨，比 1999 年增长 15.4％。2002 年年末的全行业统计数字表明，我国货邮运输量达到 202 万吨以上，运输总周转量达到 162 亿吨公里，排名世界第五，在世界运输总周转量中的份额为 4.1％，如果将香港和澳门地区合并计入，中国则仅次于美国排名第二。

中国加入世界贸易组织以来，国民经济稳定增长从而进一步扩大了航空市场，关税（含航空器及零部件）的总体下调使得部分航空成本得以降低，享有《服务贸易总协定》权益则有利于中国航空运输企业与国外同行加强合作并开拓国际市场。前述各项及其他方面的有利因素，使得中国的航空货运业继续保持着良好的增长势头。

中国已经成为世界航空运输业极具发展潜力的巨大市场，我国的航空运输网已成为世界航空运输网络的一个重要组成部分。航空运输在国家综合运输体系中所占的比重将有较大提高，航空运输业对中国经济持续发展的促进作用将日益显著。

任务三　国际航空货物运输业务流程

任务描述

航空货物收运的条件以及国际货航空运单的含义和种类，了解其内容；能够描述国际航空进出口货物运输业务流程。

小讨论：国际航空运单的作用有哪些？

知识点

一、航空货运的收运条件

1. 一般规定

(1) 根据中国民航各有关航空公司的规定，托运人所交运的货物必须符合有关始发、中转和到达国家的法令和规定，以及中国民航各有关航空公司的一切运输规章。

(2) 凡中国及有关国际政府和空运企业规定禁运和不承运的货物，不得接受。

(3) 托运人必须自行办妥始发海关、检疫等出境手续。中国民航各空运企业暂不办理"货款到付"（COD）业务。

(4) 货物的包装、重量和体积必须符合空运条件。

2. 价值限制

每批货物（即每份货运单）的声明价值不得超过 10 万美元或其等值货币（未声明价值的，按毛重每千克 20 美元计算）。超过时，应分批交运（即分两份或多份货运单）；如货物不宜分开，必须经有关航空公司批准后方可收运。

3. 付款要求

(1) 货物的运费可以预付，也可以到付，但需注意：货物的运费和声明价值费，必须全部预付或全部到付；在运输始发站发生的其他费用，必须全部预付或全部到付；在运输途中发生的费用应到付，但某些费用，如政府所规定的固定费用和机场当局的一些税收，如在知道始发站时，也可以预付；在目的地发生的其他费用只能全部到付。

(2) 托运人可用下列付款方式向承运人或其代理人支付运费：人民币现金（或中国人民银行国内支票）[注：代理人不得接受托运人使用旅费证（MCO）或预付票款通知单（PTA）作为付款方式。]

二、航空货运的出口程序（如图 5-1 所示）

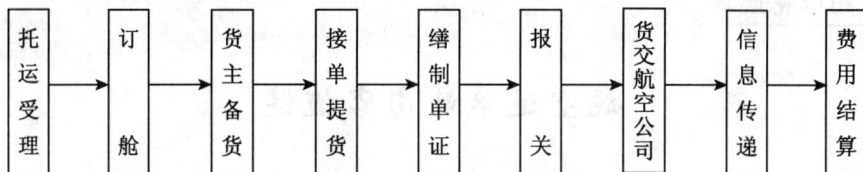

托运受理 → 订舱 → 货主备货 → 接单提货 → 缮制单证 → 报关 → 货交航空公司 → 信息传递 → 费用结算

图 5-1 出口空运货物流程

三、进口货物运输流程（如图 5-2 所示）

到货 → 分类整理 → 到货通知 → 缮制单证 → 报关 → 提货 → 费用结算

图 5-2 进口空运货物流程

四、国际货物航空运单

（一）航空运单的性质和作用

1. 含义

航空运单是一种运输合同，是由承运人或其代理人签发的一份重要的货物单据。

2. 性质和作用

（1）承运合同。

（2）货物收据。

（3）有别于海运提单，并非代表货物所有权的物权凭证，是不可议付的单据。

（4）运费账单。

（5）报关单据。

（6）保险证书。

（7）承运人内部业务的依据。

（二）航空运单的种类

1. 主运单（Master Air Waybill，MAWB）

凡由航空公司签发的航空运单称为主（或总）运单。

2. 分运单（House Air Waybill，HAWB）

由航空运输代理公司在办理集中托运业务时签发给各个发货人的运单。

知识拓展

航空运单的内容概述

（1）航空运单是承运人签发的已接收货物的证明航空运单也是货物收据，在发货人将货物发运后，承运人或其代理人就会将其中一份交给发货人（即发货人联），作为已经接收货物的证明。除非另外注明，它是承运人收到货物并在良好条件下装运的证明。

（2）航空运单是发货人与航空承运人之间的运输合同与海运提单不同，航空运单不仅证明航空运输合同的存在，而且航空运单本身就是发货人与航空运输承运人之间缔结的货物运输合同，在双方共同签署后产生效力，并在货物到达目的地交付给运单上所记载的收货人后失效。

（3）航空运单是承运人据以核收运费的账单和航空运单分别记载着属于收货人负担的费用，属于应支付给承运人的费用和应支付给代理人的费用，并详细列明费用的种类。

（4）航空运单是报关单证之一。出口时航空运单是报关单证之一。在货物到达目的地机场进行进口报关时，航空运单也通常是海关查验放行的基本单证。

（5）航空运单同时可作为保险证书。如果承运人承办保险或发货人要求承运人代办保险，则航空运单也可用来作为保险证书。

（6）航空运单是承运人内部业务的依据航空运单随货同行，证明了货物的身份。运单上载有有关该票货物发送、转运、交付的事项，承运人会据此对货物的运输做出相应安排。

航空运单的正本一式三份，每份都印有背面条款，其中第一份交发货人，是承运人或其代理人接收货物的依据；第二份由承运人留存，作为记账凭证；第三份随货同行，在货物到达目的地，交付给收货人时作为核收货物的依据。

任务四　国际航空货物运输的运价和运费

任务描述

航空运输的运价和运费是最高的，要求掌握航空运输的运价和运费的计算。

知识点

一、航空货物运价及规则手册

TACT（The Air Cargo Tariff）主要分为三部分。

（1）TACT Rules。

（2）TACT Rules—North America。

（3）ACT Rules—Worldwide：世界（除北美）运价手册。

二、运价的基本概念

（1）运价率（Rates）

承运人为运输货物规定的单位重量（或体积）收取的费用称为运价率。

（2）运费（Transportation Charges）

根据适用运价率所得的发货人或收货人应当支付的每批货物的运输费用称为运费。

（3）运价的分类

运价系指机场与机场间的空中费用，不包括提货、报关、接交、仓储以及承运人、代理人或机场收取的各种费用。运价通常分以下三类：

①特种货物运价（Special Cargo Rate，SCR）。它是指航空公司对一些特定的货物在特定的航线上给予的一种特别优惠的运价。特种运价规定有起码重量（100 千克），如达不到所规定物起码重量则不能按此运价计算，因它比普通货物运价低。

②等级货物运价（Class Cargo Rate，CCR）。它仅适用于少数货物，如 a. 活动物、装活动物的箱子和笼子；b. 贵重物品；c. 尸体；d. 报刊、书籍、商品目录、盲聋哑人专用设备；e. 作为货物托运的行李。通常是在"一般货物运价"的基础上加或减一定的百分比计收，其起码重量为 5 千克。

③一般货物运价（General Cargo Rate，GCR）。如货物的种类既不适用特种货物运价也不适用等级货物运价，就必须按一般货物运价计收。它以 45 千克为划分点，45 千克以上较 45 以下的运价低，换言之，货物的重量越大其运价就越低。

运价分上述三种，而运费是选择其中之一计算，如遇两种运价均适用时，首先应选用特种货物运价，其次是等级货物运价，再次才是一般货物运价，这是选用运价的一般原则。

三、计费重量

计费重量是按实际重量和体积重量两者之中较高的一个计算。

1. 实际重量

实际重量是指一批货物包括包装在内的实际总重量。凡重量大而体积相对小的货物用实际重量作为计费重量。具体计算时，重量不足 0.5 千克的按 0.5 千克计；0.5 千克以上不足 1 千克的按 1 千克计；不足 1 磅的按 1 磅计算。

2. 体积重量

体积重量对于货物体积大而重量相对小的称为轻泡货物。计算方法是：

（1）分别量出货物的最长、最宽和最高的部分，三者相乘算出体积，尾数四舍五入。

（2）将体积折算成千克（或磅）。

国际航空货物运输组织规定在计算体积重量时，以 7000 立方厘米折合为 1 千克。我国民航则规定以 6000 立方厘米折合为 1 千克为计算标准。

四、主要的航空货物运价率

1. 公布的航空货物运价率（The Air Cargo Tariff，TACT 航空货物运价）

（1）普通货物运价率（General Cargo Rate，GCR）。一般普通货物运价率，以 45 千克作为重量划分点，分为 45 千克（或 100 磅）以下的普通货物运价，运价类别代号为"N"。

（2）等级货物运价率（Class Cargo Rate，CCR）。等级货物运价率是指适用于规定地区或地区间指定等级的货物所适用的运价。

①等级运价加价，运价代号"S"。运价是按 45 千克以下的普通货物的运价的 150%～200%计收。

②等级运价减价，运价代号"R"，运价是按 45 千克以下的普通货物运价的 50%计收。

等级货物运价计算注意事项：

①运单填写。运价类别代号栏：R、S；重量栏：K、L；泡货填体积尺寸；货品品名多于两个，填写总重量。

②等级运价减价一般取 45 千克以下的普通货物的运价的 50%；当运量较大时，若此重量分界点的普通货物运价率低于 45 千克以下的普通货物的运价的 50%，采用普通货物运价，运价类别代号栏应填写 N。

③无人押运行李的最低计费重量不得小于 10 千克。

（3）特种货物运价（Specific Cargo Rate，SCR）。运价代号"C"，特种货物运价计算注意事项：

①运单填写。运价类别代号栏：C；重量栏：K、L；泡货填体积尺寸；货品品名多于两个，填写总重量。

②特种货物一般有最低计费重量的限制；当运量较小时，若采用普通货物运价计算的运费小于按特种货物运价计算的运费，采用普通货物运价，运价类别代号栏应填写 N。

（4）起码运费：起码运费也称最低运费，起码运费的类别代号为"M"。

2. 非公布的直达航空运价

（1）比例运价（Construction Rate）。

（2）分段相加运价（Combination of Rate）。所谓分段相加运价是指在两地间既没有直达运价也无法利用比例运价时，可以在始发地与目的地之间选择合适的计算点，分别找到始发地至该点、该点至目的地的运价，两段运价相加组成全程的最低运价。

3. 择优使用航空运价

五、声明价值费（Valuation Charges）

货物的声明价值是针对整件货物而言，不允许对货物的某部分声明价值。声明价值费的收取依据货物的实际毛重，计算公式为：

声明价值费＝（货物价值－货物毛重×20 美元/千克）×声明价值费费率

声明价值费的费率通常为 0.5％。

六、其他附加费

其他附加费包括制单费、货到付款劳务费、提货费等。

知识拓展

国际航空货物运输的运价

一、航空运输区划

航空公司按国际航空运输协会所制定的三个区划费率收取国际航空运费。

一区：主要指南、北美洲、格陵兰等；二区：主要指欧洲、非洲、伊朗等；三区：主要指亚洲、澳大利亚、新西兰等。

二、普通货物运价（GCR）

普通货物运价，又称一般货物运价，它是为一般货物制定的，仅适用于计收一般普通货物的运价。

一般普通货物运价，以 45 千克作为重量划分点，分为 45 千克（或 100 磅）以下的普通货物运价，运价类别代号为 N，和 45 千克（或 100 磅）及 45 千克（或 100 磅）以上的普通货物运价，运价类别代号为 Q。45 千克以上的普通货物运价较低于 45 千克以下的普通货物运价。

【例】 以北京—伦敦为例，普通货物运价的每千克运费分别是：

45 千克以下 37.25 元；

45 千克以上 26.66 元；

300 千克以上 24.30 元；

500 千克以上 19.71 元；

1000 千克以上 18.10 元。

当一个较高的起码重量能提供较低运费时，则可使用较高的起码重量作为计费重量。这个原则也适用于那些以一般货物运价加或减一个百分比的等级运价。

【例】 普通货物一件 285 千克，从 BJS（北京）运至 LON（伦敦），计算运费比较：

用 45 千克以上运价算：$26.66 \times 285 = 7598.1$（元）

（一）含义

等级货物运价是指适用于规定地区或地区间指定等级的货物所适用的运价。等级货物运价是在普通货物运价的基础上增加或减少一定百分比而构成的。

（二）种类

（1）等级运价加价，用"S"表示，适用商品包括：活动物；贵重物品；尸体。上述物品的运价是按 45 千克以下的普通货物的运价的 200% 计收。

（2）等级运价减价，用"R"表示，适用商品包括：报纸、杂志、书籍及出版物；作为货物托运的行李。上述物品的运价是按 45 千克以下的普通货物运价的 50% 计收。

特种货物运价，又称指定商品运价，是指自指定的始发地至指定的目的地而公布的适用于特定商品，特定品名的低于普通货物运价的某些指定商品的运价。

特种货物运价是由参加国际航空协会的航空公司根据在一定航线上有经常性特种商品运输的发货人的要求，或者为促进某地区的某种货物的运输，向国际航空协会提出申请，经同意后制定的。

即首先使用特种货物运价，其次是等级运价，最后是普通货物运价。

当使用等级运价或普通货物运价计算出的运费低于按特种货物运价计算出的运费时，则可使用等级运价或普通货物运价。

但下列情况除外：

（1）如果在同一起码重量下特种货物运价高于等级运价或普通货物运价，就应该使用这个特种货物运价。

（2）如果等级运价高于普通货物运价，就应该使用这个等级运价。

三、有关运价的其他规定

（一）运价的使用及特点

（1）除起码运费外，公布的运价都以千克或磅为单位。

（2）公布的运价是一个机场到另一个机场的运价，而且只适用于单一的方向。

（3）公布的运价仅指基本运费，不包含附加费。

（4）运价的货币单位一般以当地货币单位为准。

（5）航空运单中的运价是按出具运单之日所适用的运价。

（二）起码运费

起码运费是航空公司承运一批货物所能接受的最低运费，不论货物的重量或体积大小，在两点之间运输一批货物应收最低金额。起码运费的类别代号为"M"。它是航空公司在考虑办理一批货物，即使是一笔很小的货物，所必须产生的固定费用而制定的，当货物运价少于起码运费时，就要收起码运费。

不同的国家和地区有不同的起码运费。中国民航的起码运费是按货物从始发港到目的港之间的普通货物运价 5 千克运费为基础，或根据民航和其他国家航空公司洽谈同意的起码运费率征收的。

案例导读

某保险公司诉 A 航空公司、B 航空公司
货物运输赔偿纠纷案

【案情】

1991 年 12 月 6 日，原告某保险公司接受某公司（托运人）对其准备空运至米兰的 20 箱丝绸服装的投保，保险金额为 73849 美元。同日，由被告 A 航空公司的代理 B 航空公司出具了航空货运单一份。该航空货运单注明：第一承运人为 A 航空公司，第二承运人为 C 航空公司，货物共 20 箱，重 750 千克，该货物的"声明价值（运输）"未填写。A 航空公司于 1991 年 12 月 20 日将货物由杭州运抵北京，12 月 28 日，A 航空公司在准备按约将货物转交 C 航空公司运输时，发现货物灭失。1992 年，原告对投保人（托运人）进行了全额赔偿并取得权益转让书后，于 1992 年 5 月 28 日向 B 航空公司提出索赔请求。B 航空公司将原告索赔请求材料转交 A 航空公司。A 航空公司表示愿意以每千克 20 美元限额赔偿原告损失，原告要求被告进行全额赔偿，不接受被告的赔偿意见，遂向法院起诉。

【法院分析】

法院认为，航空货运单是航空运输合同存在及合同条件的初步证据。该合同的"声明"及合同条件是合同的组成部分，并不违反 1955 年《海牙议定书》的规定，且为国际航空运输协会规则所确认，故应属有效，对承运人和托运人具有相同的约束力。托运人在将货物交付运输时向原告进行了保险，该批货物在 A 航空公司承运期间发生灭失，A 航空公司应负赔偿责任。原告在赔偿后取得代位求偿权。由于托运人在交托货物时，未对托运货物提出声明价值并交付必要的附加费，所以 A 航空公司在责任范围内承担赔偿责任是合理的。被告 B 航空公司作为签发人，应对合同下的货物运输负有责任，但鉴于被告 A 航空公司承诺赔偿，B 航空公司可不再承担责任。

法院同时认为，该案是原告拒绝被告 A 航空公司承诺按责任限额赔偿而引起，故责任在原告。

【法院判决】

（1）航空公司赔偿原告 15000 美元；

（2）航空公司给付原告自 1993 年 2 月 1 日至判决生效日 15000 美元的活期存款利息；

（3）诉讼费用由原告承担。

请结合所学知识对此案例进行评论。

分组讨论

航空货物托运的程序。分成两组，一组代表货方，另一组代表承运方，双方模拟航空货物托运程序。

复习思考

1. 简述航空货物运输方式。

2. 简述国际航空货物运输业务流程。

3. 请详细说明国际航空货物运输的运价有哪些类型。

实践项目

航空公司进港货物操作流程。

项目六 集装箱运输实务

项目导读 ▶▶▶

集装运输是工业革命和运输生产发展变革的产物。集装运输是以集装箱、集装器具和捆扎索夹具为载体，将散裸装和成件包装货物集合组装成集装单元，以便适于现代化流通领域内运用大型起重机械和大型运载车辆进行装卸、搬运作业和完成运输任务，以便更好地实现"门到门"运输的一种新型的、高效益的运输方式。

知识目标

- 掌握集装箱的定义、国际标准箱型、集装箱多式联运经营人的概念
- 熟悉集装箱的分类、集装箱货物的种类和装载的一般要求
- 掌握集装箱货物的流转组织
- 从贸易价格术语、构成和计费特点三方面了解集装箱运价的特点
- 掌握集装箱大陆桥运输的概念、特点
- 了解集装箱大陆桥运输线路情况

能力目标

- 集装箱海运运价与费用的计收方法
- 集装箱进出口业务组织程序

任务一 认知集装箱运输

任务描述

熟知集装箱的概念、类型、标记和参数。

小讨论：集装箱运输的特点有哪些？

知识点

一、集装箱的定义

（一）集装箱的定义

集装箱（Container）的英文词义是一种容器，在我国台湾和香港等地称为货柜。它是指具有一定规格和强度的专为周转使用的大型货箱。这种容器和货物的外包装与其他容器不同之处，在于除能装载货物外，还需要适应许多特殊要求。国际标准化组织制定了集装箱统一规格，力求使集装箱达到标准化，标准化组织不仅对集装箱尺寸、术语、试验方法等，而且就集装箱的构造、性能等技术特征作了某些规定。集装箱的标准化促进了集装箱在国际间的流通，对国际货物流转的合理化起了重大作用。

根据国际标准化组织 104 技术委员会（International Standardization Organization-Technaical Committee 104，ISO/TC104）的规定，集装箱应具有如下条件：

（1）具有耐久性其坚固强度足以反复使用。

（2）便于商品运送而专门设计的在一种或多种运输方式中运输无须中途换装。

（3）设有便于装卸和搬运特别是便于从一种运输方式转移到另一种运输方式的装置。

（4）设计时应注意到便于货物装满或卸空。

（5）内容积为 1 立方米或 1 立方米以上。

各国有关规章和其他国际公约对什么叫集装箱，集装箱应具备的条件都作了规定，虽有差异，但其实质内容基本相同。

（二）集装箱标准

1. 国际标准集装箱

目前使用的国际标准集装箱规格尺寸主要是第一系列的 4 种箱型，即 A 型、B 型、C 型和 D 型。采用 6.1 米（20 英尺）这一个计算单位，6.1 米（20 英尺）指 ICC，12.2 米（40 英尺）指 IAA 型集装箱。

为了便于计算集装箱数量，可以以 20 英尺的集装箱作为换算标准箱。即：

40 英尺集装箱＝2TEU

30 英尺集装箱＝1.5TEU

20 英尺集装箱＝1TEU

10 英尺集装箱＝0.5TEU

2. 非国际标准集装箱

如非标准长度集装箱有美国海陆公司的 10.67 米（35 英尺）集装箱；非标准宽度

集装箱有 2.5 米（8.2 英尺）和 2.59 米（8.5 英尺）两种宽度集装箱；非国际高度集装箱主要有 2.74 米（9 英尺）和 2.9 米（9.5 英尺）两种高度集装箱等。

（三）集装箱的分类

这里仅介绍在海上运输中常见的国际货运集装箱类型。

1. 按用途分类

（1）通用干货集装箱（Dry Cargo Container）。这种集装箱也称为杂货集装箱，用来运输无须控制温度的件杂货。其使用范围极广，据 1983 年的统计，在世界上 300 万个集装箱中，杂货集装箱占 85%，约为 254 万个。这种集装箱通常为封闭式，在一端或侧面设有箱门。这种集装箱通常用来装运文化用品、化工用品、电子机械、工艺品、医药、日用品、纺织品及仪器零件等。这是平时最常用的集装箱。不受温度变化影响的各类固体散货、颗粒或粉末状的货物都可以由这种集装箱装运。

（2）保温集装箱（Keep Constant Temperature Container）。它们是为了运输需要冷藏或保温的货物。所有箱壁都采用导热率低的材料隔热而制成的集装箱可分为以下三种：

①冷藏集装箱（Reefer Container）。它是以运输冷冻食品为主，能保持所定温度的保温集装箱。它专为运输如鱼、肉、新鲜水果、蔬菜等食品而特殊设计的。目前国际上采用的冷藏集装箱基本上分两种：一种是集装箱内带有冷冻机的叫机械式冷藏集装箱；另一种箱内没有冷冻机而只有隔热结构，即在集装箱端壁上设有进气孔和出气孔。箱子装在舱中，由船舶的冷冻装置供应冷气，这种叫做离合式冷藏集装箱（又称外置式或夹箍式冷藏集装箱）。

②隔热集装箱。它是为载运水果、蔬菜等货物，防止温度上升过大，以保持货物鲜度而具有充分隔热结构的集装箱。通常用干冰作制冷剂，保温时间为 72 小时左右。

③通风集装箱（Ventilated Container）。它是为装运水果、蔬菜等不需要冷冻而具有呼吸作用的货物，在端壁和侧壁上设有通风孔的集装箱，如将通风口关闭，同样可以作为杂货集装箱使用。

（3）罐式集装箱（Tank Container）。它是专用以装运酒类、油类（如动植物油）、液体食品以及化学品等液体货物的集装箱。它还可以装运其他液体的危险货物。这种集装箱有单罐和多罐数种，罐体四角由支柱、撑杆构成整体框架。

（4）散货集装箱（Bulk Container）。它是一种密闭式集装箱，有玻璃钢制和钢制的两种。前者由于侧壁强度较大，故一般装载麦芽和化学品等相对密度较大的散货，后者则用于装载相对密度较小的谷物。散货集装箱顶部的装货口应设水密性良好的盖，以防雨水浸入箱内。

（5）台架式集装箱（Platform Based Container）。它是没有箱顶和侧壁，甚至连端壁也去掉而只有底板和四个角柱的集装箱。这种集装箱可以从前后、左右及上方进行装卸作业，适合装载长大件和重货件，如重型机械、钢材、钢管、木材、钢锭等。台架式的集装箱没有水密性，怕水湿的货物不能装运，或用帆布遮盖装运。

（6）平台集装箱（Platform Container）。这种集装箱是在台架式集装箱上再简化而只保留底板的一种特殊结构集装箱。平台的长度与宽度与国际标准集装箱的箱底尺寸相同，可使用与其他集装箱相同的紧固件和起吊装置。这一集装箱的采用打破了过去一直认为集装箱必须具有一定容积的概念。

（7）敞顶集装箱（Open Top Container）。这是一种没有刚性箱顶的集装箱，但有由可折叠式或可折式顶梁支撑的帆布、塑料布或涂塑布制成的顶篷，其他构件与通用集装箱类似。这种集装箱适于装载大型货物和重货，如钢铁、木材，特别是像玻璃板等易碎的重货，利用吊车从顶部吊入箱内不易损坏，而且也便于在箱内固定。

（8）汽车集装箱（Car Container）。它是一种运输小型轿车的专用集装箱，其特点是在简易箱底上装一个钢制框架，通常没有箱壁（包括端壁和侧壁）。这种集装箱分为单层的和双层的两种。因为小轿车的高度为 1.35～1.45 米，如装在 8 英尺（2438 米）的标准集装箱内，其容积要浪费 2/5 以上。因而出现了双层集装箱。这种双层集装箱的高度有两种：一种为 10.5 英尺（3.2 米），另一种为 8.5 英尺高的 2 倍。因此汽车集装箱一般不是国际标准集装箱。

（9）动物集装箱（Pen Container or Live Stock Container）。这是一种装运鸡、鸭、鹅等活家禽和牛、马、羊、猪等活家畜用的集装箱。为了遮蔽太阳，箱顶采用胶合板露盖，侧面和端面都有用铝丝网制成的窗，以求有良好的通风。侧壁下方设有清扫口和排水口，并配有上下移动的拉门，可把垃圾清扫出去。还装有喂食口。动物集装箱在船上一般应装在甲板上，因为甲板上空气流通，便于清扫和照顾。

（10）服装集装箱（Garment Container）。这种集装箱的特点是，在箱内上侧梁上装有许多根横杆，每根横杆上垂下若干条皮带扣、尼龙带扣或绳索，成衣利用衣架上的钩，直接挂在带扣或绳索上。这种服装装载法属于无包装运输，它不仅节约了包装材料和包装费用，而且减少了人工劳动，提高了服装的运输质量。

2. 按箱体材料分类

集装箱按其主体材料构成可分为四类：钢集装箱；铝集装箱；玻璃钢集装箱；不锈钢集装箱。

二、集装箱货物和拼装

（一）集装箱货物分类

1. 按货物性质分

按货物性质分为普通货物、典型货物、特殊货物。

普通货物可称为杂货，按货物性质不需要特殊方法保管和装卸的货物。货物批量不大，品种较多。

典型货物按货物性质和形态本身已包装的、需采用与该包装相适应的装载方法的货物。

特殊货物：指在货物形态上具有特殊性、运输时需要用特殊集装箱装载的货物。

2. 按货物是否适合装箱分

从集装箱运输货物的经济性、物理性角度分析，集装箱运输的货物可分为4大类。

（1）最适合于集装箱的货物。这类货物在物理属性方面完全适合于集装箱运输，而且这类货物的货价一般都很高，因此承受运价的能力也很大，是集装箱运输公司激烈争夺的"抢手货"。这类货物通常包括医药品、酒、家用电器、照相机、手表、纺织品等。

（2）适合于集装箱的货物。这类货物通常是指其物理属性与运价均可为集装箱运输所接受的货物。但与最适合于集装箱的货物相比，其价格和承受运价的能力相应要低一些。因此，利用集装箱运输这类货物的运输利润不是很高。这类货物包括电线袋装食品屋顶板等。

（3）临界于集装箱的货物。这类货物使用集装箱运输，在物理属性及形态上是可行的；但其货价较低，承受的运价也较低，若采用集装箱运输在经济上不一定赢利，甚至亏损。这类货物包括钢材、生铁、原木等。

（4）不适合于集装箱的货物。这类货物由于物理状态和经济上的原因不能使用集装箱，如货价较低的大宗货、长度超过1219厘米（40英尺）的金属构件、桥梁、废钢铁等。又如汽车、食糖等，虽然其物理属性与运价均适合于集装箱运输，但由于这类货物经常采用大批量运输，使用诸如汽车、专用船之类的特种结构船运输效率更高。

（二）集装箱货物的装载

1. 明确货物属性及其对装箱的要求

（1）货物的种类与性质。按货物种类选择集装箱，如表6-1所示。

表6-1　　　　　　　　　　按货物种类选择集装箱

集装箱种类	货物种类
杂货集装箱	清洁货、污货、箱装货、危险货、滚筒货、卷盘货等
开顶集装箱	超高货、超重货、清洁货、长件货、易腐货、污货等
台架式集装箱	超高货、超重货、袋装货、捆装货、长件货、箱装货等
散货集装箱	散货、污货、易腐货等
平台集装箱	超重货、超宽货、长件货、散件货、托盘货等
通风集装箱	冷藏货、动植物检疫货、托盘货、易腐货等
动物集装箱	动植物检疫货等
罐式集装箱	液体货、气体货等
冷藏集装箱	冷藏货、危险货、污货等

（2）货物的尺寸与重量。对货物的具体尺寸与重量的了解，其目的在于合理选用适应其尺寸及重量的集装箱以及箱内可装载的货物数量。

（3）货物的包装。货物因其采用不同的包装方式方法或不同的包装材料，使其包装强度有所差别。货物的包装强度和包装材料应符合各种运输方式的运输条件和装卸条件的要求。

2. 集装箱货物装载的一般要求

可用集装箱装载的货物千差万别，装载的要求也各有不同，但一般应满足下述基本要求：

（1）重量的合理分配。根据货物的体积、重量、外包装的强度以及货物的性质进行分类，把外包装坚固和重量较重的货物装在下面，外包装较为脆弱、重量较轻的货物装在上面，装载时要使货物的重量在箱底上形成均匀分布。否则，有可能造成箱底脱落或底梁弯曲。如果整个集装箱的重心发生偏移，当用扩伸抓具起吊时，有可能使集装箱产生倾斜。此外，还将造成运输车辆前后轮重量分布不均。

（2）货物的必要衬垫。装载货物时，要根据包装的强度来决定对其进行必要的衬垫。

对于外包装脆弱的货物、易碎货物应夹衬缓冲材料，防止货物相互碰撞挤压。为填补货物之间和货物与集装箱侧壁之间的空隙，有必要在货物之间插入垫板、覆盖物之类的隔货材料。

要注意对货物下端进行必要的衬垫，使重量均匀分布。

对于出口集装箱货物，若其衬垫材料属于植物检疫对象的，箱底应改用非植检对象材料。

（3）货物的合理固定。货物在装箱后，一般都会产生空隙。由于空隙的存在，必须对箱内货物进行固定处理，以防止在运输途中，尤其是海上运输中由于摇摆船体而造成的货物坍塌与破损。货物的固定方法主要有以下几种：

①支撑，用方形木条等支柱使货物固定。

②塞紧，货物与集装箱侧壁之间用方木等支柱在水平方向加以固定，货物之间插入填塞物、缓冲垫、楔子等防止货物移动。

③系紧，用绳索、带子等索具或用网具等捆绑货物。

由于集装箱的侧壁、端壁、门板处的强度较弱，因此，在集装箱内对货物进行固定作业时要注意支撑和塞紧的方法，不要直接撑在这些地方，应设法使支柱撑在集装箱的主要构件上。此外，也可将衬垫材料、扁平木材等制成栅栏来固定货物。

此外，绑扎固定对于缓冲运输中产生的冲击和振动也具有明显效果。

随着新型缓冲衬垫材料的不断出现，货物的固定与衬垫方式方法也将发生明显变化。

三、集装箱多式联运

（一）多式联运的定义

1980 年 5 月于日内瓦通过的《联合国国际多式联运公约》中规定："国际多式联运是指按照多式联运合同，以至少两种不同的运输方式，由多式联运经营人将货物从一国境内接管货物的地点运至另一国境内指定交付货物的地点。"

多式联运不仅仅是不同运输工具进行的联合运输，更重要的是在全程运输中只有一份运输合同，由多式联运经营人作为合同承运人统一组织全程运输，负责将货物从接货地运往交货地。因此，多式联运在本质上不同于分段联运，它是一种体现整体性的高效率的联运组织形式。

（二）多式联运的基本特征

（1）是根据国际多式联运合同进行的。国际多式联运合同是多式联运经营人与发货人订立的符合多式联运条件的运输合同。该合同约束整个多式联运过程。

（2）国际多式联运全程运输中至少是用两种不同的运输方式，而且是不同运输方式在不同运输区段的连续运输。

（3）多式联运的货物主要是集装箱货物或是集装化的货物。在运输过程中一般以集装箱作为运输的基本单元。货物集装箱化促进了多式联运的发展，而现代集装箱运输自产生时起就与多式联运紧密的联系在一起，使得国际多式联运具有集装箱运输的高效率、高质量、高投入、高技术和系统性的特点。国际多式联运的发展与集装箱运输系统特别是集疏运系统的完善有紧密的关系。

（4）多式联运经营人以单一费率向货主收取全程运费。多式联运是一票到底，实行全程单一费率的运输。发货人只要办理一次托运、一次计费、一次保险，通过一张单证即可实现从起运地到目的地的全程运输。

（5）多式联运经营人对货主承担全程的运输责任。多式联运是不同运输方式的综合组织，无论涉及几种运输方式，分为多少个区段，多式联运的全程运输都是由多式联运经营人完成或组织完成的，多式联运经营人要对运输的全程负责。

（6）多式联运货物的全程运输，除由多式联运经营人本人承担或者是不承担部分区段运输外，多区段的运输是通过其与各区段的实际承运人订立分运合同来完成。各区段的实际承运人对自己承担区段的货物运输负责。

（三）国际多式联运经营人

集装箱运输在开展多式联运业务时，货物从发货人仓库到收货人仓库及到海、陆、空等运输区段，必须有人负责整个全程运输的安排、组织、协调与管理工作，这个负责人就是联运经营人，或称契约承运人。多式联运经营人是指本人或委托他人以本人名义与托运人订立一项国际多式联运合同并以承运人身份承担完成此项合同责任的人。

国际多式联运经营人应具备的条件

1. 要有国内外多式联运经营的网络

多式联运经营人不仅要在国内外的沿海、沿江港口有自己的分支机构或代理，而且在国内外的内陆大城市也要有自己的分支机构或代理。只有具备这样的网络才能把两种或两种以上的不同运输方式联成一体以完成一批货物的连贯运输。

2. 要在国内外建立集装箱场站

要在国内外建立自己的中转机构，如受人力、财力的限制，也应与国内外当地同行搞合资、联营或建立相互委托代理的关系。

3. 要建立计算机管理系统

4. 要建立一支专业队伍

组织世界范围内的国际多式联运，其涉及面之广、接触的部门之多较之任何一种单一的运输方式都更为复杂，且随时都有可能出现一些意料之外的事件。因此，必须有一批知识面广、业务娴熟、经济丰富的专业队伍，才能运筹帷幄、决胜千里、运输快捷、服务周到。

5. 要有雄厚的资金

任务二　集装箱运输的组织程序

任务描述

集装箱货物流转的组织和集装箱运输的组织程序。

小讨论：集装箱货物流转对物流活动的影响有哪些？

知识点

一、集装箱货物流转的组织（如图6-1所示）

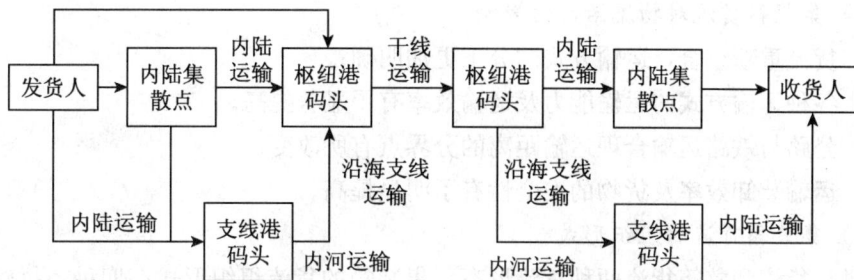

图6-1 集装箱货物流转的组织

（一）集装箱货流的特点

集装箱货流按货物运量多少分为拼箱货流和整箱货流。

1. 拼箱货流

拼箱货（Less Than Cargo Container Load，LCL）是指装不满一整箱的小票货物。

（1）把货物先用卡车或其他运载工具从货主处装运到集装箱货运站进行拼箱，拼箱后，将集装箱运送到码头堆场交由集装箱船装船运输。

（2）拼箱货流转过程如图6-2所示。

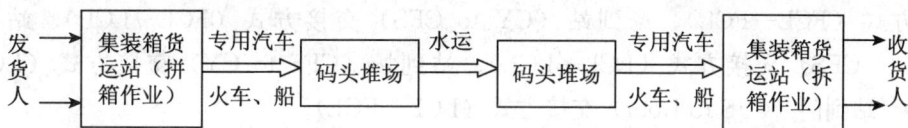

图6-2 拼箱货流转过程

2. 整箱货流

整箱货（Full Container Cargo Load，FCL）是指由发货人负责装箱、计数、填写装箱单，并由海关加铅封的货。

（1）整箱货物运输是将货物直接从发货人处（如发货人的仓库）装箱、验关(出口)。

特点：货物批量大，全部货物均属于一个货主，到达地一致。货物从发货人处装箱后一直到收货人拆箱为止，一票到底。

（2）整箱货流转过程如图6-3所示。

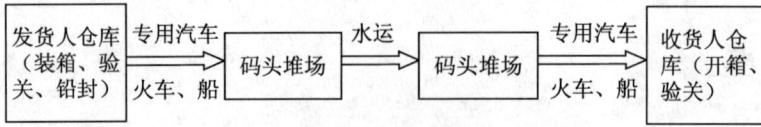

图6-3 整箱货流转过程

（二）集装箱货流对物流活动的影响

（1）货流重新整合，运输方式的分工更加明确；

（2）各种运输方式的运输能力及运输效率有了显著提高；

（3）公路与铁路运输合理运输距离的分界点有所改变；

（4）运输装卸效率及货物的安全性有了明显提高。

（三）集装箱货流的组织形式

按拼箱货流和整箱货流两种货流形态，集装箱的货流组织形式有四种：拼箱货装，整箱货拆；拼箱货装，拼箱货拆；整箱货装，整箱货拆；整箱货装，拼箱货拆。

二、集装箱货物的交接

（一）交接地点

交接地点主要有集装箱码头堆场（Container Yard，CY）、集装箱货运站（Container Freight Station，CFS）、发货人或收货人的工厂或仓库（即Door）。

（二）集装箱货物的交接方式

集装箱货物的交接方式主要有门到门（Door to Door）交接方式（FCL—FCL）、门到场（Door to CY）交接方式（FCL—FCL）、门到站（Door to CFS）交接方式（FCL—LCL）、场到门（CY to Door）交接方式（FCL—FCL）、场到场（CY to CY）交接方式（FCL—FCL）、场到站（CY to CFS）交接方式（FCL—LCL）、站到站（CFS to CFS）交接方式（LCL—LCL）、站到场（CFS to CY）交接方式（LCL—FCL）、站到门（CFS to Door）交接方式（LCL—FCL）。

三、集装箱运输组织程序

（一）进出口货运程序

1. 订舱

发货人或货物托运人根据贸易合同或信用证有关条款的规定，在货物托运前一定的时间，填制订舱单向船公司或其代理人，或其他运输经营人申请订舱。

2. 接受托运申请

船公司或其代理人，或其他运输经营人在决定是否接受发货人的托运申请时，首先应考虑其航线、港口、船舶、运输条件等能否满足发货人的要求。在接收托运申请后，应着手编制订舱清单，然后分送集装箱码头堆场、集装箱货运站，据以安排空箱及办理货运交接。

3. 发放空箱

通常，集装箱货运的空箱由发货人到集装箱码头堆场领取，拼箱货运的空箱则由集装箱货运站负责领取。

4. 拼箱货装箱

发货人将不足一整箱的货物交集装箱货运站，由货运站根据订舱清单的资料，核对场站收据装箱。

5. 整箱货交接

由发货人自行负责装箱并加海关封志的整箱货运至集装箱码头堆场，码头堆场根据订舱清单，核对场站收据及装箱单验收货物。

6. 集装箱的交接签证

集装箱码头堆场在验收货物和集装箱后，即在场站收据上签字，并将签署的场站收据交还给发货人，据此换取提单。

7. 换取提单

发货人凭经签署的场站收据，向负责集装箱运输的人或其代理换取提单，然后去银行结汇。

8. 装船

集装箱码头根据待装的货箱情况，制订出装船计划，待船舶靠泊后即行装船。

9. 海上运输

海上承运人对装船的集装箱负有安全运输、保管、照料之责任，并依据集装箱提单条款划分与货主之间的责任、权利、义务。

10. 卸船

集装箱码头根据装船港承运人代理寄来的有关货运单证制订出卸船计划，待船舶靠泊后即卸船。

11. 整箱货交付

如内陆运输由收货人自己负责安排，集装箱码头堆场根据收货人出具的提货单将货箱交收货人。

12. 拼箱货交付

集装箱货运站在掏箱后，根据收货人出具的提货单将货物交收货人。

13. 空箱回运

收货人和集装箱货运站在掏箱完毕后，应及时将空箱回运至集装箱码头堆场。

（二）进出口主要货运单证

1. 订舱单

订舱单是承运人或其代理人在接受发货人或货物托运人的订舱时，根据发货人的口头或书面申请货物托运的情况据以安排集装箱货物运输而制定的单证。该单证一经承运人确认，便作为承、托双方订舱的凭证。

2. 装箱单

集装箱装箱单是详细记载集装箱和货物名称、数量等内容的单据，每个载货的集装箱都要制作这样的单据，它是根据已装进集装箱内的货物制作的。不论是由货主装箱，还是由集装箱货运站负责装箱，集装箱装箱单都是详细记载每个集装箱内所装货物情况的唯一单据。

所以，在以集装箱为单位进行运输时，这是一张极其重要的单据，集装箱装箱单的主要作用有：

（1）在装货地点作为向海关申报货物出口的代用单据；

（2）作为发货人、集装箱货运站与集装箱码头堆场之间货物的交接单；

（3）作为向承运人通知集装箱内所装货物的明细表；

（4）在进口国、途经国家作为办理保税运输手续的单据之一；

（5）单据上所记载的货物与集装箱的总重量是计算船舶吃水差、稳性的基本数据。

因此，装箱单内容记载准确与否，对保证集装箱货物的安全运输有着密切的关系。

3. 码头收据（场站收据、港站收据）

码头收据一般都由发货人或其代理人根据公司已制定的格式填写，并跟随货物起运至集装箱码头堆场，由接收货物的人在收据人签字后交还给发货人，证明托运的货物已收到，同时用于描述有关机械设备的情况，正常还是异常。

进码头堆场时，码头堆场的工作人员与用箱人、运箱人就设备收据上共同审核的内容有：

（1）集装箱、机械设备归还日期、时间；

（2）集装箱、机械设备归还时外表状况；

（3）集装箱、机械设备归还人名称、地址；

（4）整箱货交箱货主名称、地址；

（5）进堆场目的；

（6）拟装船舶的船名、航次、航线、卸箱港。

4. 进出口货物海关申报单

根据集装箱运输的特点，国际上有许多国家修改了本国海关法令规章和手续，使它适应集装箱成组化运输，也有不少国家共同缔结了关于集装箱货物运输的海关公约。在这些规章和公约中，海关手续被简化到最低限度，集装箱货物只要在起运国内陆地点经海关检验后，并在箱子加注海关封志就可以一直运到进口国家最终交货地点，由目的地海关检验放行。在运输过程中所经国家的海关仅对集装箱作一记录，并不检查箱子内货物的实际情况。

我国海关对进出口集装箱及所装货物的规定：

凡进口的集装箱货物直接运往内地设有海关的地点，则由口岸货运代理向海关申请办理转运（转点）手续，口岸海关将有关申报单证转交承运人负责带交内陆地海关，由内陆地海关查验放行。凡出口的集装箱货物，如果是在内地设有海关地点装箱的，则由当地发货人或货运代理向海关申报，由海关将有关申报单证转交承运人，负责带给出境地海关凭其监督装船。

进出口货物海关申报单的主要内容：

（1）发货人的名称和地址；

（2）收货人的名称和地址；

（3）交货人地点、装货地点；

（4）途经中转地点；

（5）运输方式；

（6）装箱日期，箱量、填表日期、份数；

（7）单证申报人名称、地址；

（8）有关货物情况（货名、件数、标志、种类、包装、货运单位）；

（9）海关、单证申请人签署；

（10）有关备注、附件说明。

在集装箱运输下，除为满足其运输特点需要制定一些单证外，有些单证仍使用普通货物运输方式的单证，在此不一一说明。

（三）几种主要进口单证

在进口货运中，涉及的单证除了提货单外，还有卸箱清单、理货计数单、溢短残损单、催提单、拆箱单等。

四、集装箱运输主要单证流转

1. 出口货运主要单证及其流转（如图 6-4 所示）

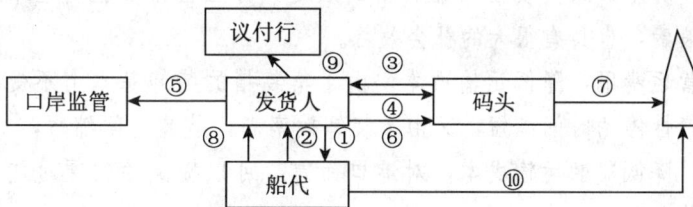

图 6-4　出口货运主要单证及其流转

2. 进口货运主要单证及其流转（如图 6-5 所示）

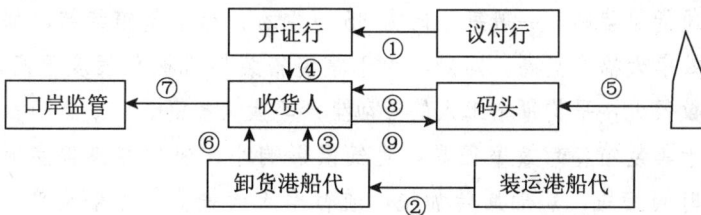

图 6-5　进口货运主要单证及其流转

国际集装箱运输系统知识集装箱运输的特点

由于普通散件杂货运输长期以来存在着装卸及运输效率低、时间长，货损、货差严重，影响货运质量，货运手续繁杂，影响工作效率，因此对货主、船公司及港口的经济效益产生极为不利的负面影响。为解决采用普通货船运输散件杂货存在以上无法克服的缺点，实践证明，只有通过集装箱运输，才能彻底解决以上问题。

如何加速商品的流通过程，降低流通费用，节约物流的劳动消耗，实现快速、低耗、高效率及高效益地完成运输生产过程并将货物送达目的地交付给收货人，这就要求变革运输方式，使之成为一种高效率、高效益及高运输质量的运输方式，而集装箱运输，正是这样的一种运输方式。它具有以下特点。

一、高效益的运输方式

集装箱运输经济效益高主要体现在以下几方面：

（1）简化包装，大量节约包装费用。为避免货物在运输途中受到损坏，必须有坚固的包装，而集装箱具有坚固、密封的特点，其本身就是一种极好的包装。使用集装箱可以简化包装，有的甚至无须包装，实现件杂货无包装运输，可大大节约包装费用。

（2）减少货损货差，提高货运质量。由于集装箱是一个坚固密封的箱体，集装箱本身就是一个坚固的包装。货物装箱并铅封后，途中无须拆箱倒载，一票到底，即使经过长途运输或多次换装，不易损坏箱内货物。集装箱运输可减少被盗、潮湿、污损等引起的货损和货差，深受货主和船公司的欢迎，并且由于货损货差率的降低，减少了社会财富的浪费，也具有很大的社会效益。

（3）减少营运费用，降低运输成本。由于集装箱的装卸基本上不受恶劣气候的影响，船舶非生产性停泊时间缩短，又由于装卸效率高，装卸时间缩短，对船公司而言，可提高航行率，降低船舶运输成本，对港口而言，可以提高泊位通过能力，从而提高吞吐量，增加收入。

二、高效率的运输方式

传统的运输方式具有装卸环节多、劳动强度大、装卸效率低、船舶周转慢等缺点。而集装箱运输完全改变了这种状况。

首先，普通货船装卸，一般每小时为35吨左右，而集装箱装卸，每小时可达400吨左右，装卸效率大幅度提高。同时，由于集装箱装卸机械化程度很高，因而每班组所需装卸工人数很少，平均每个工人的劳动生产率大大提高。

其次，由于集装箱装卸效率很高，受气候影响小，船舶在港停留时间大大缩短，因而船舶航次时间缩短，船舶周转加快，航行率大大提高，船舶生产效率随之提高。从而，提高了船舶运输能力，在不增加船舶艘数的情况，可完成更多的运量，增加船公司收入，这样，高效率导致高效益。

三、高投资的运输方式

集装箱运输虽然是一种高效率的运输方式，但是它同时又是一种资本高度密集的行业。首先，船公司必须对船舶和集装箱进行巨额投资。根据有关资料表明，集装箱船每立方英尺的造价约为普通货船的3.7～4倍。集装箱的投资相当大，开展集装箱运输所需的高额投资，使得船公司的总成本中固定成本占有相当大的比例，高达2/3以上。

其次，集装箱运输中的港口的投资也相当大。专用集装箱泊位的码头设施包括码头岸线和前沿、货场、货运站、维修车间、控制塔、门房，以及集装箱装卸机械等，耗资巨大。

再次，为开展集装箱多式联运，还需有相应的内际设施及内陆货运站等，为了配套建设，这就需要兴建、扩建、改造、更新现有的公路、铁路、桥梁、涵洞等，这方面的投资更是惊人。可见，没有足够的资金开展集装箱运输，实现集装箱化是困难的，必须根据国力量力而行，最后实现集装箱化。

四、高协作的运输方式

集装箱运输涉及面广、环节多、影响大，是一个复杂的运输系统工程。集装箱运输系统包括海运、陆运、空运、港口、货运站以及与集装箱运输有关的海关、商检、船舶代理公司、货运代理公司等单位和部门。如果互相配合不当，就会影响整个运输系统功能的发挥，如果某一环节失误，必将影响全局，甚至导致运输生产停顿和中断。因此，要求搞好整个运输系统各环节、各部门之间的高度协作。

五、适于组织多式联运

由于集装箱运输在不同运输方式之间换装时，无须搬运箱内货物而只需换装集装箱，这就提高了换装作业效率，适于不同运输方式之间的联合运输。在换装转运时，海关及有关监管单位只需加封或验封转关放行，从而提高了运输效率。

此外，由于国际集装箱运输与多式联运是一个资金密集、技术密集及管理要求很高的行业，是一个复杂的运输系统工程，这就要求管理人员、技术人员、业务人员等具有较高的素质，才能胜任工作，才能充分发挥国际集装箱运输的优越性。

六、集装箱运输的关系人

随着集装箱运输的逐步发展、成熟，与之相适应的，有别于传统运输方式的管理方法和工作机构也相应地发展起来，形成一套适应集装箱运输特点的运输体系。主要包括：

（1）经营集装箱货物运输的实际承运人。包括经营集装箱运输的船公司、联营公司、公路集装箱运输公司、航空集装箱运输公司等。

（2）无船承运人。在集装箱运输中。经营集装箱货运的揽货、装箱、拆箱、内陆运输及经营中转站或内陆站业务，但不掌握运载工具的专业机构，称为无船承运人。它在承运人与托运人之间起着中间桥梁的作用。

（3）集装箱租赁公司。这是随集装箱运输发展而兴起的一种新兴行业，专门经营集装箱的出租业务。

（4）联运保赔协会。一种由船公司互保的保险组织，对集装箱运输中可能遭受的一切损害进行全面统一的保险。这是集装箱运输发展后所产生的新的保险组织。

（5）集装箱码头（堆场）经营人。是具体办理集装箱在码头的装卸、交接、保管的部门，它受托运人或其代理人以及承运人或其代理人的委托提供各种集装箱运输服务。

（6）集装箱货运站（Container Freight Station，CFS）。在内陆交通比较便利的大中城市设立的提供集装箱交接、中转或其他运输服务的专门场所。

（7）货主。

任务三　集装箱运价及运费

任务描述

集装箱运输方便快捷，要求会进行集装箱运价及运费的核算。

小讨论：集装箱运价的特点有哪些？

知识点

一、集装箱运价的特点

1. 集装箱运输与国际贸易价格条件术语

国际商会通过文件形式将国际价格条件的名称、内容及买卖双方的责任义务、费用、风险划分都做出明确的解释，当在合同中采用某种价格术语时，要求合同的其他条件都应与之对应，并以合同中规定的价格术语来确定合同的性质和双方各自的权利及义务，具体如表 6 - 2 所示。

表6-2　　　　　　　　FOB、CIF、CFR术语下的责任、费用及风险

术语		FOB		CIF		CFR	
内容		买方	卖方	买方	卖方	买方	卖方
责任	租船订舱	Y			Y		Y
	投保	Y			Y		
	办进口	Y		Y		Y	
	按时交货		Y		Y		Y
	办出口		Y		Y		Y
	提供单证		Y		Y		Y
	租船订舱	Y			Y		Y
费用	运费				Y		Y
	保险费				Y	Y	
	装船港过船舷前费用		Y		Y		Y
	装船港过船舷后费用	Y		Y		Y	
	卸船港过船舷前费用						
	卸船港过船舷后费用						
风险	装船港船舷前		Y		Y		Y
	装船港船舷后	Y		Y		Y	
	卸船港船舷前						
	卸船港船舷后						

2. 集装箱运价构成特点

集装箱运价构成不仅包括集装箱海上运费，而且还应包括集装箱的内陆集疏运费（包括装运港区内运输费）、内陆港站中转费、拆装箱费、集装箱及设备使用费和港口中转费等。

在集装箱运输中，不同交接方式的运价构成是不同的，拼箱货与整箱货的运价构成也不相同。

3. 集装箱运价按箱计费特点

世界上大多数航运公司集装箱的海运运价其整箱货一般都采用包箱费率（BOS）。这种包箱费率一般都包括集装箱海上运输费与在装、卸船港的码头装卸费用，在我国还包括码头堆场的装卸车费用。

集装箱港口装卸费一般也是以箱为单位计收的，大多采用包干费形式（装卸包干费与中转包干费）。另外集装箱在运输全程中，在起运地、中转地、终到地堆场存放超过规定的免费堆存期时收取的延运费（滞期费）一般也都是按箱天数计收的。

集装箱运输中以箱计费的特点，使集装箱运输的计费方式实现了统一化和简单化，大大方便了运输经营人和货主。

二、集装箱海运运价与运费的计收

1. 集装箱海运中货物的交接方式及运价构成

（1）场到场（CY—CY）。在这种交接方式下，船公司承担的责任范围是从进入起运港码头堆场开始至离开目的港码头堆场为止。船公司的运价构成为：起运港堆场（码头）服务费（包括接受货物、堆场存放、搬运至装卸桥下及有关单证费用），装船费用，卸船费用，目的港堆场服务费（包括从卸桥下运至堆场、堆存与交付费用及单证费用），如使用的集装箱是船公司提供的，还应包括从发货人提取空箱至拆箱后返回空箱这一规定期间（免费使用期）的集装箱及设备使用与保险费（以下简称为"集装箱使用费"）。

在大部分港口，堆场服务费与装卸船费都以港口装卸包干费形式收取。在我国港口包干费中还包括装港堆场卸车费与卸港堆场装车费。

（2）场到站（CY—CFS）。在这种交接方式下，船公司运价构成为起运港、目的港堆场服务费及装、卸船费用，海上运输费用，集装箱使用费和目的港 CFS 拆箱服务费（包括堆场至 CFS 重箱搬运费、拆箱费用、货物在 CFS 库中存放及保管费、交付费用和有关单证费用和空箱回运至堆场的搬运费）。

（3）站到站（CFS—CFS）。在 CFS—CFS 交接方式下，承运人接受与交付的货物均为拼箱形态。船公司运价构成为起运港 CFS 装箱服务费（包括接受与存放保管货物费用、堆场至装箱场地的空箱搬运费、装箱费用、重箱至堆场搬运费和有关单证制作管理费），堆场服务费，装船费，海上运输费，目的港卸船费，目的港堆场服务费，拆箱服务费和集装箱使用费。

各船公司一般用运价本来说明各航线的运价。有的运价本海上运费中包括装箱费，如不是承运人装箱，船方应将这部分费用退给实际装箱人。有的运价本中还规定装拆费用，包括从承运人指定地点领取或送回箱子的费用，因此发货人应事先熟悉运价本中收费的含义，以免多付或少付费用。

集装箱运输属于班轮运价范畴。班轮运价考虑的主要因素除运输成本外，还应考虑国际航运市场的竞争情况，由于竞争的需要，各公司的运价并不总保持在运价本说明的水平上。在近些年集装箱运输市场供大于求的情况下，许多船公司采用降价（明降或暗降）手段来争取货源，集装箱运价波动很大。对这一点承托双方都应给予充分重视。同时还应当注意到，对各种集装箱经营人来讲，低运价并不是争取货源的唯一手段。由于适箱货物对运价承受能力相对较高，相当多的货主在选择承运人时不仅关心运价的高低，而且要将运输质量、服务水平（特别是安全、可靠、快速、方便等）等综合考虑后进行选择。

2. 集装箱海运运费计收

目前集装箱货物运价基本上分为两大类：一类是沿用件杂货运费计算方法，以每运吨（W/M）为计算单位，加上相应的附加费；另一类是以箱为计算单位，按航线包箱费率计算。

（1）拼箱货运费计收。目前各船公司拼箱货运费基本上依据件杂货运费标准计算，即按公司运价本规定的（或双方议定的）W/M费率计算基本运费，再加收集装箱运输所产生的有关费用，如拼箱服务费、支线附加费、越重或超尺度附加费等。

拼箱货运费计收应注意以下几个要点：

①拼箱货运费计算是与船公司或其他类型的承运人承担的责任和成本费用一致的，由于拼箱货是由CFS负责装、拆箱，承运人的责任从装箱的CFS开始到拆箱的CFS为止。接受货物前和交付货物后的责任不应包括在运价之内。装拆箱的CFS应为承运人拥有或接受承运人委托办理有关业务。

②承运人在运费中加收拼箱服务费等常规附加费后，不再加收件杂货码头收货费用。承运人运价本中规定W/M费率后，基本运费与拼箱服务费均按货物的重量和尺码计算，并按其中高者收费。

③拼箱货起码运费按每份提单收取，计费时不足1吨部分按1吨收费。

④在拼箱运输中，承运人一般不接受货主提出的选港和变更目的港的要求，因此没有变更目的港的附加费。

⑤各公司的W/M费率多数采用等级费率。货物大多分为一般货物、半危险货物、危险货物、冷藏货物4类，并分别定出W/M费率。

⑥尽管各公司运价本中都说明了各航线等级费率，在激烈竞争形势下，一些公司经常采用议价形式，其基本费率和附加费用可能与运价本不一致。有的公司甚至只报一个M/W费率而不加收附加费。

⑦对符合运价本中有关成组货物的规定和要求，并按拼箱货托运的成组货物，一般给予运价优惠，如托盘运输，计费时可扣除托盘本身的重量或尺码。

（2）整箱货运费计收。下面主要分别就包箱费率、最低运费、最高运费三个方面说明，具体如下：

①包箱费率（Box Rates）。包箱费率是各公司根据自身情况，按箱子的类型制定的不同航线的包干运价，既包括集装箱海上运输费用，也包括在装、卸船港码头的费用。

包箱费率可分为两类：等级货物包箱费率和均一包箱费率。前者是按货物的类别、级别和不同箱型规定的包箱费率，后者则不论货物的类别（危险品、冷藏货除外），只按箱型规定的包箱费率。

目前包箱费率主要有3种具体形式：

a. FAK（Freight for All Kinds）包箱费率。这种包箱费率是对每一集装箱不细分箱内货物的货类级别，不计货量（当然是在重量限额以内），只按箱型统一规定的费率计费，也称为均一包箱费率。

采用这种费率时，货物仅分普通货物、半危险货物、危险货物和冷藏货物4类，不同类的货物、不同尺度（20英尺或40英尺）的集装箱费率不同。

b. FCS（Freight for Class）包箱费率。这种费率是按不同货物种类和等级制定的包箱费率。在这种费率下，一般（如中远运价本）将货物分为普通货物、非危险化学品、半危险货物、危险货物和冷藏货物等几大类，其中普通货物与件杂货一样为1～20级，各公司运价本中按货物种类、级别和箱型规定包箱费率，但集装箱货的费率级差要大大小于件杂货费率级差。

使用这种费率计算运费时，先要根据货名查到等级，然后接航线、货物大类等级、交接方式和集装箱尺度查表，即可得到每只箱子相应的运费。

这种费率属于等级货物包箱费率，中远运价本中，在中国—澳大利亚和中国—新西兰航线上采用这种费率形式。

c. FCB（Freight for Class and Basis）包箱费率。FCB包箱费率是指按不同货物的类别、等级（Class）及计算标准（Basis）制定的包箱费率。在这种费率下，即使是装有同种货物的整箱货，当用重量吨或体积吨为计算单位（或标准）时，其包箱费率也是不同的，这是与FCS费率的主要区别之处。

使用这种费率计算运费时，首先不仅要查清货物的类别等级，还要查明货物是按体积还是按重量作为计算单位，然后按等级、计算标准及交接方式、集装箱类别查到每只箱子的运费。

这种费率也属于等级货物的包箱费率。中远运价本中在中国—卡拉奇等航线上采用这种费率形式。

②最低运费为了保证营运收入不低于营运成本，各船公司都制定了起码的收费标准（即最低费率）。在集装箱运输中各船公司最低运费的规定形式不尽相同，基本上可归纳为下面几种形式：

a. 规定最低货物等级：这种计算方法适用于按货物等级计收运费的情况，可使船公司在承运低级货物时不致亏损。如中远公司运价本中规定以7级为最低收费等级，低于7级的货物以7级计算。

在整箱运输下，根据箱子的种类和规格（尺度）规定最低运费吨；在拼箱运输下，规定每票货物的最低运费吨。表6-3为远东航运公会最低计费吨数表。

表6-3　　　　　　　　　　　　远东航运公会最低计费吨

箱子种类、规格	最低运费吨		
	重量（吨）	尺码（立方米）	运费（吨）
20英尺干货箱	17.5	21.5	21.5
20英尺开顶箱	17.5	21.5	21.5
20英尺散货箱	17.5	90%内容积	
20英尺板架箱	17.5	21.5	21.5

　　b. 规定最低箱载利用率。这种最低运费规定是通过规定集装箱载重量及容积最低利用率来间接地规定最低运费吨，如对可载货 18 吨、32 立方米的 20 英尺箱，对计算标准为 W/M 的货物分别为 95％/85％，意味着规定了最低载货吨为 17.1 吨/27.2 立方米。

　　③最高运费（Maximum Freight）。最高运费仅适用于集装箱整箱运输，其含义是即使货主自装的实际装箱的货物尺码吨越过规定的最高计费吨，承运人仍按箱子的计费吨收取运费，超出部分免收运费。但有些公司有进一步的规定，按等级包箱费率（FCB、FCS）计费且装箱货物等级又不同时，免收运费的货物以箱内货物中级别低（低费率）者计算。

　　各船公司规定的最高计费吨一般习惯按箱子内容积的 85％计算。因此当装运轻泡货物时，可能发生实际装载内货物的尺码超出箱子规定的最高计费吨的情况。但国际标准对集装箱总重量有严格规定，超重是绝对不允许的。

　　【例】　20 英尺干货箱最高计费吨为 21.5 吨/立方米，而箱内实装 9 级货 27 立方米，运费仍按 21.5 立方米计收，超出的 5.5 立方米免收运费。

　　【例】　40 英尺箱最高计费吨为 43 立方米，箱内实装货物总计为 50 立方米。其中 15 级货 20 立方米、12 级货 12 立方米、9 级货 8 立方米、7 级及以下货 10 立方米，运费计算为：

　　20 立方米×15 级货费率＝15 级货运费

　　12 立方米×12 级货费率＝12 级货运费

　　18 立方米×9 级货费率＝9 级货运费

　　3 立方米×7 级货费率＝7 级货运费

　　共 43 立方米

　　运费免收部分为：10－3＝7（立方米）（7 级以下货）

　　与最低运费一样，集装箱运输中的最高运费也有其他形式的规定。有的公司规定了最高计费等级（如中远公司规定 16 级为最高计费等级）。在等级包箱费率情况下，凡高于最高计费等级的货物（不论整箱货还是拼箱货），均按该等级收费。

　　实行最高运费规定时应注意：整箱货运费应按发货人填制的装箱单列明的不同货种及适用费率分别计算后加总收取。如箱内货物每包（捆、箱）中装有不同等级的货物，该包货物运费按包内货物最高等级适用的费率计收；如发货人没有按规定详细申报箱内货物情况，运费按箱子的内容积计收，且按箱内货物最高等级的费率计算；如箱内货物有一部分没有申报衡量，则没有申报衡量的货物数量以箱子内容积与已申报货物运费吨之间的差额确定。

　　（3）装箱运输中的附加费。集装箱附加费是海运运费的组成部分，不论按哪一种费率和计算标准收费，集装箱运输有时都要加收各种附加费。如变更目的港附加费、变更交接方式附加费、重件（由 CFS 装箱）附加费、港口附加费、选卸费、燃油附加费等。这些附加费有的按箱计收，有的按箱内货物量（M/W）计收。

（三）节省集装箱货物运费的途径

1. 合理利用箱容和载重量

集装箱运价实行包箱费且有最高收费限制，这意味着箱内货物装得越多，免费部分就越多，运费节省也越多。

一般来讲，20 英尺适于装运装载系数为 1∶1.8 或更轻的货物。货方在装箱时，可以通过每箱中不同种类货物的合理搭配来充分利用箱容和载重量，达到节省费用的目的。

2. 改进货物包装

有些货物因外包装形状、尺码与箱子内较积（形状、尺码）不相适应而造成箱容的浪费。

3. 运费承受能力差的低价货物尽量不装箱运输，高价货物使用集装箱运输

集装箱货等级费率与传统件杂货等级费率比较，差别主要在以下几个方面：一是计费级别较少，如中远 6 号本（下同）只划分四个计费等级，与传统运输费率对应关系分别为 1～7 级、8～10 级、11～15 级和 16～20 级；二是各级费率差较小，分别为 57 美元、61 美元、65 美元和 74 美元；三是等级低的货物费率高于传统运输，而等级高的货物费率大大低于传统货运。

在这种情况下，诸如矿石、铸铁件、粮食、饲料等等级低于最低运费等级（7 级）的货物宜用普通件杂货船运输，而不用集装箱运输，可节省费用；反之，高于 10 级甚至高于最高运费等级 16 级（有的航线是 14 级）的货物使用集装箱运输要便宜得多。等级越高使用集装箱运输越能节省运费。

知识拓展

国际集装箱多式联运的单一费率

多式联运由于环节多，所以制定单一的包干费率是一个较复杂的问题，需要考虑多种因素，但费率的主要部分应为：

单一的联运费率＝运输成本＋经营管理费用＋合理利润

1. 运输成本

由于交货条件和运输路线不同而不同，主要部分应包括：

（1）国内段费用。如空箱、重箱运费、装卸车费、内陆铁路或内河运输费、装挂箱费、堆场费、保管费、港务费及报关手续费等。

（2）国际海上段或国际铁路段或国际空运段的运费以及在国外港站的中转费等。

（3）国外段费用。与国内段费用大体上相同，但要加上国外代理的交接手续费以及过境费用等。

2. 经营管理费

经营管理费包括电信、水电、房租、员工薪金、奖金、生产设备折旧等营业性开支。

3. 利润

利润的多少受多种因素的制约。其坚持的准则如下：坚持合理收费、薄利多运的原则。灵活运用回扣，国际上惯常的做法有：根据数量的多寡给予优惠或回扣；根据不同地区给予回扣；根据不同的商品给予回扣；根据双方的合作关系给予回扣。

任务四　集装箱大陆桥运输

任务描述

熟知集装箱大陆桥运输，合理运用 OCP 运输。

小讨论：大陆桥运输的优点有哪些？

知识点

一、大陆桥运输概述

1. 概念

大陆桥运输（Land Bridge Transport），是指以横贯大陆上的铁路、公路运输系统作为中间桥梁，把大陆两端的海洋连接起来形成的海陆联运的连贯运输。

大陆桥运输主要是指国际集装箱过境运输，是国际集装箱多式联运的一种特殊形式。广义的大陆桥运输还包括小路桥运输和微型路桥运输。大陆桥运输是一种主要采用集装箱技术，由海、铁、公、航组成的现代化多式联合运输方式，是一个大的系统工程。

2. 大陆桥运输的起源

20 世纪 50 年代初，日本运输公司将集装箱经太平洋运至美国西海岸，然后再利用横贯美国东西部的铁路运至美国东海岸，然后装船继续运往欧洲。由此产生了世界上大陆桥的雏形——美国大陆桥。

大陆桥的正式办理是在 1967 年，由于阿以战争，苏伊士运河被迫关闭，又赶上巴拿马运河拥挤堵塞，远东与欧洲之间的海上货船不得不改道绕航非洲好望角或南美洲得雷克海峡，导致航程和运输时间大大延长。当时又逢油价猛涨，海运成本增加，加之正值集装箱运输兴起，所以大陆桥运输应运而生。

3. 大陆桥运输的特征

（1）桥运输范畴，采用海陆联运方式，全程由海运段和陆运段组成。

（2）海运缩短路程，但增加了装卸次数。所以在某一地域大陆桥运输能否发展，主要取决于它与全程海运相比在运输费用和运输时间等方面的综合竞争度。

（3）比全程海运运程短，但需增加装卸次数。在某一区域大陆桥运输能否存在和发展，主要取决于它与全程海运相比在运输费用和运输时间等方面的综合竞争力。

4. 大陆桥运输的优点

（1）缩短了运输里程；

（2）降低了运输费用；

（3）加快了运输速度；

（4）简化作业手续；

（5）保证了运输安全，简化了货物的包装。

二、大陆桥运输的线路

1. 西伯利亚大陆桥

西伯利亚大陆桥是利用俄罗斯的西伯利亚铁路作为陆地桥梁，把太平洋远东地区与波罗的海和黑海沿岸以及西欧大西洋口岸连起来。此条大陆桥运输线东自日本和东南亚海运至海参崴的纳霍特卡港口起，横贯欧亚大陆，至莫斯科，然后分三路，一路自莫斯科至波罗的海沿岸的圣彼得堡港，转船往西欧、北欧港口；一路从莫斯科至俄罗斯西部国境站，转欧洲其他国家铁路（公路）直运欧洲各国；一路从莫斯科至黑海沿岸转船往中东、地中海沿岸。所以，从远东地区至欧洲，通过西伯利亚大陆桥有海—铁—海、海—铁—公路和海—铁—铁三种运送方式。

2. 北美大陆桥

北美大陆桥是指北美的加拿大和美国都有一条横贯东西的铁路公路大陆桥，它们的线路基本相似，其中美国大陆桥的作用更为突出。

美国有两条大陆桥运输线，一条是从西部太平洋口岸至东部大西洋口岸的铁路（公路）运输系统，全长约 3200 千米；另一条是从西部太平洋口岸至南部墨西哥港口岸的铁路（公路）运输系统，长约 500～1000 千米。

3. 新欧亚大陆桥

1990 年 9 月 11 日，我国陇海—兰新铁路的最西段乌鲁木齐至阿拉山口的北疆铁路与哈萨克斯坦的德鲁贝巴站接轨，第二座亚欧大陆桥运输线全线贯通，于 1992 年 9 月正式通车。此条运输线东起我国连云港（其他港口亦可，如大连、天津、上海、广州等），西至荷兰鹿特丹，跨亚欧两大洲，连接太平洋和大西洋，穿越中国、哈萨克、俄罗斯，与第一条运输线重合，经自俄罗斯、波兰、德国到荷兰，辐射 20 多个国家和地区，全长 1.08 万千米，在我国境内全长 4134 千米。

三、O.C.P. 运输

O.C.P. 是 Overland Common Point 的缩写，是我国对美国签订贸易合同，在运输条款中经常见到的一个词语，是用来说明海上运输目的地的术语，译作"陆路共通点"。

所谓"陆路共通点"，是指美国西海岸有陆路交通工具与内陆区域相联通的港口。美国内陆区域，是以洛基山山脉（Rocky Mountains）为界，即除紧临太平洋的美国西部九个州以外，其以东地区均为适用 O.C.P. 的地区范围。O.C.P. 的运输过程就是我国出口到美国的货物海运到美国西部港口（旧金山、西雅图）卸货，再通过陆路交通（主要是铁路）向东运至指定的内陆地点。

O.C.P. 运输是一种特殊的国际运输方式。它虽然由海运、陆运两种运输形式来完成，但它并不是也不属于国际多式联运。

O.C.P. 是一种成熟的国际航运惯例。

O.C.P. 运输只适用于美国或加拿大内陆区域，所以，货物的最终目的地必须属于 O.C.P. 地区范围。

知识拓展

新亚欧大陆桥集装箱海铁联运发展的现状与对策

集装箱的采用和发展，使得海洋运输、铁路运输、公路运输、内河运输、航空运输以及货物在港口或内地转换的装卸储存都能够有机地结合起来，实现运输全过程的连贯，也就是"门到门"运输，从而使"大陆桥"运输成为可能。

我们一般所说的大陆桥运输是指采用国际标准化组织规定的 20 英尺或 40 英尺集装箱装载在直达专用列车上，利用铁路作为中间桥梁，将其与大陆两边海上运输线连接起来，从而形成跨越大陆、连接海洋的国际集装箱连贯运输方式，它的基本形式是海—陆—海连续运输。

1. 大陆桥集装箱运输发展的外部环境

1990 年 9 月 12 日，我国铁路北疆线与哈萨克斯坦铁路正式接轨，标志着连接亚洲和欧洲之间的第二条大陆桥运输路线的正式贯通。新亚欧大陆桥东起我国连云港，横穿我国大陆，经我国新疆阿拉山口的国境站与哈萨克斯坦铁路的德鲁日巴国境站，进入哈萨克斯坦的中亚地区，最终与中东地区黑海、波罗的海、地中海，以及大西洋沿岸各港相连接。

我国对开展新亚欧大陆桥运输给予了高度的重视。1992 年 4 月 1 日起，铁道部铺就了一条从连云港到阿拉山口的集装箱快运行线，全程 172 运行小时。为完善运输组织措施，确定统一的运价标准和清算体系，1997 年，中国、中亚五国以及俄罗斯铁路（运输）在北京召开了"七国铁道（运输）部长会议"。各国在平等互利的基础上，通过协商，签署了会议《联合公报》，制定了各国间铁路联运发展纲要。1995 年 12 月 23 日，一批满载着由美国杜邦公司出口到乌兹别克斯坦的 78 个国际标准集装箱的货物经海运经中国香港中转到连云港上桥，于当年 12 月 25 日顺利抵达乌兹别克斯坦，标志着新亚欧大陆桥国际集装箱整列运输迈出了可喜的一步。1997 年新亚欧大陆桥运输运量首次突破 3 万标准箱。值得一提的是 2004 年 4 月 22 日，装载着韩国、日本货物的 76 个大陆桥集装箱的专列从连云港驶向阿拉木图，这是新亚欧大陆桥连云港至阿拉山口的"五定班列"首次延伸至阿拉木图，标志着新亚欧大陆桥运输实现了新的跨越。我国陆桥运输自 1992 年 12 月 1 日试运营以来，至今已累计有 10 万多个国际集装箱经过大陆桥运输，为新亚欧大陆桥走入正常运营积累了经验。

新亚欧大陆桥的发展对中国宏观经济布局的变化、对中国西部地区开发开放的影响，以及对亚太经济区同中亚经济区的连接有着积极的作用。新亚欧大陆桥运输有着突出的特点，在竞争中优势明显，有着广阔的发展前景。

2. 新亚欧大陆桥海铁联运对西部开发的影响

随着新亚欧大陆桥海铁联运集装箱运输的发展，沿桥西部地区之间通过大陆桥进行的经济交流日益增多，陆桥辐射作用逐渐增大。从而促进了沿桥西部地区经济发展和市场繁荣，使交通优势变为流通优势，这必将有力地推动西部开发的人流、物流、资金流、信息流的广泛交流，形成以陆桥运输体系为基础的产业链，促进西部沿桥地区城市经济和区域经济的快速发展，最终形成以大陆桥为主轴，以沿线大、中城市为支撑点，东西结合，双向开放，互相促进，共同发展，具有强大内聚力和辐射力的经济走廊，进而成为东西方经济文化交汇融和的巨大经济带。显然，新亚欧大陆桥海铁联运的发展，为西部沿桥国家和亚欧间和西部大开发经济贸易交流提供了一条便捷的大通道，对促进西部经济走廊的形成，具有重要意义。

3. 新亚欧大陆桥海铁联运集装箱运输发展的有利条件

（1）连云港开展大陆桥海铁联运具有得天独厚的有利条件，连云港港口具备加速发展国际集装箱运输的基础条件。

①区位优势明显。连云港是我国沿海 20 个主枢纽港之一、新亚欧大陆桥东方桥头堡、江苏省最大的海港、中国中西部地区最便捷、经济的出海门户，是远东—北美、远东—欧洲和环太平洋 3 大国际运输贸易航线的交汇地。同时，连云港也是连接欧亚贸易的海铁联运枢纽。

②港口硬件能力突出。为把连云港建设成为承接上海国际航运中心和环渤海港口群之间最重要的国际枢纽港，在连云港港口庙岭港区新增长度 644 米、宽 48.5 米，泊位水深 15 米的 2 个第五代集装箱码头，旨在把连云港集装箱建成为上海和青岛港之间最大的集装箱枢纽港，在此基础上，计划年内投资 40 亿元建设可接卸当今最大的集装箱班轮的庙岭突堤工程，进一步提升码头通过能力。目前连云港港口主航道为 7 万吨

级，可以满足第五代集装箱班轮的全天候进出港，已经建成投产 4 个第四代、第五代泊位设计吞吐能力超过 100 万标准箱，使连云港港拥有上海港和青岛港之间规模最大、硬件条件最好深水泊位群。

③集装箱发展初具规模。近年来，港口集装箱吞吐量保持着年均 60% 的增长速度。2004 年，集装箱吞吐量突破 50 万标准箱，已经成为上海和青岛之间规模最大的集装箱港口。

④航运市场培育良好。港口已初步形成内外贸并举、近远洋互补的网络运输格局，先后开通了至日本、韩国、北美、地中海、欧洲、东南亚等国际集装箱近、远洋航线 10 余条，每月近 200 个航班。作为海关指定的内外贸同船运输和中转业务试点港口，承担着沿海港口内外贸货物的中转任务。连云港也是国际公共码头，多元化的航运格局已经形成，包括中海、中远、达飞、马士基、以星在内的世界班轮运输 20 强中，已有 13 家来连云港经营集装箱航运物流业务。

⑤海铁联运添动力。近年来，连云港集装箱海铁联运也取得了长足的发展，连云港作为陇海线的东端起点和新亚欧大陆桥东方桥头堡、江苏省唯一的海港，区位优势十分明显。东陇海铁路沿线地区位于长三角和环渤海经济带的中间，陇海铁路和连云港至霍尔果斯高速公路横贯东西，京沪铁路和京沪高速公路经过连云港经济腹地纵贯南北，东面与日本、韩国隔海相望，为让区位优势转化为港口经济优势，在海关、铁路、船公司的大力支持下，成功开通了连云港至郑州、西安、成都、兰州等集装箱"五定班列"，把码头"搬"进了内地，让集装箱这一"门到门"优势充分发挥出来。集装箱每周运量达 30 车。目前河南地区近 50 家货代公司、西安地区近 30 家货代公司参与了连云港集装箱班列运输货物，连云港精心打造的班列运输，搭建了内地通向出海口的黄金通道，架起了内陆地区通往国际市场的桥梁，提升了连云港港口核心竞争力。

⑥腹地集装箱生成量潜力巨大。连云港主要腹地为苏北、鲁南、陇海沿线 11 个省份，覆盖范围广、资源丰富、人口众多，仅苏北、鲁南地区集装箱年生成量就达 120 万标准箱。随着西部大开发战略的深度实施和东陇海线产业带的兴起，必将为港口发展提供巨大的集装箱货源支撑。

⑦集疏运条件优越。连云港拥有我国沿海港口少见的发达的集疏运网络体系。连接连云港的横贯东西的陇海铁路大动脉，是国内为数不多的有充足富余运力的铁路干线；以国家级同三（同江至三亚）、连霍（连云港至霍尔果斯）、宁连（南京至连云港）和沿海高速构成东部沿海港口最为通畅的高等级公路网；拥有已开通 10 余条航线的 4D 级连云港机场。同时，根据规划，即将开工的连接港口和京杭大运河的运河工程，将使连云港成为连接长江、南北运河入海口的交汇地。届时，连云港将形成拥有水路、铁路、公路、航空构成畅通的立体集疏运系统，将成为连云港沿海集装箱枢纽港集疏运的强大支撑。

经新亚欧大陆桥过境货物的主要货源地为日本、韩国、美国、比利时、泰国、印度尼西亚等国及中国台湾、中国香港地区；目的地主要是运往哈萨克斯坦、乌兹别克斯坦、吉尔吉斯斯坦、土库曼斯坦、塔吉克斯坦等中亚国家及周边蒙古、越南、老挝、泰国、缅甸等国家。

随着国际班列的运行，新亚欧大陆桥逐渐得到中亚地区国家客户的认可，利用新陆桥运输箱量逐渐增多，主要货种为棉、铝锭等，主要运往美国、日本及国内部分地区。

在过境运输箱量增长的同时，由于本国与中亚国家的贸易往来的日渐频繁，国内市场正稳步增长，主要货种为电子产品及日用品，主要市场分布在国内西南、苏南等地区。

新亚欧大陆桥东面辐射我国东南沿海和日本、韩国等发达国家和地区，西接以欧盟国家为核心的欧洲经济圈，构成亚欧两大洲重要国际商贸大通道，随着我国陇海、兰新铁路电气工程的全部完成，陆桥沿线各国关系的不断改善和联运系统的形成，沿途服务质量和运输效率的不断提高，陆桥运输的优势将充分发挥出来，将吸引亚欧各国更多的货源，对促进国际经济贸易和我国西部大开发都起到积极的作用。

我国从建立沿海经济特区开始，已逐步形成了东南沿海地区的一条环太平洋对外开放经济带，而新亚欧大陆桥的贯通，又为中国向西部开放提供了契机，由此形成全方位的开放格局。

（2）中亚经济结构特点使新亚欧大陆桥运输充满生机。由于 20 世纪 90 年代初苏联解体后，中亚五国经济结构比较单一，只生产牛羊肉和矿产品，缺乏工业产品，需要从韩国、日本大量进口，为大陆桥集装箱运输的发展奠定了基础。目前，亚欧大陆桥运输的货物主要包括汽车及其配件和服装、饮料等轻工业产品。

（3）陆桥运输运行质量高。大陆桥运输实行"一票到底"的"门到门"运输，手续简便，责任明确，加上陆上运输安全可靠，集装箱运输货损、货差减少，具有运行质量高、效益好的特点。

（4）亚欧大陆桥与海运衔接较为紧密。亚欧大陆桥的东西方桥头堡都有着明显的港口优势。中国东方的连云港南靠上海港，北临青岛港，覆盖东南亚船舶航次非常多，使陆桥运输与海运紧密衔接，货物运输更为方便、快捷。亚欧大陆桥相对海运运输距离较近，且能使用铁路集装箱专用直达到车站，中间环节少，运行速度快，从而节省了大量的途中运输时间。

经过 10 多年的发展，亚欧大陆桥已由原来的单向运输改为现在的双向运输方式，经济贸易涉及韩国、日本、美国和欧洲、中亚等十几个国家和地区。

4. 新亚欧大陆桥集装箱运输发展中存在的问题

（1）新亚欧大陆桥经过国家多。苏联解体后，使得新亚欧大陆桥所经过的国家增多，沿桥沿线国家间的政治、经济关系复杂且不够协调，大陆桥沿线内陆国家口岸建设还不尽如人意，也在相当大的程度上制约大陆桥的发展，沿桥国家政府间协调力度不够，无法及时解决运输中暴露出的问题（阿拉山口、德鲁日巴过境转装时间长，影响了货物运输时间）。国际联运协议有待各国反复磋商，才能达成共识。国家对新亚欧大陆桥运输重视程度不够，缺乏有力的扶持政策。

（2）运输时间长，运费高。从运距看连云港到鹿特丹距离10900千米，比从俄罗斯东方港到鹿特丹距离12200千米，缩短了1300千米。但由于新亚欧大陆桥中国段车速慢，加之中哈边境的阿拉山口与德鲁日巴站换装能力差，致使过境时间延长。此外，中国段、哈铁段运费偏高，且中哈过境换装费较高。

（3）新亚欧大陆桥运输受西伯利亚大陆桥运输竞争的影响。为维护西伯利亚这条大陆桥路线的运量水平，俄罗斯为了增加本国铁路经济效益，积极投入大量人力、物力、财力维护西伯利亚大陆桥运输优势，并通过降低运费、提高速度、加强货物跟踪服务来提高其竞争力，遏制新亚欧大陆桥竞争力。西伯利亚大陆桥的经营者为了招揽货源，制定了许多优惠政策，简化沿途手续，运输实际时间竟然短于新亚欧大陆桥，弥补了其线路长的不足，使新亚欧大陆桥许多货物流失。俄罗斯铁路正在寻求国外运输公司的合作，投入资金，增添设备，改善管理，采取一些积极灵活的技术和组织措施，会吸引一部分通过新亚欧大陆桥运输的货源走西伯利亚大陆桥。新亚欧大陆桥在运价、运时、信息服务等方面与西伯利亚大陆桥相比还不具有竞争力。

（4）换装站基础设施薄弱，货物疏通能力不强。随着中国与中亚地区的贸易快速发展，原阿拉山口/德鲁日巴站的设计能力明显不足，基础设施建设速度跟不上出口贸易量的发展速度，致使中哈边境换装速度疏通不畅，造成过境货物压站、压车现象时有发生。鉴于目前中哈两国轨距不同，在新疆阿拉山口和德鲁日巴铁路国境增加一次换装作业，使运输时间受到影响。

（5）新亚欧大陆桥欧洲线竞争力不强，东行回程货物的揽货力度不足。现经大陆桥运往欧洲的货物仍以西伯利亚大陆桥运输为主，现新亚欧大陆桥的客户主要集中在中亚地区的哈萨克斯坦和乌兹别克斯坦境内，且中亚地区经济欠发达，造成新亚欧大陆桥的东行货物还偏少。

（6）运输信息不畅。新亚欧大陆桥已经运行12年，至今还没有一套现代化的货物信息跟踪系统，使铁路系统现在使用的货运跟踪系统也不够完善，满足不了客户跟踪货物和网上查询的需要。大陆桥沿线各国信息化不完善。

5. 推进大陆桥集装箱运输发展的措施

（1）建议由国家新亚欧大陆桥国际协调机制领导小组牵头，组织商务部、铁道部、海关总署等部委官员和相关企业高层领导组成的营销推介团，到日本、韩国分层次开展营销推介工作，宣传新亚欧大陆桥的新优势、新举措及优惠政策。

（2）利用大陆桥区域合作研讨及大陆桥运输协调年会，邀请日本、韩国的货代协会及有关的货代、港口和船公司代表，专司协调各国铁路、承运人、货代和总承包商的利益关系，保证大陆桥的高质量服务，提高大陆桥的竞争能力，吸引更多货物从新亚欧大陆桥运输。

（3）利用现有的新亚欧大陆桥国际信息网，建立相关子项，专门针对日韩企业推介新亚欧大陆桥运输业务。

（4）利用中国外运集团等国有大型物流企业在日本、韩国分支机构，常年推介新亚欧大陆桥。

（5）研究陆桥运输通道自阿拉木图向莫斯科、鹿特丹及芬兰延伸的合理途径，争取使中国乃至东南亚到上述地区的货物都通过新亚欧大陆桥发运。

（6）降低运输成本，调整运输价格。新亚欧大陆桥要吸引在国际运输市场上的客户，就不能完全按国内运输市场的价格制定大陆桥运输费率。必须按照国际运输市场的要求来制定新亚欧大陆桥运输的价格政策。建议铁道部制定国内段铁路优惠运价政策，争取国外铁路段优惠运价，增强新亚欧大陆桥国际竞争力，吸引日韩企业利用新亚欧大陆桥来运送其出口商品。

（7）加快口岸换装，压缩口岸滞留时间。与西伯利亚大陆桥相比，新亚欧大陆桥到中亚多了一个货物到阿拉山口/德鲁日巴边境站后的口岸换装环节，常常需要滞留3～5天，这就削弱了新亚欧大陆桥的地理优势。根据调查，换装时间长的一个原因是信息沟通不及时，换装信息常常一周后才通知口岸代理。因此，中哈口岸应建立信息沟通制度，每天向对方报告一次已换装的车号及运输预报信息，并建立信息服务窗口，定时向口岸代理公布换装信息，从而减少口岸滞留时间，增强对客户的吸引力。

（8）加强信息化建设，改善服务水平。大陆桥运输的信息服务是吸引客户的重要方面。建议由新亚欧大陆桥相关国家的政府、铁路和大陆桥运输经营企业应合作建立"新亚欧大陆桥信息服务中心"，制定有关运输信息的采集、汇总、联接和服务的管理办法，将铁路、港口、口岸的运输服务信息，通过"新亚欧大陆桥信息服务中心"向客户提供服务信息，适应信息化时代的要求。为加快"新亚欧大陆桥信息服务中心"的建设，保证其正常运转，可以采取国家、铁路和大陆桥运营企业联合投资的办法。

（9）建立新亚欧大陆桥国际协调机制。协调各方利益，尽快建立由国家牵头的沿桥国家，特别是中亚国家共同参与的、高层次的、政府间的新亚欧大陆桥协调委员会；定期磋商解决新亚欧大陆桥发展中存在的问题。并在此基础上，共同探讨签署包括运输价格、运输时间、信息服务、快速通关和运输安全等内容在内的新亚欧大陆桥多边过境运输协定。加强与中亚等沿桥国家合作，保证新亚欧大陆桥运输尤其是铁路运输畅通。

📖 案例导读

美国的集装箱多式联运运作介绍

美国的集装箱运输，大部分都是通过一些大的货主与运输企业根据运输的的特殊条件和需要签订的合同来实现的。合同包括运输时间、货物价值、最小的运量保证等。

小货主的运输一般依据第三方物流经营者具有的物流系统管理经验，将小批量货物积少成多而得到低运价的优惠。

在美国，铁路集装箱专列平均速度为 70～90 千米/小时，在专用线、编组站等环节疏导很快，基本不会出现压箱。在港口，进口货物在船舶抵港之前一般都已向海关申报。它每天运距可以达到 1500 千米以上。因而船到港后，当天就可以卸箱装上集装箱货车或铁路车辆（如果当天有车），或在第二天转到口岸地区的其他集装箱站场。

一、系统运作标准

在美国，运输企业的竞争能力和货主的需求决定了服务水平。周转时间是服务标准的一重要指标。在 1500 千米范围内，以铁路为主的多式联运部门在各服务通道上都与"门到门"服务的汽车运输公司展开竞争。铁路部门的多式联运受多个环节影响，其运送速度相当于公路的 50%～70%。公路运输可以从港口实现到货主的"门到门"运输，因而避免了货场转货时间的延误。一辆集装箱货车装完 2 个国际标准箱（TEU）就可以运出，但铁路专列要装完 100 多个标准箱才能开出，集装箱多式联运的周转时间比仅用集装箱货车实现"门到门"的运输时间长。

二、作业环节

美国的多式联运服务大致包括四个独立的作业环节：

第一，港口作业。船停港 3～5 天，其中通关作业一般为 1～2 天。

第二，港口附近周转作业（即从港口转到火车或汽车上）。

第三，铁路长途运输。多式联运长途运输方式主要是铁路，平均速度为 60～80 千米/小时。一般工作日，集装箱在列车出发 3～4 小时前集中到站场，列车的运输距离每天可以达 1200～1500 千米。

第四，内陆中转站的内陆作业集装箱的停留时间主要取决于物流工作的商业考虑，如集装箱运输过程是由集装箱所有者来控制的。

三、集装箱周转时间

当港口至货主的运距为 1500 千米时，采用集装箱货车运输进口货物，集装箱从船上运到集装箱货车上后，其运送时速一般为 80 千米/小时，若配备两名驾驶员，则可减少停车时间。在 24 小时内，集装箱最大运输范围内可达 2000 千米。这样集装箱运到货主手中只需片刻，返空箱再用 2 天，总周转时间为 6 天。对于出口货物，公路运输则只需 3 天。

进口货物使用多式联运系统到货主手里共需 7 天左右，为与公路竞争，对于加急货物时间可以压缩一半，即利用高效的多式联运系统的总周转时间为 6～8 天。在各环节配合极为协调的情况下，如货主、货车、铁路车次时间等各环节均不出现延误，则集装箱总周转时间为 5 天。对于出口货物，在相同的运距下使用多式联运系统，货物运到船上的时间为 5 天左右。

集装箱运输货物施封纠纷

2000 年 5 月 4 日，原告贸易公司由甲站托运两个集装箱 441 件轴承至乙方，原告自封，封号为 000116 和 000117，保价人民币 22 万元，收货人为某机械制造厂。货物运单记载的施封号码为 000116 被画掉，改为 7061，加盖了甲站站名戳。6 月 4 日，该批货物到达到站。6 月 6 日，收货人到站取货，交付时箱体完好，箱门关闭良好，施封号码与货物单记载的 000117 和 7061 相符。收货人提取了货物，未提出任何疑议。6 月 15 日，收货人向乙站提出短少 62 件，乙站拒绝出具货运记录。6 月 18 日，乙站电报查询甲站，6 月 21 日甲站回复正在查处中。同年 11 月 12 日，收获单位的经办人王某找到车站替班安全员张某，张某用已经作废的货运记录处理章为王某出具了普通记录，证明收货人实收 379 件与票记 441 件不符，将时间填记为 6 月 15 日。因原告多次要求承运人赔偿未果，遂起诉至法院。

分组讨论

发展集装箱运输的意义有哪些？

复习思考

1. 什么是集装箱？
2. 根据 ISO（国际标准化组织）的标准及规定，集装箱应具有哪些条件？
3. 集装箱是如何分类的？
4. 在集装箱上主要有哪些标记？
5. 集装箱货物的交接方式有哪些？它们各自的责任有什么不同？
6. 简述整箱货物、拼箱货物的流转程序。
7. 简述海上集装箱进出口货运流程。
8. 简述海上集装箱运输的主要单证。
9. 简述海上集装箱运输托运人的主要业务。
10. 铁路集装箱货运有哪些程序？
11. 简述公路集装箱运输有哪些特点。
12. 开展汽车集装箱运输要具备什么条件？
13. 何谓国际多式联运？国际多式联运有哪些特征？
14. 国际多式联运有何优越性？
15. 我国多式联运单据应载明哪些事项？
16. 国际大陆桥运输路线有哪几条？

实践项目

1. 实训：提供集装箱进出口货运的有关仿真单证，要求学生按集装箱进出口货运程序练习填写。

2. 现场教学：组织学生参观集装箱整箱、拼箱流转程序，并邀请现场人员进行讲解。

项目七 认知物流包装

项目导读 ▶▶

　　在了解包装的形成及发展过程的基础上，掌握包装的分类、包装的作用与地位及物流包装的特性、标志。重点掌握包装在物流中的作用及物流的基本特征。

知识目标

- 掌握包装的作用与地位
- 掌握物流包装的特性、标志
- 掌握包装在物流中的作用及物流的基本特征

能力目标

- 包装的分类

任务一　熟知包装发展与分类

任务描述

　　随着人类的进步，生产的发展，包装从无到有、从简到繁，如今包装已成为人类的生产与活动不可分割的一项物流活动。要求熟知包装的发展与分类。

　　小讨论：集合包装的主要作用有哪些？

知识点

　　人类的生存和发展，需要大量的物品供给才能满足经济需求。古今中外，毫无例外。它是社会产品的生产、流通、消费各环节循环发展的结果。其中流通是生产与消费者之间的桥梁和纽带，因此疏通流通渠道，加速流通过程，对促进社会生产和满足消费者需求有着非常重要的作用。

一、包装的发展

（一）原始包装

在原始社会，人类是靠双手和简单工具采集野生果实、捕鱼和打猎维持生活。包装的起源来自古人装载和转移生活资料的需要，人们利用自然界提供的树皮、竹皮、荷叶、兽皮、果壳、贝壳等作为容器，天然的藤葛作为捆扎材料，储运剩余食物。

到了奴隶社会，生产水平有了大幅度提高，人类生产的工具经历了石器、青铜器和铁器时代，出现了金属包装容器和木制包装容器。随着人类社会分工的不断细化，商品流通需要较长距离的运输，马帮、驼队及水上船队相继出现，并日益扩大，如果没有良好的包装是无法进行运输的。于是，人们开始用树条、藤条等编制筐、篮、箩、篓等；用麻、毛、丝等纤维捻成绳，制成包装袋；用木材制成箱或桶。

距今 8000 年前，古埃及用玻璃制成瓶、缸、坛、罐等容器装粮、水、酒等生活用品。

距今 4500 年前，中国采用陶瓷作为包装容器，并对包装进行工艺装饰，使它不仅有保护商品的功能，而且具有审美价值，在包装技术方面，出现了密封、防腐、防潮、防虫、防震、遮光、透气、透明等方法。

（二）近代包装

以英国蒸汽机为标志的第一次工业技术革命和以德国电力为标志的第二次工业技术革命，使整个资本主义经济进入了快速发展的轨道，各国的生产、流通、消费直接或间接地进入了国际经济交往，进行国内外贸易的商品需要经过合理的包装，才能进入流通过程，从而使包装进入一个新的发展阶段，主要表现在以下几个方面：

（1）2000 多年前中国发明了造纸技术，并传到了日本及欧美，但是由于造价昂贵，没能用于包装。到了 1870 年以后，开始出现折叠纸盒及瓦楞纸箱用于物资包装。

（2）17 世纪，人们开始利用石灰石作为防潮包装的吸湿剂。18 世纪出现了各种类型的瓶塞和瓶盖，对瓶装的流质产品达到有效地密封，推动了饮料食品工业的发展。

（3）利用包装图文标记向顾客介绍商品、宣传商品及其商品信息传递。

（4）1852 年美国发明了纸袋机。1855 年印度出现了麻袋编织机。1871 年法国制成氨气制冷剂，开创了易腐包装的冷藏包装。1888 年法国建成折叠纸盒的生产线。1893 年世界上开始使用机制牛奶瓶；1896 年英国出现了半自动制瓶机。

总之，由于包装业的发展，为国内外的商品流通创造了便利条件。

（三）现代包装

进入 20 世纪以后，包装业在质量上和数量上有了飞速的发展，不仅形成了一个完整的包装工业体系，而且在包装功能和技术方面也发生了显著变化。同传统的包装相比主要表现在以下几个方面。

1. 新的包装材料不断涌现

1908年瑞士研制出热固性酚醛塑料。20世纪20年代，美国先后研究成功并投产了苯胺甲醛塑料、醋酸纤维透明塑料、聚苯乙烯塑料、脲醛塑料盒、聚氯乙烯塑料等。20世纪30年代，英国发明了低密度聚乙烯，开始生产氯化胶薄膜和聚酰胺塑料；法国开始使用收缩塑料薄膜包装食品；美国研制成可以长期保存食品的聚偏二氯乙烯塑料和用途广泛的聚氨酯塑料。20世纪40年代包装材料的主要成就是涂腊防潮玻璃纸、氟化塑料、聚苯乙烯泡沫塑料、丙酸纤维素、环氧树脂、ABS塑料盒、聚三氟氯乙烯塑料等包装材料的生产和使用。20世纪50年代的新成就有：美国和德国生产的聚碳酸脂塑料；前西德发明的高密度聚乙烯；意大利合成等规聚丙烯，以及多种规格的定向拉伸薄膜、涂布聚丙烯薄膜、复合薄膜等。20世纪60年代，合成纸、异分同晶聚合物、聚矾塑料等材料研制成功。20世纪70年代，无菌和脱氧包装技术研制成功并应用，20世纪80年代，用电解法制成铝箔为制出多种复合材料创造了条件。20世纪90年代，人们研制成功了可降解和可重复使用的有机塑料薄膜包装材料。

2. 新包装技术的开发

20世纪，人们利用上述新材料开发出各种各样的包装容器，如双面衬纸的瓦楞纸板箱等。针对易变质的食品，开发出了换气包装、无菌包装、脱氧包装、复合材料包装等，还开发出了自热和自冷罐头，同时，还出现了托盘、集装箱等集合包装设备。

3. 包装机械及印刷技术的发展

20世纪，包装机械向多样化、标准化、高速化和自动化发展，提高了包装效率和效益。在包装印刷技术方面移植渗透了现代科学技术的成果。目前，正在向印刷技术电子化、印刷材料多样化、印刷设备联动化、印刷质量高档化、技术合理化的方向发展。

4. 包装设计进一步完善

首先建立了包装定位设计理论。这种理论建立在以人们的需求为核心，以市场销售为出发点，使包装满足社会各层次需要，达到最佳经济效益和社会效益。使用包装技术、艺术和经济三个同范畴的内容在包装体内形成统一体，即将包装技术的实效性、包装艺术的创造性和包装经济的合理性融合于包装形体之中。

在包装设计实践中，人们充分注意了新材料和新技术手段的应用。电子计算机的应用使设计技巧具有更丰富、更奇异的表现能力，并减轻了设计人员的劳动强度，缩短了包装设计的周期及降低了包装技术成本。

5. 包装测试手段和技术分析

包装测试是监督保证包装研究、包装设计、包装生产、包装性能和质量的重要手段。包装测试技术广泛应用的传感、交换、测定、记录、显示、结果分析和处理装置的现代化水平越来越高，使包装检验更快速、更方便，数据更精确，包装管理和监制等方面的工作也提到一个新的水平。

6. 包装工业的发展

19 世纪末期，随着工业革命的发展，为了把商品提供给消费者就需要大量的运输、搬运、装卸等物流活动，包装成了物流活动中商品不受损坏和灭失的保障。与此同时，生产的发展使消费者的需求也发生了变化，对商品的要求也逐渐提高，要保证商品在物流活动中卫生、无毒、无污染、保质、保量，包装更成为必不可少的手段。到了 20 世纪 40 年代，包装不仅在物流活动中起到保护商品的作用，而且还在商流活动中起到促销作用，包装业发展成一个独立于商品生产之外的工业部门。随着物流技术的不断开发和应用，物流对包装不断提出新的要求，包装也为现代物流的合理化起到非常重要的作用。

二、包装的分类

在生产、流通和消费过程中，由于包装所起的作用不同，包装的类别也不相同。对包装的科学分类，应有利于充分发挥包装在流通和消费领域的作用；有利于商品的物流和商流的发展；有利于包装的标准化、规格化和系列化；有利于物流作业的机械化、自动化；有利于科学管理水平和科学技术水平的提高。

我国对包装的大体分类有下列几种方法。

（一）按包装在流通领域的作用分类

按其在流通领域的作用包装分为物流包装和商流包装两大类。

1. 物流包装

产品进入物流环节的包装称为物流包装，物流包装主要包括运输包装、托盘包装和集合包装。

（1）运输包装。根据国家有关标准，运输包装定义为：以满足运输存储要求为主要目的的包装。它具有保障商品的安全，方便储运装卸，加速交接、检验的作用。

（2）托盘包装。根据国家有关标准，托盘包装定义为：以托盘为承载物，将包装件或产品堆码在托盘上，通过捆扎裹包或胶贴等方法加以固定，形成一个搬运单位，以便使用机械设备搬运。托盘包装整体性能好，堆码稳定性高，适合于机械作业，可将物流效率提高 3～8 倍，同时，也减少了物流活动中包装件的碰撞、跌落、倾倒，提高商品在物流过程中的安全性。

（3）集合包装。它是指将一定数量的包装件或商品，装入具有一定规格、强度、适宜长期周转使用的重大包装器内，形成一个适合的装卸搬运单位的包装。例如集装箱、集装托盘、集装袋等。

集合包装的出现一方面进一步提高了物流效率和顾客服务水平；另一方面也是对传统储运的更大改革，使传统的物流发生了较大的变化。集合包装的主要作用有：

①有利于装卸搬运的机械化、自动化。将零散小包装集合成大的包装单元，在装卸搬运时可以采用叉车等机械设备，提高了作业效率，减轻劳动强度，节省劳动力，为装卸搬运自动化创造了条件。

②提高了物流效率及服务水平。集合包装能够从发货单位直接运到收货单位，减少物流环节，提高物流效率，实现"门到门"服务，提高了服务水平。

③确保物品在物流过程中的安全。集合包装将物品密封在包装容器（如集装箱）内，实际上是一个大的外包装，在储存、运输及装卸搬运过程中，不需拆箱或拆包，有效地保护物品，减少破损和丢失。

④节约包装材料、降低物流成本。集装箱、托盘等集合包装容器可以担负周转使用，原有的外包装可以降低用料标准。集合包装便于联运，简化运输手续，提高运输工具运载能力，减低运输费用等，集合包装还可以露天存放，节约库容，减少仓储费用，降低物流成本。

⑤包装规格标准化。集合包装要求单件物品的外包装尺寸必须适合于集装箱或托盘等集合包装容器的尺寸，否则将会出现空位，这就促使包装必须达到标准化、规格化和系列化。

⑥便于商品计量。集合包装可进行高层有规律的堆码，容易清点数量，便于商品计量。

2. 商流包装

商流包装就是我们所说的销售包装，根据我国有关标准的定义：商流包装是直接接触商品，并随商品进入零售网点与消费者或客户直接见面的包装。

商流包装在设计时重点考虑的是包装造型、结构和装潢。因为消费者与商品直接接触，因此，在包装材料的性质、形态、式样等因素上，都要为保护商品着想，结构造型要有利于流通；图案、文字、色调和装潢要能吸引消费者，能刺激消费者的购买欲，为商品流通创造良好条件。另外，包装单位要适宜顾客的购买量和商店设施条件，对商品具有一定的保护功能和方便消费者选购。

（二）按包装形态层次分类

按包装形态层次分为个包装、内包装、外包装三大类。

1. 个包装

它是直接盛装和保护商品的最基本包装形式。个包装的标识和图案、文字起到指导消费、便于流通的作用。

2. 内包装

它是个包装的组合形式，在流通过程中起到保护产品、简化计量和方便销售的作用。

3. 外包装

它是商品的外层包装，起到保护商品、简化物流环节等作用。

（三）按包装的使用范围分类

按包装的使用范围分为专业包装和通用包装两大类。

1. 专业包装

它是针对被包装物品的特点专门设计、专门制造，只适用于某一专门物品的包装。

2. 通用包装

根据包装标准系列规定的尺寸制造的包装容器，用于无特殊要求的或符合标准尺寸的物品包装。

（四）按包装容器分类

按照包装容器的变形能力分为：软包装和硬包装。

按照包装容器的形状分为：包装袋、包装箱、包装盒、包装瓶、包装罐等。

按照包装容器的结构形式分为：固定式包装、折叠式包装、拆解式包装。

按照包装容器使用的次数分为：一次性使用包装、多次使用包装、固定周转使用包装。

知识拓展

未来包装发展趋势——生物塑料

欧洲生物塑料协会通过一项民意调查得出结论：对绿色环保进行投资是战胜危机的最佳方式。大多数受访企业都表示自己在 2009 年取得了健康的发展，有些企业的增长率甚至超过了 5%。这显然超出了大家的预期。据了解，共有 38 家塑料制造企业在此次调查中公布了自己在 2009 年的经营业绩以及对 2010 年和 2011 年的期望。

其中，47% 的企业在 2009 年取得了营业额的增长，32% 的企业保持了收支平衡，只有 10% 的企业陷入了亏损。此外，70% 的受访企业表示实现了之前的预期，另有 1/4 的企业认为自己无法达到之前制定的目标。

可生物降解和基于生物成分的塑料是一种与传统塑料完全不同的环保产品。它的应用范围非常广泛，如包装材料、地膜、购物袋和其他产品都可以用这种环保塑料制成。此外，生物塑料在耐久性产品中的应用也在日益增多，从手机外壳到汽车零件等方面都是它发挥作用的舞台。通过使用这种材料，人们可能有效减少向大气中排放二氧化碳的数量。保护大气和减少石化染料的使用是技术进步和市场发展的重要动力。可生物降解材料的优点可以在产品中得到充分的体现，但它的缺点就是在货架上的保存时间较短。

欧洲生物塑料协会的董事会主席 Andy Sweetman 说："生物塑料的问世加快了绿色创新和企业追求环保的步伐。尽管这种材料在全球市场上所占的份额还不到 1%，但它的增长速度非常惊人。我们现在所欠缺的就是一个能够促进这个市场继续扩大的激励措施。"如果能够得到财政上的支持，这些企业就能更专注于技术创新，并在必要的情况下扩大产能。而且这也能给塑料用户和消费者一个强烈的信号，那就是生物塑料已做好扩张的准备！

任务二　包装的作用与地位

任务描述

包装是生产的终点、物流是始点。它作为生产的终点是最后一道工序，标志着生产的要求。包装根据产品的性质、形状和生产工具选择进行，必须满足生产的要求，作为物流的始点，包装完成后便具有物流的能力，在整个物流过程中，便可发挥对产品的保护作用。

小讨论：包装在物流中的作用有哪些？

知识点

一、包装在物流中的地位

如果包装是从生产的终点要求出发，就难以满足流通要求。包装与物流的关系比包装与生产的关系要密切得多，它作为物流始点的意义比作为生产终点的意义要大得多。因此，包装属物流系统，这是现代物流的新概念。

分析包装与物流之间的关系，应从以下两个方面进行研究：

1. 包装本身就是一种产品，而产品必须经过包装才算生产结束

包装作为独立的产品，具有自身的价值和使用价值。它具有一般产品的属性，只有进入流通才能成为商品，进行交换。作为产品进入流通领域前必须进行包装，通过包装意味着产品结束生产进入流通领域。

2. 包装是现代物流管理的一项重要内容

现代物流离不开包装，离开包装的物流是低效、高成本的物流。包装因产品而存在，因物流而使产品产生包装的需求。包装作为现代物流管理的一个组成部分，包装与物流关系密切，必须同物流一并考虑，并形成一个物流包装管理系统。最终目的是以最小的成本获取包括包装在内的物流最大效益。

二、包装在物流中的作用

(一) 包装在运输中的作用

1. 防护作用

保证商品在复杂的运输环境中的安全，保证其质量和数量不受损失。

2. 方便作用

提高运输工具装载能力，减少运输难度，提高运输效率。

(二) 包装在装卸搬运中的作用

(1) 有利于采用机械化、自动化装卸搬运作业，减少劳动强度和难度，加快装卸搬运速度。

(2) 在装卸搬运中使商品能够承受一定机械冲击力，达到保护商品、提高功效的目的。

(三) 包装在存储中的作用

(1) 方便技术。

(2) 方便交接验收。

(3) 缩短接收、发放时间，提高作业效率。

(4) 便于商品堆、码、叠放。

(5) 节省仓库空间，进而节省仓容。

(6) 良好的包装抵御储存环境对商品的侵害。

三、包装的基本功能

(一) 保护商品的功能

保护商品不受外界影响和损伤是首要功能，主要体现在以下几个方面：

1. 防止商品破损变形

商品在物流过程中要承受各种冲击、振动、颠簸、压缩、摩擦等外力的作用，所以包装必须具备一定的强度，形成对商品的保护。

2. 防止商品发生化学变化

通过包装实施阻隔水分、霉菌、溶液、潮气、光线及空气中有害气体等，达到防霉、防腐、防变质、防生锈、防老化等化学变化的目的。

3. 防止有害生物对物品的影响

包装具有阻隔鼠、虫、细菌、白蚁等有害生物对物品的破坏及侵蚀的作用。

4. 异物混入、污染及失散

(二) 方便流通功能

1. 方便储存

包装的规格、质量、形态上适合仓储作业，包装物上的标志、条码便于识别、存取、盘点、验收及分类等作业。

2. 方便装卸搬运

适宜的包装便于装卸搬运，便于使用装卸搬运机械提高功效，标准的包装为集合包装提供了条件，并且能够极大提高装载能力。

3. 方便运输

包装的形状、规格、质量与物品运输关系密切，尺寸与运输车辆、船、飞机等运输工具的容积相吻合，提高装载能力及运输效率。

4. 方便商业交易

包装规格适宜，方便批量交易，方便零售中一次性购买。

（三）促进销售功能

（1）包装形状与构造具有吸引顾客的魅力。

（2）包装的文字、图案、色彩可以刺激顾客的购买欲。

（3）包装的外部形态起到宣传、介绍、推销商品的作用，包装被人们称为"不会说话的推销员"。精美的包装不易被假冒仿制，有利于保护企业的信誉。

（四）方便功能消费

在包装的文字和图示标志中，说明使用或食用方法、保存及维护方法等；包装物的大小规格适宜人们消费需求的变化；同时包装还为用户提供了提取、存放、安装等方便。

（五）提高作业效率功能

物流包装使商品便于清点、便于作业，提高了作业效率。包装的标准化有利于提高集合包装容器及运输、搬运车辆的装卸效率，有利于实现多式联运，减少物流环节，进而提高物流效率和降低作业费用。

（六）传递信息功能

包装上的条码及其他标志，便于电子仪器识别，跟踪商品及信息采集、处理和交换，进而减少物品在物流过程中的货损、货差，提高跟踪管理水平和效率。

四、包装与市场营销

市场是产品和产品包装是否成功的试金石，一个产品及其包装都要经受市场的考验。包装是增强产品竞争能力的主要手段之一，在保证产品价值及使用价值中起着重要作用。产品的包装是否符合市场需求，也直接影响到一个企业的前途和命运。作为企业，不仅研究生产、销售，还要研究包装，如果产品质量好，包装陈旧无特色或不美观，或不方便顾客，就会直接影响销售。一个设计很好的包装，不一定能使产品在市场上获得成功，但是包装失败，肯定会使优质产品得不到成功的销售。因此对产品的包装应尽可能地不断改进，避免承担市场风险。

随着社会生产力的发展，生产营销活动由低级向高级发展，大致经历：生产导向→销售导向→市场导向→社会导向四个阶段。市场导向和社会导向的营销观念被称为"现代化市场营销观念"，而现代化营销观念是通过包括新产品价格、销售、包装等一系列策略来实现的。为了满足现在消费者和未来消费者的需求，企业必须生产和经营适销对路的产品。

（一）市场营销观念对包装的要求

商品适销性能是市场营销观念的最终体现，它对包装提出很多要求，可用图 7-1 所示的商品销售链来表示。由此可以看出顾客和市场对包装都有具体的要求。

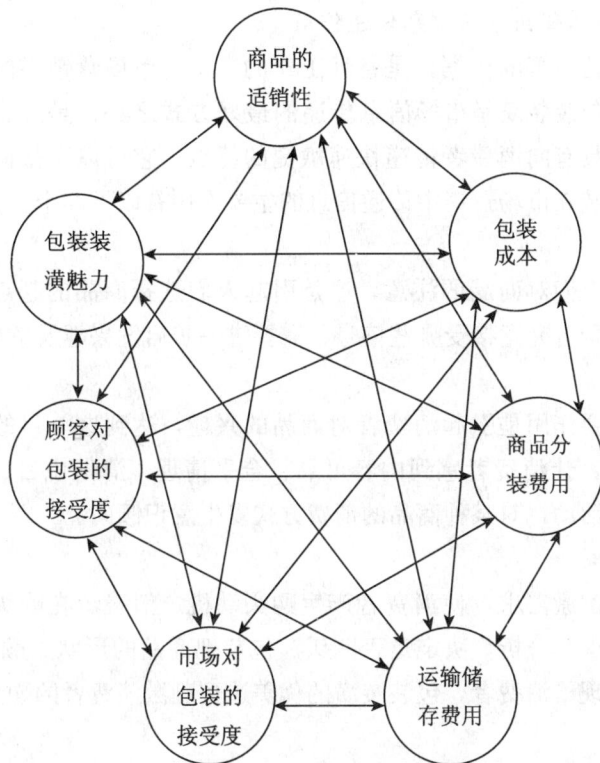

图 7-1　商品销售链

1. 顾客对包装的要求

（1）设计的新奇性和艺术性；

（2）内装物的可视性；

（3）包装携带、启闭、使用的方便性，启封后外观的可复原性；

（4）包装对人体的适应性和卫生性；

（5）逐次消费的可控性及经济型；

（6）商品保质期内的质量的稳定性；

（7）包装与商品的价值及档次的协调性。

2. 市场对包装的要求

（1）包装的新奇性和装饰性；

（2）包装的陈列性和展示性（能够充分利用货架）；

（3）易清点、识别及防伪技术；

（4）顾客挑选的耐受力；

（5）启封的难易程度；

（6）包装废弃物的回收性；

（7）物流中的抗破坏性。

（二）包装在市场营销中的信息传递作用

信息是企业经营决策的依据，是管理工作的基础。市场营销靠的是市场信息的收集、处理和传递。包装装潢是市场信息传递的最好方式之一，是最直接的广告，它能诱导顾客的需求，具有向消费者传递快速敏捷的特点，它可以直接向现有市场和潜在市场传递信息。包装在市场营销中传递信息的主要作用有以下四个方面：

1. 广告作用

包装可以换取人们对商品的注意，这是引起人们选择商品的起点。包装装潢如同信号，众信号中消费者究竟接受哪些信号，需要进一步启发兴趣及欲望并导致购买。

2. 兴趣作用

包装的一个重要作用是引起消费者对商品的兴趣，达到这一目的就必须使包装装潢适合目标消费者，让消费者感到内容可靠、合乎情理、清晰悦目、方便消费。包装让消费者产生心理活动，对某种商品的消费方式发生意识倾向。

3. 启发欲望

启发欲望就是刺激需求，使消费者产生购买动机。消费者在购买商品时要通过自己的感官印象进行综合分析，决定是否购买。包装把商品的形状、颜色、味道、性能、消费方法等特性展现给消费者，包装装潢的优美造型刺激消费者的购买欲。

4. 导致购买

包装激励消费者产生购买意念，并留下深刻的印象，而且还会不自觉地向周围传递信息，使商品获得更为广泛的潜在市场。

（三）市场营销中的包装策略

在市场竞争激烈的经济体系中，包装策略越来越重要。因此要针对不同商品、不同分销途径和消费对象及销售目标采取不同的包装策略。

1. 适应陈列、识别的包装策略

这种策略要求包装具有较强视觉冲击力和货架陈列效果。其目的是诱发顾客的购买欲望。这种策略一般采用以下几种包装形式：

（1）透明包装。把包装的全部或部分用玻璃纸或透明薄膜密封，使商品获得具有魅力的部分展示出来，它是利用商品自身优美的造型和质感来吸引顾客。但要注意透明的部分与包装的造型、图案、文字、色调相协调，不得影响包装的强度。

（2）传统包装。主要指名牌商品的习惯包装，因为久负盛誉，消费者已习惯于传统包装，故不可轻易改变。另外，这种包装易于识别，货架陈列时不需特殊布置。

（3）展销式包装，这事一种造型灵巧、图案美观的平放式盒式包装，不影响装运和堆码。盒盖打开，商品展示出来，使包装装潢与商品相互映衬，有较好的效果。还有一种是双层盒式包装，外盒对内盒起保护作用，内盒底部稍微倾斜，外盒打开，便于展示商品。这种包装不仅有利于商品在物流中防止破损，也有利于商品在销售时的展示。

（4）悬挂式包装。这种包装带有悬挂装置，陈列时可悬挂在橱窗及货架上。

（5）堆叠式包装。这种包装造型结构是容器顶部有内径大于底部的凸出边沿，使商品堆叠时底部和下面容器的顶部相吻合。

（6）系列包装。为了便于消费者识别、缩短寻址过程，增加对商品的信任感，对于用途相似、品质相近、商标相同的商品，其包装图案、形状、色调也相同或类似。

（7）类似包装。同一个企业的产品在包装上采用相同的图案、色调、形状使顾客较易发现其产品。其主要优点是：节约包装设计成本，增加推销力度，降低消费者对新开发产品的不信任感。但是对于质量特殊、悬殊较大的产品，不易采用这种策略。

2. 方便消费者的包装策略

这种包装给顾客一种便利、省时的感觉，其中包装形式有以下几种：

（1）便携式包装。这种包装便于消费者携带。

（2）便于开启包装。使消费者对瓶、罐、盒等容器开启方便。

（3）喷雾式包装。这种包装如香水、杀虫剂一类产品，是带有阀门的包装，按动阀门液体便可喷出。

（4）组合包装。这种包装是将新老产品组合在一起，放在同一容器内配套销售。有利于老产品带动新产品，老产品促进新产品，使消费者在不知不觉中接受新产品，并逐渐习惯于新产品。

（5）双重用途包装。原来包装的商品被消费后，空包装容器可以移作他用。这类包装造型精美、结构科学、牢固耐用，迎合消费者的兴趣。如造型设计成杯、瓶等日常用品，或设计成工艺品等。这种策略一方面吸引消费者的兴趣，有一定的实用性；另一方面空包装容器上带有的文字、图案、商标等具有广告宣传效果。

（6）礼品包装。这是专门为消费者串亲访友携带的礼品所设计的包装。它造型美观，结构大方，具有较高的艺术性，有的还附有彩带、花结等装饰品、图案式样具有节日、风情特征。

（7）分量包装。这是将商品每次消费的量进行分装的包装，适应不同消费者的习惯及生理特点，为消费者带来方便。特别是新产品的试销，有利于消费者接受。

（8）万花筒式包装。这是现代市场营销的重要包装策略之一，特别是对于儿童、青少年更具有影响力。它是在包装容器内装入附加馈赠品吸引消费者。这些赠品有实物，也有印制的证券等，极易引起消费者重复购买。这样既可促销商品，又可增加购物者乐趣。

3. 更换包装策略

如果某类产品因质量或其他因素销售量减少，市场占有率下降，即使提高了产品质量而还是用原来的包装，顾客仍然有不信任感。这就需要更换包装，扩大宣传，才能有利于恢复产品的声誉，扩大销售，达到理想的效果，如果某种产品的包装长时间使用一种颜色，内容没有变化，总是给顾客老面孔，也会影响销量，这就需要考虑更换新的包装。另外，随着天气冷暖四季的交替，包装色调和图案也应不断更换，这样也能起到吸引顾客的作用。更换包装策略的条件是内在装潢一年的保证，否则仅仅更换包装仍无助于商品销售。

（四）包装与消费

包装在消费当中的作用：

（1）宣传商品。包装的文字、图案、色彩起到美化、宣传和推销商品的作用，新颖、美观的包装给人以美的享受，能够刺激、引发消费者的购买欲望。是一种争取顾客、提高零售企业劳动生产率、创造商品价值的重要方式。

（2）物流中维护商品质量。合理的包装具有防震、防冲击、防断裂、防损伤、防挤压、防潮、防水、防霉、防腐、防锈、防磁、防辐射、防虫、防鼠、防污染等功能，维护商品质量。

（3）指导消费。包装的图文介绍商品的特性、用途及使用方法，起到指导消费的作用。

（4）联系商品与消费者的媒介。开架收货的自选商场，包装上的标记及图文可以解答顾客的疑问，起到联系、沟通商品与消费者上的作用。

知识拓展

包装与消费行为的关系

1. 包装与消费心理

人的消费心理有生存型、享受型和介于二者之间的生存享受型这三种类型。生存型的消费心理是求实、求稳、求廉，对商品讲究经济实用，外形和质量并重，消费特点是选择性强，购买商品时要经过反复比较、分析才能作出判定；享受型的消费心理则是求奇、求名牌，时常表现为冲动性购买行为，对商品首先讲究美观、新异，其次才是质量和价格；生存享受型是两者兼备，当富裕时偏享受特征，反之，倾向于生存型特征。除了这三种类型外，还有一种人仅仅需要拆包节省时间。因此在包装装潢上根据不同消费类型，根据不同消费心理需求，选择不同的包装。引人注目的包装常常会使顾客产生视觉冲击力及安全、方便的感觉，还可以通过商品上标明使用、保养、保修、退还方法等售后服务，打消消费者的心理顾虑。

2. 包装与消费习惯

人们消费习惯的形成不仅与社会制度、文化水平和生活方式有关，还受民俗、宗教、地理、气候等因素的影响，商品的包装必须适应不同类型人群的消费习惯，根据目标市场的定位来设计包装装潢。不同的年龄阶层、不同的职业及个人消费和团体消费的特点对包装有着不同要求，包装必须考虑不同消费者的不同消费习惯，绝不能以偏赅全，搞清一色。

3. 包装与消费动向

影响人们消费动向的主要因素是消费水平与生活方式、销售方式的改变。因此必须注重市场调查和消费信息的反馈。根据消费者的需求变化设计出适销对路的包装产品，以延长商品在市场上的生命周期；并不断开拓新的包装品种、新工艺。随着我国经济的发展、消费人口系数和恩格尔系数正在逐年下降，人们的消费习惯也在不断发生变化，这就对包装提出了更高的要求。另外，随着超级市场和仓储商场的出现及逐渐普及，商品包装的"自我介绍"作用明显显得越来越重要，包装装潢画面就更要有新颖的创意，以突出商品的形象和企业形象。

任务三　物流包装的特性与标志

任务描述

随着国民经济的发展，物流运输包装业也获得了长足的发展，熟知包装的特性与标志是非常重要的。

小讨论：物流运输包装标志有哪些？它们的含义是什么？

知识点

一、物流包装的特性

物流包装分为单件包装和集合包装，前者是货物在物流过程中作为一个计件单位的包装，如箱、包、桶、袋等；后者是将若干件单件包装组合成一件大包装，以适应运输、装卸工作现代化的要求，如集装箱、集装袋、集装包和托盘。物流包装具有以下主要特征。

（一）保护商品的特性

包装具有保护商品的特性，只有有效地保护商品，才能使商品不受损失完成流通过程，实现商品所有权的转移。

（二）单元化特性

通过包装将商品赋予某种单元集中的功能，包装单位的大小，视消费者需求及商品种类、特征、物流方式而定。包装单元化有两个目的：一是方便物流，二是方便商流。包装单元集中适应于装卸、搬运、保管、运输，适应于交易批量和消费者的一次性购买能力。

（三）标识特性

在包装上利用图形、文字、数字制定记号和说明事项，以方便运输、装卸搬运、仓储、检验和交接等工作的进行，保证货物安全、迅速地运交收货人。物流包装的标识分为运输标识（图形文字说明、产地、目的地、件号、体积、重量、收货人等）、指示性标识（又称安全标识）、警告标识（易燃、易爆、有毒、易腐蚀、易氧化、易放射等危险物品的标识，以示警告，注意安全）。

（四）商品的特性

包装可以突出其商品性，主要是通过物流包装塑造商品形象。

（五）便利特性

商品可以通过包装方便流通及消费，便于物流各环节的作业，便于商品陈列，便于包装物的生产及再生利用。包装的大小、形态、包装材料、包装重量、包装标识等为物品的物流和商流创造方便条件，同时也为包装拆装作业的渐变快速创造条件。

（六）效率特性

包装便于作业物流，提高物流效率。

（七）促销特性

物流包装的主要作用是保护商品，但是在消费者需求高度化的市场环境下，物流包装也应具有广告效力，唤起消费者的购买欲望，满足消费者的多方面需求。通过物流包装给消费者带来对商品的好感和满足。

二、物流包装的标志与标记

（一）物流包装的标记

物流包装的标记是根据物品的自身特性，用文字、图形、表格等按有关规定表明的记号，通常要标明物品的名称、数量、质量、规格尺度、出厂时间等。进口物品还要标明进口单位、商品类别、贸易国及进口港等。物流包装标记分为以下几类：

1. 基本标记

基本标记用来说明物的实体的基本情况，例如，名称、规格、型号、计量单位、数量、重量、出厂日期、地址等。对于实效性较强的物品还要写明成分、保质期等。

2. 运输标记（也称唛头）

运输标记主要标明起运、到达地点、收货单位等。对于进口物品，由于外贸主管部门统一编制向国外订货的代号，主要作用是加强保密性，有利于物品的安全；减少签订合同和运输过程中的翻译工作，减少错发、错运等事故。

3. 排好标记

牌号标记一般只标明物品的名称，不提供有关物品的其他信息。应印制在包装的显著位置。

4. 等级标志

它是用来说明物品质量登记的记号，常用"一等品"、"优质产品"、"获×××奖产品"等字样来表示。

（二）物流包装的标志

物流包装标志是用文字和图像说明包装物品的特性、物流活动的安全及理货、分货和提醒注意事项。它分为以下几种：

1. 识别标识（也称收发标志）

物流包装的识别标志包括分类标志、供货号、体积、收发货地点及单位、运输号、件数等。

2. 指示标志（也称物流图示标志、安全标志）

指示标志主要是根据物品的特性提出在物流过程中的注意事项。例如，小心轻放、由此吊起、重心点、向上、怕湿等。此类标志的图形符号按照 1985 年制定的国家标准《包装储运图示标记》（GB191—1985）的规定执行。

3. 警告性标志（也称危险品标志）

警告性标志指用文字和图形的标志引起人们特别警惕。危险品标志必须标明危险品类别及等级，此类型的图形、颜色等按照 1985 年制定的国家标准《危险货物标志》（GB190—1985）的规定执行。

（三）物流包装标记及标志的注意事项

（1）物流包装标记、标志中使用的文字、符号、图形等必须按国家有关规定表示，不能随意改动。

（2）必须简明清晰、易于辨认。

（3）涂刷、拴挂、粘贴的标志与标记的部位要适当。

（4）要选用适当的色彩制作标志和标识。

（5）拴挂的标志要选择合适的规格尺寸。

（6）中国出口危险品，除刷制中国规定的危险标志外，还应刷制联合国海事协商组织规定的《国际海运危险标志》中的符号，否则到达国港不准靠岸。

知识拓展

表 7 - 1　　　　　　　　　　　　　危险货物包装标志图示

爆炸品标志	易燃气体标志	不燃气体标志	有毒气体标志	易燃液体标志

易燃固体标志	自燃物品标志	遇湿易燃物品标志	氧化剂标志	有机过氧化物标志
有毒品标志	剧毒品标志	有害品（远离食品）标志	感染性物品标志	一级放射性物品标志
腐蚀品标志	杂类标志			

注：危险货物标志不应小于 100 毫米×100 毫米；集装箱、可移动罐柜使用的标志不应小于 250 毫米×250 毫米。

表 7-2　　　　　　　　　　　　　　　**危险货物主标志图示**

危险类别 1	主1 适应于 1.1、1.2 和 1.3 项货物	主1.4 适应于 1.4 项货物	主1.5 适用于 1.5 项货物
危险类别 2	主2.1 适应于 2.1 项货物	主2.2 适应于 2.2 项货物	主2.3 适应于 2.3 项货物
危险类别 3	主3 适应于 3 项货物		

危险类别 4	主4.1 适应于4.1项货物	主4.2 适应于4.2项货物	主4.3 适应于4.3项货物
危险类别 5	主5.1 适应于5.1项货物	主5.2 适应于5.2项货物	
危险类别 6	主6.1 适应于6.1项货物	主6.2 适应于6.2项货物	
危险类别 7	主7 适用于1级放射性物品	主7 适用于2级放射性物品	主7 适用于3级放射性物品
危险类别 8	主8 适用于8项货物		
危险类别 9	主9 适用于9项货物		

案例导读

包装业发转现状及分析

随着国民经济的发展，国内外贸易的增长，人们生活水平的提高，我国的包装业获得了长足的发展。虽然同经济发达国家相比还存在一定的差距，但已基本形成了较为完整的包装工业体系。

一、包装业在国民经济中的地位和作用

据统计，全世界每年包装销售额为 5000 亿美元左右，包装公司达 10 万个，从业人员超过 500 万人，占国名生产总值的 1.5％～2.2％。美国、西欧和日本是世界上三大包装市场，年销售额达 2200 亿美元。其中美国为 850 亿美元，西欧接近 800 亿美元，日本约为 600 亿美元，而且仍然呈增长趋势。世界 30％左右的塑料用于包装，并且一直保持良好的增长势头，其中新西兰的塑料包装占塑料总消费量的 58％；另外食品和软包装占塑料包装总量的 40％。1994 年以来，塑料原材料价格猛涨。PET 是目前塑料包装中用量增长最快的树脂，目前世界上每年 PET 瓶消费树脂 300 万吨左右，2000 年世界 PET 总需求达 4000 万吨。

二、国外包装业发展现状及分析

美国塑料占包装材料 3/4，年消耗 3600 万吨，塑料包装用料量年平均增长 6％，纸张不超过 1％，铅箔 1％～5％；美国玻璃包装被称为世界之最，但这些年受到了来自塑料业的冲击，仅占市场份额的 20％左右。纸在包装领域中历史悠久、产量大、用途广、资源丰富、易回收。据世界包装组织（WPO）统计，1995 年美国包装消费总额达到 1017 亿美元，其中纸和纸板为 455 亿美元，占市场份额的 45％。美国和日本、德国、意大利是世界上包装机械四大强国，美国早已形成了独立、完整的包装机械体系，其品种和产量是世界之最。

欧洲 PET 包装市场以年均 10％以上的速度递增，2001 年达 155 万吨，至 2005 年增长到 212 万吨。德国、意大利、美国、英国、瑞士和法国等都是世界上重要的包装机械生产国，欧洲的共同特点是出口包装机械，如德国、意大利出口达 80％，瑞士超过 90％的包装机械出口。

日本 PET 瓶占饮料包装市场的 30％，每年以 4％的速度增长；日本玻璃瓶罐包装工业发展较快，据日本通产省统计，这些年来年产量有所减少，但出口量略有增加。日本包装机械起步较晚，但增长速度较快，年增长率达 13％左右，连续 30 年高速增长；包装机械有 500 多种，规格有 700 多个。

三、我国包装业发展现状与分析

1980 年我国包装工业总值为 67.45 亿元，而到了 2000 年，包装工业总产值达到

2000 亿元。2003 年包装总产值突破 2700 亿元，其中纸包装 866.4 亿元，塑料包装 764.2 亿元，金属包装 207.6 亿元，玻璃包装 79.83 亿元等。至 2004 年，包装总产值达到 3200 亿元，增长速度为 14%，包装业的增长速度远远高于国民经济增长速度。2004 年纸包装制品达 1900 万吨，塑料包装制品达 504 万吨，金属包装制品达 288 万吨，玻璃包装制品达 1050 万吨，包装机械达 67 万台/套。目前，我国约有 5000 家纸包装企业，8000 多家塑料包装企业，1500 家金属包装企业。按我国国民经济发展速度及包装工业总产值增长率预测，到 2010 年我国包装业总产值可达到 4500 亿元，2015 年可达到 6000 亿元。

目前中国包装业总体水平同经济发达国家相比，显示出极大的增长潜力，食品、电子、医药、烟草、日化等行业的发展为包装行业提供了较强劲的动力。绿色包装将是这一行业的发展重点。我国包装机械起步较晚，但是年平均增长速度一直维持在 20%～30%。目前包装机械产值在 200 亿元以上，是我国十大机械行业之一。

在迅速发展的同时，我国包装业还存在以下几个方面，如包装企业规模小，产业集中度低，经济效益差；包装业管理和科技人员缺少，技术进步速度缓慢；发展不平衡；包装行业管理亟待加强和规范等问题。总之，包装也在国民经济中的地位越来越重要。

分组讨论

物流包装发展的趋势。

复习思考

1. 什么是包装？简述包装形成及发展过程。
2. 包装怎样进行分类。
3. 名词解释：物流包装、商流包装、运输包装、托盘包装、集合包装、个包装、内包装、外包装。
4. 集合包装的主要作用是什么？
5. 简述包装在物流中的作用和地位。
6. 物流包装具有哪些特性？
7. 试述物流包装的标记与标志。

实践项目

找 20 种商品，对它们的包装进行合理的分类。

项目八 物流包装管理

项目导读 ▶▶

通过对本章的学习，主要掌握物流包装器具的管理、物流包装成本的管理、物流包装设备的管理以及物流包装质量的管理，理解物流包装质量检验和物流包装性能实验。

知识目标

- 掌握物流包装器具的管理
- 掌握物流包装成本的管理
- 掌握物流包装设备的管理

能力目标

- 物流包装成本预测
- 物流包装质量的管理

任务一 物流包装器具的管理

任务描述

物流包装器具是物流包装的主要组成部分，对物流包装器具的管理是降低物流成本，实现最优经济效益的基础之一。物流包装器具管理主要包括包装器具的加工与采购、包装器具的回收与复用、集装容器的选用与管理等。

小讨论：物流包装器具的回收有哪些意义？

知识点

一、物流包装器具的加工与采购

对于物流包装器具加工与采购的管理，主要是做好加工与采购计划并加以控制。在包装器具加工与采购之前，物流部门、质量检验部门等相关部门应按物流包装要求及商品流通状况，确定包装器具加工与采购的数量和质量要求以及验收规程，使包装器具的加工与采购有计划，按确定的质量标准、数量规定、需求时间进行。尤其是采购包装器具应以定点采购为主，并监督加工、采购合同执行情况，发现问题及时解决。包装器具加工、采购、进货后，应做好入库验收、储存及库存控制。由质检人员按照质量要求及加工、采购合同规定进行检验，入库时应有入库验收单，储存条件应满足包装器具本身的要求，严格控制库存，不得出现库存积压及缺货。

二、物流包装器具的回收及复用

物流包装器具的回收和复用对节约资源、减少环境污染、降低物流成本和提高社会效益与经济效益有重要意义，因此对能够再次使用的包装器具，必须进行回收与重复使用，一般采取以下管理措施：

1. 通用包装

无论何处落地都可转用于其他商品的包装。

2. 周转包装

装物的周转包装器具运至客户卸下货后，将同数量的包装器具装车返回。

3. 梯级利用

一次使用后的包装器具，用完后转作他用或用完后进行简单处理转作他用。

4. 再生利用

用完后的空包装容器，再生处理后转作他用。

在流通企业应有专人或专门的机构负责管理包装器具的回收与重复使用工作。对继续使用的包装器具应加固修理、妥善保管以备后用；同时加固的包装器具应严格按照包装质量标准进行检验。对于不能继续使用的包装器具应及时与有关单位联系，或转作他用，或再生利用。

三、集合包装的器具管理

集合包装是实现集装运输的基础条件，集零为整是一种先进的物流方式。集合包装的最大特点是把产品的包装方式和运输方式融为一体。为了提高装载能力，保证产品在物流过程中的安全，提高物流效率，必须加强集合包装器具的管理。

集合包装器具主要有集装容器和辅助工具两大类，集装容器有：集装箱、托盘、集装袋、集装罐等；辅助工具有：装卸辅助工具、包装辅助工具等。

集合包装器具的管理不同于其他管理，由于集装范畴很广，商品的物流可能遍及全国或全球，因此管理有很强的特殊性。管理要素主要有以下几点：

1. 集装箱、托盘等包装容器的周转管理

集装箱、托盘、集装罐等包装容器一旦发运，流动于千里之外，回收、重复使用是管理中的一个大问题。因此，在管理方面一般采用集装箱网络管理，托盘利用联营方式进行管理等，这些管理系统能够有效地解决集合包装器具管理中的问题。

2. 集装联合运营管理

集装包装的整个物流过程涉及若干运输方式、部门和场站。因此，必须进行一种有效的协作才能使集合包装联运顺利实现，同时集合包装器具管理也能够高效进行。

3. 集装信息化

集装信息化不仅是集合包装运输的需要，也是集合包装器具管理的需要，实现集装信息化，集合包装器具的回收就能形成高效运营的回收物流系统。

知识拓展

在我国集合包装器具管理中应重视的几个问题

1. 国家相关体制、法律、制度的支持

集装运输涉及范围广、部门多，因此集合包装器具管理必须有强有力的体制、法律、制度等方面的支持。

2. 加强专业化管理

集装运输经由很多部门和环节，涉及多种运输方式、运输工具及设施，这就要求集合包装的包装材料、容器造型、结构等的规格必须适合集装运输的需要。因此，在实现集合包装标准化、系列化的同时，要进行总体规划，高效运营。只有加强专业化管理，才能提高自动化程度，进而达到高效益、低成本的目的。

3. 实现集合包装标准化

实现集合包装标准化是发展集装运输的关键，集合包装外部尺寸应满足包装的基础模数尺寸要求。例如，集装箱标准在整个物流过程中是十分重要的，作为物流的重要工具，不仅与集装箱本身有关，也与各种运输设备、装卸搬运设备及车站、码头、仓库等物流设施相关联，而且它的运行区域广、范围大，特别是我国加入 WTO 之后，同国际标准接轨是非常重要的。

任务二 物流包装成本的管理

任务描述

物流包装成本管理是物流包装管理的一个重要组成部分。最佳的包装应该是用最少的费用获得最大的经济效益。因此，加强物流包装成本管理，降低物流包装成本是非常重要的。

小讨论：降低物流包装成本的途径有哪些？

知识点

一、物流包装成本管理的主要任务及要求

物流包装成本管理对物流包装过程中所有费用的发生及包装成本的预测、计划、控制、核算、分析和考核等一系列的科学管理工作，是通过成本管理诸环节来实现的。成本管理的环节和运转如图 8-1 所示。成本预测是成本管理的重要环节，它是进行成本计划的前提。成本计划是成本管理的准则，又是成本控制和成本分析的依据。成本核算是对成本计划执行情况所进行的经常性、系统性及全面性的反映和监督。成本分析和考核是对成本计划的执行情况进行总结，并为编制新的成本计划提供依据。

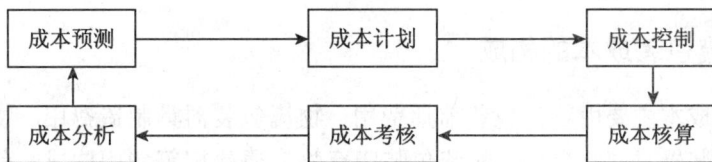

图 8-1 成本管理环节及运转

（一）物流包装成本管理的主要任务

物流包装成本管理是从包装产品设计、试制、生产到销售的全过程管理，其主要任务包括：

1. 精确的成本预测

物流包装成本的预测是经营决策的主要内容之一，在企业进行经营决策时，必须

考虑投入与产出之比，因此，对各种物流包装方案的成本要进行精确地预测，比较各方案的成本水平，确定最佳方案，物流包装成本预测实质上是科学决策的方法之一。

2. 正确的成本计划

物流包装成本计划是成本管理的事前控制，为成本分析和考核提供依据，是反映和监督经营活动中的耗费，是进行成本管理的准则。

3. 降低物流包装成本

削减物流包装费用，提高经济效益，这是物流包装成本管理的中心任务。因为它是成本预测、计划、控制、核算、分析和考核等一系列工作的最终和最主要的目的。降低成本意味着在其他条件不变的情况下增加赢利，减少资金占用量，进而可以降低商品的价格，提升综合竞争力。

（二）物流包装成本管理的基本要求

1. 严格执行物流包装成本费用支付范围的标准

划清成本费用与投资性支出的界限；划清成本费用与收益分配的界限；划清成本费用与偿还债务的界限。属于成本以外的开支不得列入成本费用，属于成本之内的开支不得列入其他费用。不得任意提高成本费用开支标准，扩大开支。

2. 正确核算物流包装成本费用

成本费用核算是成本费用管理的基本环节。成本费用核算准确与否，直接影响到企业的经济效益。为此，在核算时要分清本期成本费用和下期成本费用的限量；分清内部各部门成本费用支出界限；分清各种产品成本的限量。

3. 实行全面的物流包装成本管理

所有相关部门、各个工序、环节都要追求经济效益，力争做到：优质、高产、低耗，将成本费用管理贯穿产品的寿命周期的全过程。物流包装成本管理要从包装设计、试制、原材料供应、生产、销售、使用及回收再利用全过程进行管理，并开展全员成本费用管理，无论管理者、技术人员还是一般职员都要认识到成本费用管理的重要性，从自己做起，尽量削减成本费用，杜绝浪费。

二、物流包装成本的构成

物流包装成本主要由物流包装前期费用、物流包装器具制造费用、物流包装作业费用、物流包装器具回收费用、物流包装废弃物流通费用等费用构成。前期费用主要包括物流包装器具设计、物流包装计划、物流包装预测等前期准备工作费用；物流包装器具制造费用，主要指材料费用、工程及工艺费、人工费、管理费等费用；物流包装作业费用主要包括：个装费用、内装费用、外装费用及其材料费用、人工费、相关材料与器具的装卸搬运费、材料与器具保管运输等流通费、管理费及其他费用；物流包装器具回收费用包括：周转利用、落地转用、梯级利用及再生利用的物流过程中所发生的费用；物流包装废弃物费用主要包括：在物流包装器具制造及物流包装作业等于物流包装有直接相关联的环节产生的废弃物回收处理所发生的费用。

物流材料包装费用是指直接用于物流包装前期费用、物流包装器具制造费用、物流包装作业费用、物流包装器具回收费用。它是通过包装材料数量与材料价格表示的，材料价格中包含采购及供应物流所发生的单位费用；物流包装人工费用是指用于物流包装的相关劳务费用，它包括工资、奖金、津贴及补贴、福利费、劳动保险费、退休金、待业保险费、临时工费用及管理人员的劳务费用分摊等内容；工程及工艺费是指与包装相关联的设施设备折旧费、环境保护费、设施与设备大修及检修费、土地使用费、技术服务、技术转让及技术咨询费、设施设备租赁、低值易耗品、水电燃料费及防止商品受害所采取的包装技术费；物流包装管理费是指为了物流包装所进行的组织、策划、调研及实施过程中的管理费用，包括办公费、会议费、差旅费、党团组织及工会妇联活动费、消防、安全、卫生费、交际宣传广告费、支援培训费、通信费、审计费、业务招待费、劳动保护费等费用；除上述费用之外还应该包括贷款利息、各种保险费、因不可抗拒因素而停工损失费、租金及金融机构手续费等。

另外根据有关规定下列费用不得列入物流包装成本：新建或购置固定资产、无形资产及其他资产、对外投资、被没收的财物、支付的滞纳金、罚款、违约金、赔偿金、企业赞助、捐赠支出及国家法律、法规规定以外的其他各种费用支出。

三、物流包装成本预测及目标成本

（一）物流包装成本预测

所谓成本预测是根据企业现有的经济技术条件和发展前景，通过对影响成本的有关因素的分析和测算，科学地测定在未来一定期间内成本水平和变动趋势。按预测的时期划分，可分为近期（月、季、年）及远期（3 年、5 年、10 年等）两种预测。

分析宏观经济对物流包装的影响，主要是经济结构的变化、生产力布局的变化，流通体制及管理体制改革，相关材料的价格变化等影响物流包装的因素。物流包装成本预测的方法步骤如下所述。

1. 可比产品成本的预测

可比产品成本预测的基本步骤如图 8-2 所示。

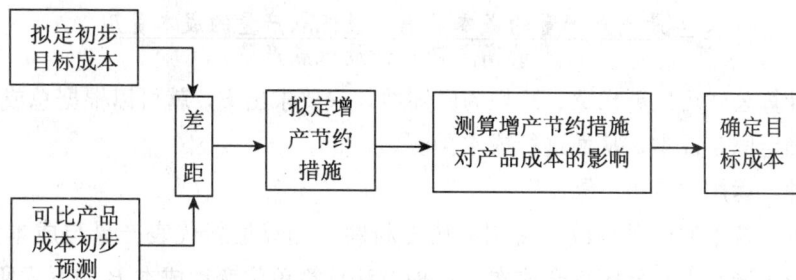

图 8-2 可比产品成本预算的基本步骤

第一步：拟定初步目标成本

以某种先进成本（如国内外某产品的先进成本、历史最低成本、标准成本）作为目标成本，或是根据企业计划年度的生产经营目标来测算目标成本。

第二步：初步测算

进行初步测算其测算方法如下：

（1）按上年预计平均单位成本测算计划年度可比产品成本，首先计算上年预计平均单位成本，其公式为：

$$某产品上年预计平均单位成本=$$
$$\frac{1\sim9月的实际成本+10\sim12月的预计产量\times10\sim12月的预计平均单位成本}{1\sim9月的实际产量+10\sim12月预计产量}$$

然后按上年预计平均单位成本计算计划期可比产品的总成本。其公式为：

$$计划期可比产品的总成本=\sum 各种可比产品上年预计的平均单位产品成本\times$$
$$计划年度各种可比产品计划产量$$

（2）按最近3年可比产品实际平均成本预测计划年度可比产品成本，其计算公式为：

$$计划期可比产品的总成本=近3年可比产品平均成本\times（1\pm计划年度可比产品增减）$$

（3）分解混合成本。为使成本预测尽可能准确，可将成本分解为固定成本（如折旧费、维修费、保险费、管理人员工资等）和变动成本（如材料消耗和职工计件工资等）两部分。分解混合成本的方法，目前常用的有两种：

第一种：高低法

这是根据成本资料中产量最高和最低时的成本数据，来测算其固定成本费用和变动成本费用，其计算公式如下：

$$Y=A+BX$$

其中：X——产品产量；

Y——混合成本；

A——固定成本，$A=$总成本－该期产量×单位变动成本；

B——单位产品（单位业务量）变动成本，一般用下式求得：

$$B=\frac{最高点产量的成本费用-最低点产量的成本费用}{最高点产量-最低点产量}$$

以上计算公式可以看出 X、Y 均为已知数，只要求出 B，就可以根据总成本和单位变动成本确定固定成本，从而进行成本预测。

第二种：运用"最小二乘法"

根据企业若干期产量和成本费用的历史材料，测算最新代表产量与成本费用之间关系的回归直线，由此分解混合成本。这种方法计算单位变动成本 B 如下式所示：

$$B=\frac{n\cdot\sum xy-\sum x\cdot\sum y}{n\cdot\sum x^2-(\sum x)^2}$$

其中：n——期数。

固定成本 A 用下式求得：

$$A = \frac{\sum y - B \cdot \sum x}{n}$$

第三步：拟定增产节约措施

运用价值分析，改进产品结构及工艺，选择最佳经营方案，合理组织生产；最后进行费用分析，提出降低费用的具体措施。

第四步：测算增产节约产品成本的影响

（1）测算材料费用降低影响成本的降低率：

材料消耗定额影响成本的降低率＝该项费用占成本的百分比×
该项费用降低的百分比

（2）测算劳动生产率提高速度大于工资速度而影响成本的降低率：

生产工人工资占成本的百分比×（$1 - \dfrac{1 + 平均工资增长的百分比}{1 + 劳动生产率增长的百分比}$）

成本降低率＝生产工人工资占成本的百分比×（$\dfrac{1 + 平均工资增长的百分比}{1 + 劳动生产率增长的百分比}$）

（3）测算由于产量增加而形成费用的节约、成本降低。

①当固定费用随产量增加而略有增加时：

成本降低率＝固定费用占成本的百分比×（$1 - \dfrac{1 + 固定费用增长的百分比}{1 + 生产成本的百分比}$）

②当固定费用的增长幅度为零时：

成本降低率＝固定费用占成本的百分比×（$1 - \dfrac{1}{1 + 生产成本的百分比}$）

（4）测算废品率降低而形成的费用节约为、降低成本。

成本降低＝废品损失占成本的百分比×废品降低的百分比

2. 不可比产品成本的预测

（1）技术测定法。根据实际结构、生产技术条件和工艺方法，确定产品成本，此法比较科学，但工作量大。

（2）产值成本比例法或销售收入成本比例法。按照工业总产值或销售总收入的一定比例来确定成本的一种方法。

（3）金额测定法。根据产品价格的构成（成本、税金和利润）来确定产品成本。

（二）物流包装目标成本

1. 物流包装目标成本的作用意义

所谓目标成本，是指在一定时期内，产品成本应达到的目标，是用数字表示产品成本发展目标。这个目标，是降低成本方面的奋斗目标，目标成本是一种预计成本，一般是指计划成本、额定成本。

通过对目标成本的控制，使成本工作的重点由被动的事后核算，转向主动的事前控制；由单一的生产过程控制，转向原材料采购设计、销售等全过程控制；由单一的费用管理，转向主要经济指标控制，从而显示出目标成本的预见性、全面性和科学性。

2. 物流包装目标成本的计算

目标成本是在市场调研与预测的基础上，根据价格的变化及市场的信息而定，其计算公式如下：

$$单位产品目标成本＝单位成品价格－单位成本目标利润－$$
$$单位成品销售税金－单位产品预计费用$$

预计费用包括：销售费用、管理费用、财务费用等。此外还可以先求出总目标成本，然后确定单位目标成本，其计算公式为：

$$总目标成本＝预计销售额－目标利润－应交销售利润－预计费用$$
$$单位产品目标成本＝总目标成本/预计销售量$$

3. 物流包装目标成本管理

目标成本是现代管理的一种理论制度，是以目标为基础的管理，即在一定时期内，形成企业不仅有总目标，各单位每个人都有分目标的目标管理体系。它将管理的总的任务转化为目标，将目标成本进行合理分解、控制，力求实现的一系列活动。

知识拓展

物流包装成本计划与控制

（一）物流包装成本计划

成本计划是财务计划的重要组成部分，是加强成本费用管理的重要内容，编制成本计划严格限定成本开支范围和费用支出标准，保证成本的真实性和统一性，保证成本计划的先进性和可比性。以先进合理的定额为依据，留有余地，切实可行，服从企业发展和管理的需要。同时成本计划也是反映企业经营和管理水平及质量指标。

1. 成本计划的主要内容

物流包装企业产品成本计划的主要内容如下：

主要商品产品单位成本计划

产品成本计划 {
商品成品成本计划 {全部商品产品成本计划（按产品类别编制）
全部商品产品成本计划（按成本项目编制）
生产费用预算
降低成本的主要措施方案

产品成本计划的主要内容简述如下：

（1）主要商品产品单位成本计划。该计划主要反映单位产品成本结构以及该产品在计划期内应达到的成本水平，它是根据主要生产经营产品分成本项目编制。每个项目均应列出上年预计平均数、本年计划数、降低额及降低率。

（2）全部商品产品成本计划（按产品类别编制）。该计划是根据产品单位成本计划汇编而成，用来确定全部商品产品总成本，包括可比产品总成本和不可比产品总成本。对于可比产品成本的管理要求，要求逐年降低成本，故还要列出可比产品成本降低额和降低率。

（3）全部商品产品成本计划（按成本项目编制）。该计划是按成本项目编制的全部商品产品成本计划，编制时对可比产品、不可比产品按成本项目分别计算，其中可比产品还要按项目列出按上年预计单位成本计算的总成本和按计划单位成本计算的总成本，以及成本降低额和降低率。

上述（2）和（3）两表求得的全部商品产品总成本应该相等。这两个计划中反映出的可比产品成本降低额和降低率，也就是可比产品降低计划。

（4）生产费用预算。它是按费用要素反映计划期内生产费用的支出总额。由两部分组成：第一部分是反映费用要素计算的各项生产数额以及占费用总额的比重；第二部分是为调整计算部分，在生产费用总额的基础上加减有关调整计算部分，使生产费用总额与商品产品成本总额相等，以便于与全部商品产品成本计划相互核对。生产费用预算可以作为编制材料采购计划、劳动工资计划、流动资金计划等依据，它可以为企业计算工业净产值和国家汇编国民经济计划提供资料。

2. 成本计划编制的程序和方法

物流包装成本计划编制与企业的核算体系和管理要求相一致。如果企业是一级核算，由财务部门编制成本计划。编制程序为：先收集资料，特别是耗用材料、劳动费用等各项定额和指标，然后编制单位产品成本计划，最后再按产品类别和成本项目分别编制商品产品成本计划。对于实行分级核算的企业，编制成本计划的主要特点是：间接地逐级累计进行编制费用预算，然后再由财务部汇总统一。其程序是：先由辅助车间（或分部、子公司）编制其费用预算及分配表，再由主要车间（或分部、子公司）编制各自的经费核算及分配表、车间成本计划，财务部同时编制管理预算，最后汇总编制成商品产品的成本计划及生产费用预算，分级编制的单位产品成本计划程序。这种方法适用于大中型企业成本计划的编制。

（二）物流包装成本控制

物流包装成本控制就是用科学的方法，对生产经营活动中所发生的各种费用进行有效地审查和限制，尽可能地降低成本中各项费用的含量。

1. 成本控制的主要内容

一般产品成本控制分为以下三个阶段：

（1）事前控制：通过成本预测和成本计划进行；

（2）过程中的控制，通过费用开支的审批和发动群众进行监督；

（3）事后控制：对实际成本进行分析考核，总结经验，发现问题，纠正偏差。

上述三个阶段相互联系，不断循环。

2. 成本控制的基本方法

（1）建立和完善成本管理的责任体系。建立或健全产品成本归口分级管理，在财务部门对成本进行集中管理的前提下，组织发生费用的各部门参加，实行全企业、全过程和全员的成本管理。

（2）原材料费用的控制。材料费用一般由两个主要因素构成，即消耗数量和采购成本。对材料消耗加强定额管理，降低材料费用支出；建立材料领退制度，防止虚假冒领和积压，建立严格的验收和保管制度，控制在途材料消耗和库存消耗。

在材料采购时，规定材料价格差异率指标，以降低采购成本。

（3）劳务费用控制。正确定编、定员，使企业既保证完成生产任务，不使劳务费用支出超过总的定额，劳动费用增长率应低于劳动生产率的增长幅度。

（4）综合费用控制。指对管理费用、销售费用、财务费用等项费用的控制。项目较多、内容庞杂，但相对固定，一般采用预算控制，根据各项费用开支标准编制费用，据此按月确定各单位的用款指标。

任务三　物流包装设备管理

任务描述

物流包装所使用的机器设备，大致分为工艺设备、动力设备、传导设备、装卸搬运设备及仪器仪表设备等。物流包装设备管理强调的是从设备采购开始进入生产领域，直到报废退出生产领域而作为废弃物处理为止的全过程管理。管理的主要内容如下所述：

（1）按技术先进、经济合理的原则正确选购设备；

（2）合理使用，保证机械设备始终处于最佳的技术状态；

（3）重视设备的挖潜、革新、改造及更新换代，提高设备的现代化水平；

（4）及时地做好设备的维护及保养，使设备始终处在最佳工作状态，减少故障；

（5）做好设备的资产管理。

小讨论：物流包装设备管理包括哪些内容？

知识点

一、物流包装设备的采购与使用

（一）物流包装设备的选购

机械设备寿命的长短、工作效率的高低及精度质量如何，除决定设备自身结构及各种参数之外，还决定企业产品生产的特点和工艺过程。因此，在设备采购时合理选择及配备各种设备，能够更好地发挥设备的工作效率并取得较好的经济效益，为了选择适宜的设备，在设备采购前，必须综合考察以下几个因素：

（1）机器设备的生产效率。

（2）机器设备对包装产品和产品包装质量的保证可靠程度。

（3）使用与维护的方便性。

（4）能源与原材料的消耗程度。

（5）机器对环境的影响。

（6）设备的配套性以及设备的使用寿命与投资费用等。

只有对上述各因素进行全面、综合分析，才能选购到技术先进、经济合理的最优设备。特别是引进国外的技术设备，更应注重技术先进与经济合理的统一。

在选择设备时，需要对设备进行经济评价，一般情况下采用的评价方法有以下两种：

1. 投资回收期法

投资回收期法是评价投资效益的主要方法之一，它是指采用新设备后的年费节约额去收回其全部设备投资的年限。在其他投资条件相同的情况下，应选择投资回收期较短的方案，一般回收期用下式计算：

设备投资回收期＝设备投资费用（元）/采用新设备后年节约费用（元/年）

2. 费用效率分析法

费用效率表示单位费用支出所能得到的效果，费用效率分析法也叫寿命周期分析，这个方法主要考虑系统效率和寿命期内总费用两个因素，其计算公式如下：

费用效率＝系统效用/寿命周期费用

系统效率主要指设备的生产效率、可靠性、维修性。

寿命周期费用是指设备一生总费用，主要有设备购置费和维护费两大部分组成。维护费包括操作人员的工资、能源消耗、维修维护与保养、故障停工损失、保险费及固定资产税金等。

（二）物流包装设备的合理使用

设备的寿命长短、效率高低、精度等级同设备的正确、合理使用有着密不可分的关系。正确、合理使用设备，是指按操作规程的要求使用设备，尽量减少设备的磨损和疲劳，延长设备的使用寿命，保持设备应有的精度，充分发挥其效能。为此必须做到以下几点：

（1）根据物流包装的技术特点和工艺过程要求，合理配备各种类型的设备。

（2）根据各种设备的性能、结构和技术经济特点，合理安排作业任务，注意设备负荷均衡。

（3）对设备的使用应遵循科学技术的规律，不应该精机粗用及超负荷、超性能、超范围地使用。

（4）根据设备性能、结构、制造精度、使用范围、工作条件和其他技术条件，配备适宜的操作人员。

（5）操作人员必须严格遵守操作规程，保持设备整洁，遵守各种规章制度，及时排除故障。

（6）建立健全设备管理规章制度，特别是设备操作规程、岗位责任制等。

二、物流包括设备的维修、维护与保养

（一）物流包装设备的磨损和故障发生的规律

设备在使用中的有形磨损大致分为三个阶段。

第一阶段：初期磨损阶段。在这一阶段中，设备的表面特别是接触摩擦部分受轻微的磨损，使表面形状和粗糙度发生变化，但时间短。

第二阶段：正常磨损阶段。在这一阶段中，设备磨损量增加较为缓慢、均匀，设备处于最佳技术状态，生产的产品质量也较稳定。

第三阶段：急剧磨损阶段。在这阶段，零部件磨损达到一定的限度，有些零部件的疲劳强度已达到极限，设备的性能和精度迅速降低，如不及时修理，就会发生事故。因此在设备进入这个阶段以前，应该进行修理。

根据设备磨损的规律可以看出，设备磨损到一定程度就会降低设备的使用性能，如果能做到合理使用，精心维修、维护和保养，则可以延长设备正常磨损阶段的期限。设备的主体和各个零部件的磨损发展速度不一样，掌握不同零件的磨损发展规律，使零部件在达到合理磨损极限之前进行修复或更换。可以通过试验和统计分析等方法计算出设备易磨损零部件的正常使用期限，有计划地对零部件进行检修和更换。

由于设备各磨损阶段磨损速度不同，设备故障率也不同，设备故障等变化也分为三个阶段。如图 8-3 所示。

第一阶段为初期故障期，这期间零部件磨损速度较快，零部件易松动，设备故障较多，但是，呈逐渐下降的趋势。

第二阶段为偶然故障期，在这阶段设备处于正常磨损阶段，设备故障偶然发生，其故障率低于平均故障率。

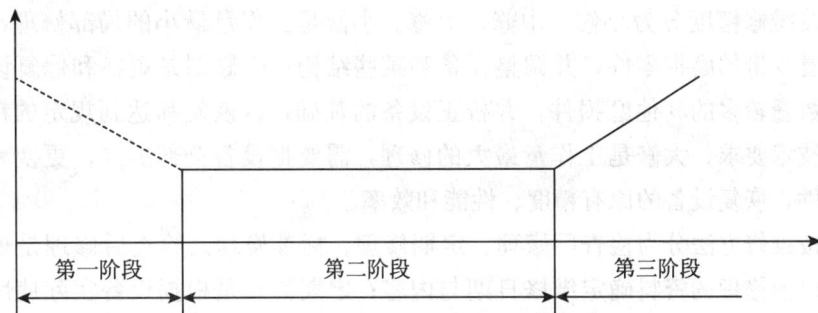

图 8-3 设备故障率曲线

第三阶段为耗损故障期，在这期间设备开始进入急剧磨损阶段，设备磨损速度急剧增加，故障率很快上升，应及时修理。

（二）物流包装设备的维护及保养

设备的维护保养是指设备操作人员和专业维护保养人员，在规定的时间及维护保养范围内，分别对设备进行预防性的技术护理，设备护理保养得好，就可以将设备磨损和腐蚀降到最低限度。对设备的维护与保养，目前较多企业采用日常保养、一级保养、二级保养，共三级保养。

1. 日常维护保养

日常维护保养亦称为例行保养或日保，即操作人员每天在班前、班后进行的日常保养。班中出现故障及时排除，做好交接班工作。

2. 一级保养

一级保养是以操作人员为主，维修人员为辅，对设备进行局部检查、清洗。设备一般运行 500～700 小时进行一次保养。主要是对设备外表和各部位进行清洗，疏通油路，更换油毡、油线，调整设备各部位的配合间隙，紧固各部位。

3. 二级保养

二级保养是以维修人员为主，操作人员参加，对设备进行部分解体检修，更换或修复磨损件，局部恢复精度、润滑和调整。一般设备运行 2500～3500 小时要进行一次二级保养。

（三）物流包装设备的检查与预防修理

1. 物流包装设备的检查

设备的检查即对设备的运行情况、工作精度、磨损程度进行检查和校验。设备检查可分为以下几类：

（1）按时间分为日常检查和定期检查。日常检查由操作人员每天进行。定期检查由专业维修人员在操作人员的参与下定期对设备进行检查。

（2）按技术分为机能检查和精度检查。机能检查是对机器设备各项机能进行检查和测定。精度检查是对设备加工精度进行检查和测定。

（3）按维修精度分为小修、中修、大修。小修是工作量最小的局部修理，主要是更换和修复少量的磨损零件，并调整设备和某些结构；中修则是更换和修复设备的主要零件和数量较多的其他磨损件，并校正设备的基础，以恢复和达到规定的精度、功能和其他技术要求；大修是工作量最大的修理，需要把设备全部拆卸，更换和修复全部磨损零件，恢复设备的原有精度、性能和效率。

（4）按维修方法分为检查后修理、定期修理、标准修理。检查后修理是根据检查的结果和以前修理的资料确定维修日期与内容；定期修理是根据设备实际使用情况和检修定额资料，制订检修计划，确定修理日期、类别和内容；标准修理法是根据设备磨损规律和零件的使用寿命，明确规定检修日期、类别和内容，严格按照计划进行检修。

2. 物流包装设备的修理

设备修理主要是依据设备维修计划进行的。修理工作定额是编制设备维修计划的依据。修理工作定额主要包括以下内容：

（1）修理周期定额。修理周期定额是根据对设备磨损规律的探索、实验及实际工作经验积累而制定的。基本内容如下所述：

①修理周期。修理周期是相邻两次大修之间的设备工作时间。

②修理间隔期。修理间隔期是相邻两次修理（中修、保养）之间的设备工作时间。

③修理周期结构。修理周期结构是一个修理周期内大修、中修、小修和定期检查的次数与排列顺序。它是根据设备的结构特征、工作条件、零件的允许磨损量和设备不需修理的工作小时数来确定的。

（2）修理复杂系数。修理复杂系数是表示设备修理复杂程度和修理工作量的基本单位。它是由设备的结构特点、工艺特征、零部件规格等因素决定的，我国通常将 C620 车床修理复杂系数定 10，其他设备如果较 C620 车床复杂的，修理复杂系数则大于 10，反之，则小于 10。修理复杂系数用汉语拼音字母 F 表示，其中机械复杂系数用 JF，电气复杂系数用 DF，一般是数字写在字母前，如 10JF、12DF 等。

（3）修理劳动量定额。修理劳动量定额，通常用一个修理复杂系数所需要的劳动时间来表示。这样有了各种设备的修理复杂系数和一个修理复杂系数的劳动量定额，就可以计算出计划期内完成全部修理工作所需要的劳动量。

（4）设备修理停歇时间定额。设备修理停歇时间定额是指从机器设备停工到修理完毕、检验合格为止所经历的时间。计算设备修理停歇时间的目的，在于合理组织设备维修，缩短设备停修时间。

（5）修理费用定额。修理费用定额是指完成设备修理所需要的费用，是考核修理工作的费用标准。它包括材料费、零配件费、人工费、管理费等。它是根据统计资料及经验积累而决定的。

在确定修理工作定额之后，可编制年度、季度及月度修理计划。在编制修理计划时应注意与生产计划相衔接。设备计划预修制度的内容，包括对设备一整套预防和修理措施、日常维护、定期检查、精度检查、小修、中修、大修等。考核设备维修和运行情况的技术经济指标有以下几项：

$$设备完好率＝完好设备台数/设备总台数×100\%$$
$$设备故障率＝故障停机时间/生产运转时间×100\%$$
$$单位产品（或万元产值）维修费＝维修费用/产品总产值（或万元总产值）$$
$$维修费用率＝维修费用/生产费用总额×100\%$$

知识拓展

物流包装设备综合管理

物流包装设备综合管理的基本内容如下：

（一）设备综合管理工程

设备综合管理是以降低设备寿命周期费用为目的的综合性现代的、科学的设备管理。传统的设备管理是以设备维修为中心，随着现代化水平的提高，许多科技成果运用到物流包装设备上，提高了生产效率，但是也带来了环境污染、能源消耗大、零部件磨损腐蚀快、维修费用高等问题，这是传统的设备管理不能解决的问题。设备综合管理工程具有以下四个特点：

（1）将设备寿命周期费用作为评价管理工作的重要经济指标，追求的是最经济寿命周期费用。

（2）对设备从设计、制造、安装、调试、维修、改造到报废处理为止全过程进行管理。

（3）对技术、经济、管理等方面进行综合性研究与管理。

（4）建立一套设计、使用和费用的信息系统。

（二）全员设备维修

全员设备维修是日本的一些企业创建的一套适合日本国情的设备管理体系，被称为全员参加生产维修体系（TPM）。其主要内容如下：

（1）推行全效益（设备一生的寿命周期费用最小，寿命周期产值最高）、全系统（建立从设备设计、制造、使用、维修、改造到更新设备一生的管理系统）、全员参加（凡是与设备的规划、设计、制造、使用、维修相关的部门和职员都参加）的"三全"设备管理。

（2）管理贯穿整个设备寿命周期。

（3）加强推行整理、整顿、清洁、清扫、素养五项基本管理活动，把日常维修和预防维修结合起来。

（4）加强对设备日常定期和专项检查。

（5）重点进行设备预防性修理，包括部分配件修理、大修及改造性修理。

(6) 加强设备维修人员的培养。

(7) 建立一套 TPM 的评价指标体系，包括计划、作业内容、费用及故障方面的指标。

案例导读

通过适度包装节约成本的"利乐包"

所谓适度包装，就是恰到好处地满足包装的两个主要功能：一是保护功能，如果没有包装，50％以上的液态食品很快会变质或被污染，无法输送到消费者手中；二是满足人们的情感需求，它要让消费者从情感上接受、喜欢、偏爱它所包装的商品，利乐的礼品包装就是典型的例子。

利乐的"砖形包"和"枕形包"是常见的牛奶盒饮料纸包装，它是适度包装的经典之作。2004 年 9 月在纽约现代艺术馆的"朴素经典之作"展览会上，利乐包被誉为"充满设计灵感的，让生活变得更简单、更方便、更安全"的适度包装的杰作。利乐包在保护功能和满足情感需求之间找到了很好的平衡点。与塑料瓶、玻璃瓶相比，砖形和枕形的利乐包容积相对较大，而且这种包装形状更易于装箱、运输和储存。利乐包是由纸、铝、塑料组成六层复合纸包装，能够有效阻隔空气和光线，使牛奶盒饮料不易变质，让牛奶和饮料消费者更加方便和安全，而且保质期更长，实现了较高的包装效率。

利乐包"朴实有华"，形状简约大气，外层包装材料是纸，根据不同产品的需要，印刷采用不同的设计，完全可以因产品而异、因消费而异。利乐还在"砖形包"的基础上，在尽量节约成本的前提下，进行创新的变异，推出手感好、有金属质感、更显高档和时尚的"利乐钻"包装，如"雅哈"咖啡包装，充分体现了年轻时尚的气息。

利乐一直遵循公司创始人鲁宾·劳辛博士的格言："包装带来的节约应超过其自身成本。"这句话的精髓是"节约成本"。利乐在产品研发过程中同样重视节约。在保持包装性能不变的前提下，经过长期的努力，利乐包中纸板的使用量已经减少了 18％；铝箔的厚度已经减少了 30％；另外，所有利乐包装都可以回收利用，做成文具、桌椅、建筑材料等，使它们在完成包装的功能后，能够"变废为宝"。

分组讨论

加强物流包装设备管理的意义是什么？

复习思考

1. 采取什么管理措施确保包装器具回收及重复使用?

2. 在我国集合包装器具管理中应重视哪些问题?

3. 物流包装成本管理的主要任务是什么? 基本要求有哪些?

4. 物流包装成本是由哪些费用构成的?

5. 如何预测物流包装成本? 如何计算物流包装目标成本?

6. 物流包装成本计划的主要内容有哪些? 如何控制物流包装成本?

7. 怎样进行物流包装成本分析及考核?

8. 降低物流包装成本的途径有哪些?

9. 物流设备管理的主要内容有哪些? 考核物流包装设备维修和运行的技术经济指标有哪些?

实践项目

到物流公司切实记录物流设备的维修、维护与保养。